Práticas em Saúde no Âmbito da Clínica-Escola: a Teoria

VERA REGINA RAMIRES
&
RENATO CAMINHA

Práticas em Saúde no Âmbito da Clínica-Escola: a Teoria

Casa do Psicólogo®

© 2006 Casa Psi Livraria, Editora e Gráfica Ltda.
É proibida a reprodução total ou parcial desta publicação, para qualquer finalidade, sem autorização por escrito dos editores.

1ª Edição
2006

Editores
Ingo Bernd Güntert e Christiane Gradvohl Colas

Assistente Editorial
Aparecida Ferraz da Silva

Produção Gráfica & Capa
Renata Vieira Nunes

Ilustração da Capa
A Conversa, *Luis Seoanes*

Editoração Eletrônica
Helen Winkler

Revisão
Jaci Mantas de Oliveira

Dados Internacionais de Catalogação na Publicação (CIP)
(Câmara Brasileira do Livro, SP, Brasil)

Ramires, Vera Regina
  Práticas em saúde no âmbito da clínica-escola: a teoria / Vera Regina Ramires & Renato Caminha – São Paulo: Casa do Psicólogo®, 2006.

Bibliografia.
ISBN 85-7396-497-9

  1. Cuidados médicos ambulatoriais 2. Hospitais-escola 3. Hospitais universitários 4. Medicina e psicologia 5. Saúde – prática 6. Saúde mental I. Caminha, Renato I. Título.

06-7107	CDD- 610.19

Índices para catálogo sistemático:
1. Clínica-escola: Práticas de saúde: Medicina e psicologia   610.19
2. Práticas de saúde: Clínica-escola: Medicina e psicologia   610.19

Impresso no Brasil
Printed in Brazil

Reservados todos os direitos de publicação em língua portuguesa à

Casa Psi Livraria, Editora e Gráfica Ltda.
Rua Santo Antonio, 1010 Jardim México 13253-400 Itatiba/SP Brasil
Tel.: (11) 45246997 Site: www.casadopsicologo.com.br

All Books Casa do Psicólogo®
Rua Simão Álvares, 1020 Vila Madalena 05417-020 São Paulo/SP Brasil
Tel.: (11) 3034.3600 E-mail: casadopsicologo@casadopsicologo.com.br

Dedicatória

Dedicamos este trabalho aos alunos que conosco estiveram, aos que realizam estágios atualmente e todos os outros que virão, compartilhando os constantes desafios e aprendizagens que a clínica-escola nos propõe.

Vera Ramires e Renato Caminha

Agradecimentos

Agradecemos aos colegas professores da clínica-escola da UNISINOS, às secretárias Sinara da Rosa Feldmann e Camila da Silva Seibel, aos diretores Cornélia Volkart e José Ivo Follmann, aos coordenadores Vera Lucia Bemvenutti e Fábio Moraes pelo apoio consistente e o companheirismo no desenvolvimento de nosso trabalho.

Vera Ramires e Renato Caminha.

Sumário

Prefácio, *Pe. J. Ivo Follmann* 13

Sobre os Autores 19

Capítulo 1
Práticas Sociais e Universidade 23
José Ivo Follmann

Capítulo 2
Extensão Universitária:
espaços e tempos educativos, históricos e institucionais 37
Vera Lúcia Schneider Bemvenuti

Capítulo 3
Ética e Práticas em Saúde 55
Lucilda Selli
José Roque Junges

Capítulo 4
As Primeiras Entrevistas no Atendimento Psicológico 69
Luciana Castoldi
Michele Scheffel

Capítulo 5
Consulta de Enfermagem: uma Práxis de Educação e Promoção em Saúde 83
Vânia Schneider
Ledi Kauffmann Papaléo
Lucilda Selli

Capítulo 6
Avaliação Nutricional 99
Márcia Regina Vitolo
Cíntia Mendes Gama

Capítulo 7
Psicoterapias Breves: O Modelo Cognitivo-Comportamental 127
Renato M. Caminha
Andressa Henke Bellé

Capítulo 8
Grupoterapia Cognitivo-Comportamental: Princípios e Aplicações 145
Renato Caminha
Cátula Pelisoli

Capítulo 9
Psicoterapia Psicanalítica de Crianças 161
Vera Regina Röhnelt Ramires

Capítulo 10
Psicoterapia Psicanalítica na Adolescência 179
Silvia Pereira da Cruz Benetti
Rosana Cecchini de Castro

Capítulo 11
Psicoterapia Psicanalítica com Adultos 199
Rosana Cecchini de Castro
Silvia Benetti

Capítulo 12
Psicoterapia Familiar e de Casal 221
Luciana Castoldi

Capítulo 13
Mediação de Conflitos 243
Edith Salete Prando Nepomuceno
Ingrid Elba Schmidt

Capítulo 14
Elaboração de Laudos e Outros Documentos 271
Vera Regina Röhnelt Ramires

Prefácio

Consegui identificar, neste livro, um rico trabalho de cidadania. As suas páginas estão repletas de reflexões e aportes teóricos provocadores, mas o livro não se reduz a isso. Existe nele, sobretudo, um compromisso cidadão com a vida, o que pode ser confirmado facilmente pela leitura dos textos. As suas autoras e seus autores não se apresentam simplesmente com trabalhos para serem publicados em uma coletânea, mas como atoras e atores de uma história, que já é longa e farta de belos resultados. É uma história de busca da ressignificação da relação entre a universidade e a sociedade, num lugar específico, que é a *clínica-escola*. Percebe-se, no livro, esse compromisso cidadão, humano, social e histórico, porque a maioria dos seus textos tem em seu horizonte a relação com a vivência concreta de quem escreve. Ou melhor, porque revela dedicação amorosa ao ser humano, à formação dos profissionais da área, a uma proposta de sociedade, a uma proposta de universidade e, *last but not least*, à ciência da saúde.

O livro é o primeiro de uma obra de dois volumes, cujo objetivo é sistematizar a experiência que vem sendo desenvolvida pelo **UNIPAS: Programa de Ação Social na Área da Saúde da Universidade do Vale do Rio dos Sinos – UNISINOS.**[1] Este primeiro volume quer dar conta dos aportes principalmente teóricos, enquanto que o segundo volume estará totalmente orientado para os relatos e análises da prática.

Na UNISINOS, como também acontece em outras universidades, existe a preocupação por encontrar caminhos adequados para uma extensão universitária séria. As práticas desenvolvidas no campo da saúde em muito contribuíram para o processo das novas definições, que estão ocorrendo. A grande parcela da extensão nesta Universidade, concentrada nos Programas de Ação Social, hoje, em diferentes áreas sociais, sob uma única direção, colhe nas práticas da área da saúde, importantes lições para o futuro. O esforço de sistematização do qual resultou o presente livro, contribui bem para isto.

Na extensão universitária, como em todo o processo acadêmico, além do empenho por proporcionar as melhores condições técnicas, tem-se como fundamental a formação integral, que é, também, uma formação por toda a vida, isto é, que provoca o educando para um permanente horizonte de busca. O livro retrata aspectos da busca e construção da cultura de transdisciplinaridade, vivida hoje pela Universidade, como uma de suas opções institucionais. Há mais de 25 anos, a Unisinos vem desenvolvendo ações na área da saúde. Ao longo dos últimos 10 anos, deu-se um grande avanço na orientação, mediante a criação de um programa interdisciplinar de pesquisa e atenção à saúde. Congregaram-se neste programa, em seu início, as áreas de conhecimento e aplicação de Psicologia, Enfermagem, Nutrição e Educação Física e, de lá para cá, ele vem ampliando os seus horizontes. Nele está presente um grande sonho: desenvolver práticas integrais de saúde com oportunidade de campos apropriados para a formação dos profissionais voltados não apenas para a sua especialidade, mas, sobretudo, amadurecidos no diálogo e no trabalho conjunto com as demais disciplinas e com outras formas de saber.

---

[1] A Universidade do Vale do Rio dos Sinos – UNISINOS é uma universidade localizada no sul de País, mais especificamente em São Leopoldo, RS. Os textos do livro têm como referência a experiência do PIPAS (Programa Interdisciplinar de Pesquisa e Apoio à Saúde), da qual são frutos. O PIPAS hoje integra o UNIPAS, que abarca toda a Ação Social na Área da Saúde, desenvolvida pela Universidade.

Prefácio

O primeiro volume se propõe a reunir alguns dos fundamentos teóricos da experiência desenvolvida nos serviços ambulatoriais prestados pelo Programa de Ação Social na Área da Saúde, no intuito de oferecer aos acadêmicos e profissionais das áreas envolvidas referências necessárias para o desenvolvimento de suas atividades. As modalidades de intervenção, abordadas em diversos dos textos do livro, são bastante freqüentes no cotidiano das clínicas-escolas, assumindo, assim, uma utilidade imediata para quem se dedica a esse tipo de atividade e, principalmente, para quem está em busca de novos caminhos de superação de velhos vícios.

O segundo volume, que está em construção, tratará das situações clínicas mais freqüentes em nossa experiência, bem como as suas abordagens, no intuito de oferecer contribuições para uma prática clínica devidamente fundamentada teórica e tecnicamente.

O presente volume – *Práticas em Saúde no Âmbito da Clínica-Escola: a Teoria* – está dividido em 14 breves capítulos, apresentando a maioria das suas autoras e seus autores ligação direta ou indireta com o Programa aqui referido.

Os dois primeiros capítulos ajudam a localizar reflexões constituintes do livro em um contexto amplo de debate sobre a relação entre universidade e sociedade. Inicialmente, José Ivo Follmann nos coloca dentro de uma instigante discussão sobre as *práticas sociais e universidade*, numa perspectiva de ressignificação da relação universidade e sociedade. O segundo capítulo é de Vera Lúcia Bemvenuti, que nos atualiza sobre a concepção de extensão universitária, seus *espaços e tempos educativos, históricos e institucionais* e os debates mais recentes sobre toda esta dimensão da vida acadêmica, tomando como referência o exemplo da Unisinos.

José Roque Junges e Lucilda Selli, completam esta ampla introdução proporcionada pelos dois primeiros capítulos com uma sucinta e competente pontuação ética sobre as complexas implicações concernentes a uma clínica-escola e atividades congêneres. Este é o terceiro capítulo intitulado: "Ética e práticas em saúde".

"As primeiras entrevistas no atendimento psicológico", de Luciana Castoldi e Michele Scheffell, "Consulta de enfermagem: uma práxis de educação e promoção da saúde", de Ledi Papaleo, Vânia Schneider e Lucilda Selli e "Avaliação nutricional", de Márcia Vitolo e Andressa Mendes Gama, são três textos que o autor recebe na "entrada", podendo lê-los, com muito proveito, antes, durante ou depois da visitação aos demais. O mesmo pode ser dito dos dois trabalhos de Renato Caminha: o primeiro, escrito com Andressa Henke Bellé, "O modelo cognitivo comportamental nas psicoterapias breves" e outro, escrito com Cátula Perisoli, "Princípios e aplicações relativos à grupoterapia cognitivo-comportamental". Trata-se de cinco textos densos de conteúdo, representando importante amostra das diferentes frentes de atividade que atravessam o programa em questão.

Os quatro artigos que seguem trazendo à discussão diferentes aportes sobre a psicoterapia, representam uma colaboração à parte, mas inteligentemente integrados com os outros. Trata-se de um pequeno livro dentro do livro, assim como a psicoterapia psicanalítica, aplicada a diferentes faixas etárias e situações, é uma das frentes de atividade mais desenvolvidas no espaço ambulatorial que é a clinica-escola em questão. A psicoterapia psicanalítica de crianças é tematizada por Vera Regina Ramires, sucedendo-se os artigos de Sílvia Benetti e Rosana Castro, "Psicoterapia psicanalítica na adolescência", de Rosana Castro e Sílvia Benetti, "Psicoterapia psicanalítica com adultos" e de Luciana Castoldi, "Psicoterapia familiar e de casal".

Os dois textos que concluem o livro (capítulos 13 e 14) não são a sua conclusão, mas dois importantes lembretes de saída: "Mediação de conflitos", de Ingrid Schmidt e Edith Nepomuceno e "Elaboração de laudos e outros documentos", de Vera Regina Ramires, dizem respeito a duas preocupações que sempre devem estar presentes no dia-a-dia da clínica-escola: como lidar com o mundo dos conflitos de toda a ordem que pesa na vida dos atendidos, por um lado e como fazer dos laudos e documentos, referentes ao atendimento, verdadeiras peças que ajudem a construir a verdade e a dignidade, por outro, são, sem dúvida, dois desafios que todos os que atuam no ambulatório, sempre devem carregar consigo.

Para encerrar este breve prefácio, quero adiantar duas frases de Paulo Freire, mencionadas no final do primeiro artigo e que podem ser paradigmáticas para iniciar a leitura deste livro: *O meu amanhã é o hoje que eu transformo!* ou *É preciso saber que o amanhã só se faz na transformação do hoje.* A história acontece concretamente aqui e agora. A transformação do hoje é a medida do amanhã. Este parece ser, também, o espírito que anima os trabalhos deste livro.

Pe. J. Ivo Follmann
Diretor de Ação Social e Filantropia, UNISINOS

Sobre os Autores

Organizadores
Vera Regina Röhnelt Ramires – Psicóloga, especialista em Psicoterapia Psicanalítica, mestre em Psicologia pela PUC-RS, doutora em Psicologia Clínica pela PUC-SP, professora e pesquisadora da UNISINOS e Coordenadora do Programa de Pós-Graduação em Psicologia da mesma Universidade.

Renato M. Caminha – Psicólogo, mestre em Psicologia pela PUC-RS, professor pesquisador com ênfase na validação de modelos cognitivos de intervenção clínica, supervisor de clínica cognitiva no Núcleo Ambulatorial de Atenção à Saúde do Programa de Ação Social na Área da Saúde da UNISINOS, coordenador da Especialização em Psicoterapias Cognitivo-Comportamentais da UNISINOS e presidente da Sociedade Brasileira de Terapias Cognitivas – SBTC.

Apresentação dos Autores
Andressa Henke Bellé – Psicóloga graduada pela UNISINOS, mestranda em Psicologia pela UFRGS (Universidade Federal do Rio Grande do Sul).

Cátula Pelisoli – Formanda em Psicologia pela UNISINOS, estagiária do Núcleo Ambulatorial de Atenção à Saúde do Programa de Ação Social na Área da Saúde da UNISINOS.

Cíntia Mendes Gama – Nutricionista, doutora em Ciências, professora e supervisora do Núcleo Ambulatorial de Atenção à Saúde do Programa de Ação Social na Área da Saúde da UNISINOS.

Edith Salete Nepomuceno – Advogada, mestre em Direito Público pela PUC-RS, juíza de direito aposentada, professora, coordenadora do Programa de Mediação de Conflitos e supervisora do Núcleo de Prática Jurídica – JEC – da UNISINOS.

Ingrid Elba Schmidt – Psicóloga Judiciária na Defensoria Pública do Estado do Rio Grande do Sul, mestre em Educação pela UFRGS, professora, coordenadora do Curso de Especialização em Psicoterapia Familiar e de Casais e supervisora do Programa de Mediação de Conflitos da UNISINOS, Psicoterapeuta Familiar e de Casais.

José Ivo Follmann – Sociólogo e jesuíta, doutor em Sociologia pela Université Catholique de Louvain – UCL, Bélgica, mestre em Ciências Sociais pela PUC-SP e Bacharel em Ciências Sociais pela UFRGS, professor do Programa de Pós-Graduação em Ciências Sociais Aplicadas, diretor de Ação Social da UNISINOS, São Leopoldo, diretor de Assistência Social da Associação Antonio Vieira – ASAV-RS.

José Roque Junges – Graduado em Filosofia, História e Teologia, doutor em Ética Teológica na Itália, professor de Bioética nos cursos de graduação e no mestrado em Saúde Coletiva da UNISINOS. Pesquisador na área de bioética em sua interface com a saúde pública. Publicou: *Bioética: perspectivas e desafios*. São Leopoldo: Ed. UNISINOS, 1999; *Ecologia e criação: resposta cristã à crise ambiental*. São Paulo: Ed. Loyola, 2001; *Ética ambiental*. São Leopoldo: Ed. UNISINOS, 2004.

Sobre os Autores

Ledi Kauffmann Papaléo – Enfermeira, professora do Curso de Enfermagem da UNISINOS, especialista em Saúde da Comunidade pela UNISINOS, doutora em Aplicación de Nuevas Técnicas Educacionales en el Tratamiento y Evolución de la Diabetes (Novas Técnicas Educacionais para o Tratamento do Diabetes Mellitus Tipo II) pela Universidade de Leon – Espanha, supervisora do Núcleo Ambulatorial de Atenção à Saúde do Programa de Ação Social na Área da Saúde da UNISINOS.

Luciana Castoldi – Psicóloga, especialista em Terapia Familiar e de Casais (CEAPIA), doutora em Psicologia do Desenvolvimento (UFRGS), professora e supervisora do Núcleo Ambulatorial de Atenção à Saúde do Programa de Ação Social na Área da Saúde da UNISINOS.

Lucilda Selli – Enfermeira, mestre em Assistência de Enfermagem pela UFSC, doutora em Ciências da Saúde, área de concentração Bioética pela UnB, professora do Programa de Pós-Graduação em Saúde Coletiva da UNISINOS.

Márcia Regina Vitolo – Nutricionista, doutora em Ciências Biológicas, professora e supervisora do Núcleo Ambulatorial de Atenção à Saúde do Programa de Ação Social na Área da Saúde da UNISINOS.

Michele Scheffel – Psicóloga, especialista em Psicoterapia Psicanalítica de Crianças e Adolescentes (UNISINOS), membro da equipe técnica do Núcleo Ambulatorial de Atenção à Saúde do Programa de Ação Social na Área da Saúde da UNISINOS.

Rosana Cechini de Castro – Psicóloga, doutora em Psicologia, Saúde e Família, pela Universidade de Deusto – Espanha, professora da UNISINOS, supervisora do Núcleo Ambulatorial de Atenção à Saúde do Programa de Ação Social na Área da Saúde da UNISINOS.

Sílvia Benetti – Psicóloga, Ph.D, doutora em Estudos da Família e da Criança pela Universidade de Syracuse – Nova York, professora da UNISINOS, supervisora do Núcleo Ambulatorial de Atenção à Saúde do Programa de Ação Social na Área da Saúde da UNISINOS.

Vânia Schneider – Enfermeira, especialista em Enfermagem Obstétrica pela UNISINOS e mestre em Saúde Coletiva pela UNISINOS, professora e supervisora do Núcleo de Atenção à Saúde do Programa de Ação Social na Área da Saúde da UNISINOS.

Vera Lucia Bemvenuti – Graduada em Filosofia, especialista em Psicologia da Educação pela UFRGS, mestre em Educação pela UFRGS, professora dos cursos de licenciatura da UNISINOS, coordenadora de Programas de Ação Social da Diretoria de Ação Social e Filantropia da UNISINOS.

Capítulo 1

Práticas Sociais e Universidade

José Ivo Follmann

O presente texto propõe-se a fazer alguns apontamentos sobre o conceito de *práticas sociais* dentro do contexto de reflexão para a construção de uma política de ação social da universidade. A referência central da discussão é a *questão social* dentro da complexidade na qual ela se apresenta, hoje, através das diferentes *desigualdades sociais*. Para uma melhor compreensão do conceito de práticas sociais, dá-se uma atenção especial à concepção de *sujeitos* dessas práticas.

Construído dentro e a partir da *prática universitária da Universidade do Vale do Rio dos Sinos – UNISINOS,* o texto se constitui em uma oportunidade de reflexão sobre o "que fazer universitário" e os principais desafios na realização das práticas sociais desta universidade, o seu compromisso com a questão social em suas múltiplas faces, a importância de uma consistente *política de ação social* e as necessárias *ressignificações* da relação universidade-sociedade dentro do contexto histórico em que vivemos.

O que são práticas sociais?

Para iniciar uma resposta à pergunta sobre "o que são práticas sociais", é necessário que se retome brevemente a discussão da assim chamada "questão social". Mesmo sem aprofundar o estudo da questão social propriamente dita e tudo o que nela está envolvido, é evidente que uma visita a este conceito é altamente facilitadora e, em certo sentido, até imprescindível para que se tenha o rumo necessário no entendimento das práticas sociais.

A questão social passou a ser alvo de reflexões, estudos e decisões políticas no contexto das grandes *desigualdades sociais* geradas na origem e desenvolvimento da sociedade capitalista. É do conhecimento de todos que as desigualdades sociais não são características exclusivas desse modo de produção, mas elas acompanham toda a história da humanidade, nos mais diversos modos de organização da sociedade. A novidade é que, com a contribuição do avanço das ciências sociais, a partir do século XIX, esta problemática vem sendo formulada com crescente clareza em termos de questão para um novo ordenamento da sociedade, ou seja: a questão social.

Se o debate da questão social surgiu focado de forma exclusiva nas desigualdades sociais de origem econômica, em cujo chão ela, então, se expressava, hoje o conceito vem sendo ampliado por dois fatores de fácil entendimento: presencia-se, por um lado, a explosão de tempos de alta complexidade no convívio humano e conseqüentemente no ordenamento da sociedade, e, por outro lado, o avanço das ciências humanas com melhores condições para um entendimento mais apurado desta complexidade, sobretudo através de procedimentos interdisciplinares e transdisciplinares. Nas últimas décadas, por exemplo, as ciências humanas avançaram muito em clareza sobre a importância do reconhecimento da alteridade para que as naturais diferenças (étnico-raciais, religiosas, culturais, regionais etc.) não sucumbam na vala viciada das desigualdades sociais e da sua reprodução.

Não se está, com isto, querendo significar que a centralidade da falta de acesso aos bens básicos de sobrevivência deva ficar escamoteada por uma "nova" visão mais complexa. Segundo dados recentes da Organização Internacional do Trabalho – OIT (Relatório 2003), em torno de 50% da população mundial vive em situação de pobreza, tendo que sobreviver com menos de 2 dólares por dia, sendo que 1/3 desta metade pobre, um bilhão de pessoas, vive em extrema miséria, tendo que sobreviver com menos de 1 dólar por dia. A diferença entre os mais ricos do mundo e os mais pobres aumenta ano a ano, sendo que a distância entre a faixa superior de renda e a inferior, que era de 30 para 1, em 1960, passou a 74 para 1, quarenta anos depois. Este é um dos maiores escândalos dos tempos de globalização perversa ou de império, que a humanidade presencia hoje. É um escândalo que se reflete vivamente, também, no Brasil, onde, segundo a Fundação Instituto Brasileiro de Geografia e Estatística – IBGE (Censo de 2000), 45 milhões de pessoas são consideradas como vivendo abaixo da linha de pobreza, sendo que, destes, 22 milhões, segundo estimativas oficiais, passam miséria e fome.[1]

Nos últimos anos, o mês de janeiro foi sempre testemunha de grande mobilização e confronto de idéias, em nível mundial. O Fórum Social Mundial deu a conhecer ao mundo o vigor deste confronto. O confronto entre Davos (com o Fórum Econômico Mundial) e Porto Alegre (com o Fórum Social Mundial) mostra um mundo se dividindo em duas grandes frentes opostas e refletindo duas direções. É a grande questão social que explode em novas formulações e tematizações. Lembrando a perspectiva de Negri,[2] poder-se-ia dizer: as forças do "Império" e as forças do "Não-Império".

Essas mesmas duas direções, situações, afinidades ou ritmos distintos marcam, aliás, com nitidez, toda a história do Brasil. Hoje pode-se dizer que são diversos os documentos oficiais que, por exemplo, nas últimas décadas, ao mesmo tempo em que propalam os avanços da economia brasileira, reconhecem sistematicamente o descompasso existente entre estes avanços e o relativo atraso que vem ocorrendo com a sociedade brasileira, ou seja, com o alto percentual de brasileiros vivendo na pobreza e na extrema pobreza. Não é desconhecida – e todos lembram certamente! – a frase paradigmática de um Presidente da República: *"A economia vai bem, mas o povo vai mal!"*. A sociedade brasileira em sua estrutura é fruto de um sistema

---

[1] Dados organizados e apresentados pela Secretaria Executiva do Mutirão para a Superação da Miséria e da Fome da Conferência Nacional dos Bispos do Brasil – CNBB, agosto de 2003.
[2] Ver NEGRI, A. e HARDT, M. (2003). Império. Rio de Janeiro, Record, 5 ed.

que socializou os custos sociais "para baixo" e os benefícios sociais "para cima", comentava o grande sociólogo Florestan Fernandes em uma de suas obras principais. Pode-se, a rigor, falar em uma direção, situação, afinidade ou ritmo *"da morte"* e uma direção, situação, afinidade ou ritmo *"da vida"*. Estas duas realidades contrapostas atravessam e marcam também a relação entre a universidade e a sociedade, em cujo debate o presente texto, por sua origem e natureza, igualmente está inserido.

Como formular um conceito de práticas sociais nesse contexto? A presente elaboração visa trilhar um caminho de reflexão que ajude a sugerir um emprego operacional a essa concepção. Uma coisa é certa: a questão social em suas múltiplas expressões hoje é algo muito inquietante! Ela é um grande e urgente desafio, sobretudo porque possui diversas e variadas origens. As condições de pobreza e miserabilidade em que vive um número significativo da população e a falta de perspectivas com a qual crianças, adolescentes, jovens, adultos e mesmo idosos se deparam no cotidiano são evidentemente o primeiro e maior desafio, mas nem sempre a falta de perspectivas se reduz às condições de pobreza e miserabilidade. Como também, certamente, as práticas sociais não se reduzem àquelas práticas envolvidas diretamente no atendimento a esses segmentos da população em condições de pobreza e miserabilidade ou falta de perspectivas. Além destas condições, é necessário estar atentos às mais diferentes situações de exclusão e de não-inclusão, refletindo em si também direções, afinidades e ritmos diferenciados.

Na verdade, a questão social apresenta-se numa complexa transversalidade dentro da sociedade. Ela deixa rastros em todas as esferas da vida social. Ela é visível sob os mais diversos vieses ou pontos de vista. Ela está presente e é visível na esfera da saúde, da educação, do trabalho, da moradia, do lazer, da segurança, da previdência social, da proteção à maternidade e à infância, da assistência aos desamparados, como está sinalizado na explicitação de direitos sociais no texto da própria Constituição Brasileira de 1988. E, certamente, uma leitura mais atenta do mesmo documento constitucional poderá ainda dizer que ela atravessa também as esferas da religião, da família, da política e todas as demais esferas da vida social.

Assim, as práticas sociais, sempre entendidas como aquelas práticas voltadas para a questão social, estão revestidas de múltiplas facetas e respondem, a rigor, às mais diversas esferas da vida social. Se existem aquelas práticas sociais que são especificamente práticas de Assistência Social, estando por definição legal voltadas às exigências de Políticas Públicas no atendimento de pessoas e grupos em condições de impossibilidade de acesso a determinados direitos sociais definidos em lei[3], existem também muitas outras práticas sociais igualmente voltadas para a questão social, ou seja, ajudando a enfrentar as desigualdades sociais no atendimento a grupos e pessoas que vivem em outras condições de privação e de impossibilidade de acesso a um digno convívio humano em sociedade.

Não se está, evidentemente, sinalizando aqui para o desvio em direção ao "vale tudo" conceptual... O farol sinalizador desta reflexão é a questão social. As práticas sociais, dentro da concepção aqui proposta, não são quaisquer práticas dos seres humanos em sociedade[4], mas trata-se daquelas práticas voltadas para ajudar a resolver direta ou indiretamente a questão social, ou seja, a diminuir direta ou indiretamente as desigualdades sociais manifestas de diversas formas nas diferentes esferas da vida social. As vítimas da questão social,

---

[3] A Lei Orgânica de Assistência Social – LOAS (1993) em seu Art. 2, define os objetivos da Assistência Social, que são: "1) a proteção à família, à maternidade, à infância, à adolescência e à velhice; 2) o amparo às crianças e adolescentes carentes; 3) a promoção da integração ao mercado de trabalho; 4) a habilitação e reabilitação das pessoas portadoras de deficiência e a promoção de sua integração à vida comunitária; 5) a garantia de um salário mínimo de benefício mensal à pessoa portadora de deficiência e ao idoso que comprovem não possuir meios de prover a própria manutenção ou de tê-la provida por sua família." No mesmo Artigo a lei afirma, em parágrafo único, que a Assistência Social se realiza de forma integrada com as políticas setoriais. E, no Art. 3, a Lei define: "Consideram-se entidades e organizações de assistência social aquelas que prestam, sem fins lucrativos, atendimento e assessoramento aos beneficiários abrangidos por esta lei, bem como as que atuam na defesa e garantia de seus direitos."

[4] Estamos propondo, neste sentido, um uso mais delimitado do que aquele que Pierre Bourdieu faz do termo práticas sociais ao propor uma "teoria das práticas sociais", e também da concepção de "ação social" na sociologia de Max Weber, onde estão contempladas todas as práticas dos indivíduos em sociedade, incluindo as práticas de sociabilidade em geral.

no seu espectro de complexidade aqui sinalizado, extrapolam em diversos pontos os limites da abrangência das práticas de Assistência Social, previstos na Lei Orgânica de Assistência Social – LOAS (1993) e extrapolam, inclusive, em alguns casos, os limites dos direitos sociais arrolados na própria Constituição de 1988.

O que distingue, portanto, as *práticas sociais* das outras práticas (de interesse privado, seja em nível pessoal ou institucional) não é tanto a definição legal, apesar de esta ser um apoio referencial importante, mas a efetiva pertinência dessas práticas na busca de solução para a questão social. Não é tanto a esfera social na qual se localizam em sua origem, que é fator de sua definição como práticas sociais, mas mais a sua efetiva finalidade. Assim, se determinada instituição tem uma política de ação social voltada para contribuir no enfrentamento da questão social, ela estará produzindo práticas sociais, independente da esfera da vida social na qual ela se localiza. No caso, por exemplo, de instituições religiosas que cultivam uma política de ação social pertinente e as conseqüentes práticas sociais, fala-se em *práticas sociais religiosas*. O mesmo se diga da esfera jurídica onde existem, neste sentido, as *práticas sociais jurídicas,* ou da esfera esportiva com *práticas sociais esportivas* etc. No que diz respeito à Academia, não é diferente... Pode-se falar aí de *práticas sociais acadêmicas*. Trata-se de práticas sociais, não por serem religiosas, ou jurídicas, ou esportivas, ou acadêmicas etc., mas por serem voltadas para a questão social, na busca de soluções para as desigualdades sociais.

Na complexidade que marca o momento histórico da humanidade, a questão social se manifesta transversalmente na forma de questões religiosas, jurídicas, esportivas, de gênero, de saúde, urbanas, psicoafetivas e tantas outras questões, inclusive acadêmicas, que são originárias ou originantes de desigualdades sociais e, que, portanto, nunca devem ser vistas de forma redutiva e que pedem por práticas sociais também não-redutivas, ou seja, transversais. O desdobramento transversal da questão social, assim identificado, e o grande potencial gerador de práticas sociais com diferentes pontos de partida, sempre que estes não forem acorrentados a perspectivas redutivas, pode constituir-se, sem dúvida, num caminho poderoso para a solução das desigualdades sociais. A Academia certamente ocupa uma posição privilegiada para este encaminhamento, uma vez que, além de ser espaço concentrador de produção de conhecimentos e formulações metodológicas, tem também legitimidade para proporcionar apoios qualificados às práticas sociais nas diferentes esferas da vida social, ajudando-as a serem efetivas.

Podem acontecer, e muitas vezes acontecem, graves equívocos nesta área, sobretudo quando interesses imediatos, ou mesmo interesses a médio e longo prazo, de reprodução e desenvolvimento de determinada instituição, ou interesses pessoais dos indivíduos proponentes, são a referência primeira e se sobrepõem a uma política séria de ação social, sem uma clara atenção à questão social enquanto tal, nas mais diferentes formas em que se expressa ou manifesta. Um exemplo disso está naquelas situações que tendem a se multiplicar, nas quais o móvel primeiro está na "captação de recursos". Formulam-se projetos ou criam-se organizações porque existe a sinalização de verbas disponíveis para determinada temática. Isso em termos de práticas sociais pode tornar-se trágico, na medida em que os proponentes dos projetos não avaliam suficientemente as suas verdadeiras condições de efetivar o trabalho, respaldando-se por uma coerente política de ação social.

Foi pensando nestas questões que se optou por dar uma atenção especial àquilo que são os sujeitos das práticas sociais. Entende-se que este é um caminho necessário e importante para uma boa definição de práticas sociais, dando também melhores condições para situar o sujeito que é a universidade.

Os sujeitos das práticas sociais

Lançar-se em uma prática social parte, em geral, do fato de se estar inquieto frente a algum problema social que expressa ou manifesta pontualmente a questão social. Mas a simples inquietação não proporciona elementos suficientes para que se perceba o fundamento de uma prática social. A inquietação não é móvel suficiente ou não significa necessariamente a presença de uma política de ação social. É oportuno lembrar aqui uma pequena vivência passada do autor e que ajuda a ilustrar o que se quer dizer. Trata-se de algo que aconteceu, no final dos anos 80, durante a então muito conhecida e divulgada marcha ou caminhada organizada pelo Movimento dos Sem-Terra (MST) do Estado do Rio Grande do Sul, da Fazenda Annoni em direção à capital gaúcha, Porto Alegre. *O autor observou, na ocasião, uma cena marcante quando essa marcha entrava na cidade de Sapucaia do Sul. Ele notou, em determinado momento, que um homem de idade avançada, parado em frente à sua casa, acompanhando atentamente o movimento, começou a chorar de forma incontrolada. A imagem daquele senhor chorando ao ver os Sem-Terra ficou gravada na memória do autor até hoje. Aquela lembrança muitas vezes lhe retornou com a pergunta sobre o porquê daquele choro. Teria sido por pena dos agricultores, que estavam ali caminhando cansados, alguns com os pés sangrando? Teria sido por medo de um movimento inusitado passando em frente à sua casa e invadindo a cidade, colocando em risco a sua segurança e tranqüilidade? Teria sido por emoção solidária, talvez revivendo internamente momentos de luta na qual ele mesmo participara em outros tempos? Teria sido por emoção por perceber a dimensão do movimento, dando-se conta, ao mesmo tempo, da terrível estrutura montada ao longo da história em nossa sociedade? Trata-se, sem dúvida, de diferentes posturas frente à questão social, que atravessam a sociedade brasileira de alto a baixo. É muito freqüente a atitude caritativo-assistencialista daquele que enche o seu coração de emoção ao ver o sofrimento alheio e procura dar-lhe uma esmola, entendendo que com isto está fazendo a sua parte. Mas ao mesmo tempo não deve ser ignorada a atitude do medo, também muito freqüente, daquele que se sente ameaçado e irá apelar às forças da ordem policiais ou propor ações assistenciais etc. para proteger-se. Não se deve, no entanto, esquecer as múltiplas iniciativas que nascem de uma atitude solidária, que partilha da luta e fará tudo ao seu alcance para que o movimento e os grupos em questão possam avançar autonomamente em sua proposta.*[5]

É importante que se esteja atento às motivações de fundo que mobilizam os sujeitos das práticas sociais. Ao falar em sujeitos das práticas sociais, pode-se apontar, de uma forma simplificada, para sujeitos individuais, coletivos e sociais. Seria relativamente simples se fosse possível reduzir o discurso aos sujeitos individuais ou às pessoas, mas sabe-se que a abordagem sempre é mais complexa, pois os mesmos sujeitos fazem parte da dinâmica de sujeitos coletivos e sociais. A complexidade aumenta, uma vez que sempre estarão misturados, *às vezes, de forma positiva, outras, de forma negativa,* interesses coletivos e institucionais com interesses individuais e pessoais. Percepções e práticas transversais com percepções e práticas redutivas.

Entre os sujeitos coletivos e sociais devem ser destacados os seguintes: o Estado, através dos diferentes órgãos governamentais, os movimentos sociais, as Organizações Não-Governamentais, as organizações da sociedade civil de interesse público, as associações ou instituições de caráter não-lucrativo, filantrópicas ou não, confessionais ou não, e os empreendimentos privados em geral.

Diante da gama diversificada de sujeitos, a concepção de práticas sociais, distinguindo-as de práticas de interesse privado (individual ou institucional), facilmente poderá entrar em colapso caso o foco definidor central não estiver na questão social mesma, ou seja, o objetivo não for contribuir para a efetiva solução das desigualdades sociais e suas causas. Desigualdades sociais estas que, como já foi sublinhado acima, podem estar caracterizadas em questões diversas, perpassando todas as esferas da vida social.

As práticas sociais, cujos sujeitos estão predominantemente mobilizados pelo atendimento de seus próprios interesses de realiza-

---

[5] Esta vivência está descrita em pequeno artigo do autor sobre "A Questão Social no Brasil de hoje", publicado na *Revista Estudos Leopoldenses*, Série Ciências Humanas, São Leopoldo-RS, v. 35, n. 154, 1999, pp. 269-274.

ção pessoal ou de sobrevivência e afirmação institucional, ou mesmo de marketing, dificilmente evoluirão no sentido de dar uma contribuição efetiva para a solução das desigualdades sociais e suas causas e tendem a sucumbir, logo que os mencionados interesses estiverem satisfeitos. Nesses casos poucas vezes se verificarão condições de continuidade autônoma. Dever-se-ia dizer, a rigor, que práticas que não conseguem proporcionar, através do tempo, as mínimas condições de continuidade e de efetivo alinhamento com as políticas públicas de enfrentamento das desigualdades sociais não deveriam ser consideradas efetivas práticas sociais.

As notas aqui apontadas sinalizam para a importância de os sujeitos das práticas sociais estarem efetivamente orientados por políticas de ação social bem traçadas, e que se proponham a contribuir com práticas efetivas incidindo na questão social. Isso ajudará as instituições a serem sujeitos de práticas sociais de verdade, investindo os seus recursos sociais de forma coerente e alinhada com a sua responsabilidade social. É necessário ultrapassar o paradigma perverso ou o preconceito que aponta os gastos com práticas sociais simplesmente como custos e não como investimentos. As práticas sociais também não comportam simples investimentos institucionais dos seus sujeitos, mas devem significar, sobretudo, investimento para a sociedade enquanto tal. Os recursos gastos em práticas sociais se tornam investimento para a sociedade enquanto tal, na medida em que forem efetivamente orientados por políticas de ação social adequadas.

A política de ação social que consubstancia o sujeito de práticas sociais não se refere unicamente ao setor responsável pelas práticas sociais, mas se fará presente na totalidade instituída neste sujeito. A responsabilidade social, apesar das distorções com as quais muitas vezes vem carregado este conceito, a rigor, chama os mais diferentes empreendimentos a se verem numa nova relação com a sociedade na qual atuam, não só através de algumas pontas setoriais à moda de "descargo" ou "obrigação social" ou, então, maquilagens sociais para fins de marketing institucional, mas como investimento para a sociedade, mediante um compromisso institucional com a construção de uma sociedade onde, de mais a mais, sejam superadas as desigualdades sociais e as raízes da questão social.

Ressignificando a relação universidade-sociedade

Em diversas ocasiões, já se oportunizou ao autor deste texto afirmar e repetir a sua convicção básica com relação às universidades e à missão que elas possuem, sendo do entendimento que, numa sociedade de flagrantes desigualdades sociais como é a brasileira, uma universidade só estará indo efetivamente ao encontro de sua genuína função acadêmica na medida em que se empenhar na busca de soluções e alternativas de superação para os graves problemas que explicitam, no cotidiano, as diferentes faces da questão social. Ou seja, as universidades devem contribuir, de forma efetiva, através de seus aportes de ciência e tecnologia, para a superação das desigualdades sociais, ajudando a solucionar os graves problemas que afligem a sociedade. Se, por um lado, é verdade que as universidades não devem assumir o papel de agências de serviço social, ou promotoras das mais diversas práticas sociais, abdicando da sua missão precípua como universidade, é verdade, também, por outro lado, que elas serão mais universidade na medida em que toda a sua institucionalidade estiver impregnada pelo desenvolvimento sério de práticas sociais respaldadas por uma consistente política de ação social. Nesta perspectiva a própria universidade estará sendo efetivada como investimento da sociedade para a própria sociedade.

Só se pode falar em solução para os graves problemas que afligem a sociedade na medida em que as populações vítimas das desigualdades sociais forem levadas a sério. A universidade evidentemente não está aí para suprir o déficit assustador das políticas sociais, mas a sua participação não pode estar ausente quando se trata de buscar respostas científicas e técnicas aos grandes desafios com os quais a sociedade se depara em todas as esferas da vida social... Pode-se dizer que a universidade cresce em sentido na medida em que leva isso a sério. É somente nesta medida que a universidade também será levada a sério.

Em todas as situações de atuação institucional na sociedade e, especificamente, na atuação em uma universidade, os indivíduos vêem-se permanentemente apelados a optar entre um caminho de acomodação e simples reprodução ou sobrevivência institucional dentro do jogo do mercado, e um caminho de criação de novas respostas e formas de organização da sociedade, consubstanciadas pela superação deste jogo e pela busca também de efetivas políticas de solução da questão social. Seria triste se o mundo acadêmico sucumbisse ao primeiro caminho ou não conseguisse sair dele.

Um bom caminho para uma definição coerente de ressignificação da relação universidade-sociedade e para transformar os gastos sociais em efetivos investimentos para a sociedade está sinalizado num texto do Plano Estratégico da Associação das Universidades Jesuítas da América Latina (2001-2005), onde são sugeridas basicamente três perguntas: *Que tipo de sociedade se quer construir? Que sujeitos formar para tal sociedade? Que universidade é necessária para isto?* Na resposta a esta tríplice pergunta estará também embutida a definição da política de ação social da universidade.

As universidades existem como um serviço público à sociedade. Não se pode perder isso de vista. Quem se envolve nesse serviço deve, em primeiro lugar, prestar contas à sociedade. A UNISINOS, alinhada com a AUSJAL, associa-se na busca da construção de uma sociedade inclusiva e de superação das desigualdades sociais. Uma sociedade orientada para o resgate da dimensão humana da existência. Ao envolver-se no compromisso com o desenvolvimento regional, esta instituição quer ajudar a dinamizar o processo tecnológico e produtivo da região, mobilizando todos os seus esforços para que seja um desenvolvimento integral tendo como centralidade o ser humano. O compromisso com o desenvolvimento social estará cumprido, sobretudo, na medida em que os recursos gastos pela universidade, na ação social e em práticas de inclusão social, forem predominantemente investimento efetivo para a construção de uma sociedade com menos desigualdades sociais.

A centralidade do ser humano como preocupação fundamental da UNISINOS, associada com a construção de uma sociedade com menos desigualdades sociais, deverá pautar a geração e o desenvolvimento de homens e mulheres profissionais, criativos, competentes, conscientes e decididamente engajados e comprometidos com a construção desta sociedade. Além do empenho por proporcionar as melhores condições técnicas, tem-se como fundamental a formação integral, que é, também, uma formação por toda a vida, isto é, que provoca o educando para um permanente horizonte de busca.

A UNISINOS fez recentemente três opções estratégicas importantes, buscando pautar as suas atividades colocando em realce a atitude transdisciplinar, a educação por toda a vida e o compromisso com o desenvolvimento regional. A política de ação social desta universidade, portanto, além de fundamentar-se nos princípios orientadores básicos desta instituição e na construção pró-ativa das políticas públicas do país, estará pautada nessas opções, com a firme crença também de que é na permanente avaliação da prática presente que se constrói o direcionamento do futuro.

Duas frases de Paulo Freire são paradigmáticas para encerrar esta reflexão: *"O meu amanhã é o hoje que eu transformo!"* ou *"É preciso saber que o amanhã só se faz na transformação do hoje"*. Para este grande educador, a história acontece concretamente aqui e agora. Compromisso com o desenvolvimento regional, educação por toda a vida e transdisciplinaridade só poderão acontecer amanhã se forem abraçados hoje. O amanhã estará diferente na medida da transformação do hoje. As práticas sociais de amanhã serão efetivo investimento social na medida em que estiverem ancoradas numa coerente política de ação social construída no presente.

CAPÍTULO 2

EXTENSÃO UNIVERSITÁRIA:
ESPAÇOS E TEMPOS EDUCATIVOS, HISTÓRICOS E INSTITUCIONAIS

Vera Lúcia Schneider Bemvenuti

> *Apesar de suas rupturas, a história das universidades – segmento decisivo da história cultural ocidental – possibilita também compreendermos melhor uma parte de nossa herança intelectual e do funcionamento de nossas sociedades.*
> C. Charle e J. Verger

Com a intenção de contribuir com a universidade, desde as remotas e "perenes" discussões sobre o que é "extensão universitária", desenvolvi minha dissertação de mestrado dirigida para esse tema.

A partir de um estudo de caso, busquei compreender a extensão universitária como espaço fundamental e especial de *prática acadêmica*. Revi a história da extensão universitária na América Latina, no Brasil e na UNISINOS. Nela é possível encontrar o estudo aprofundado dos temas e assuntos que ofereço neste texto.

Extensão universitária: introduzindo o tema

Reconhecida como importante ator social contemporâneo, a universidade busca dar conta do desafio de abrir-se à sociedade, hoje configurada pela idéia de mercado como entidade inquestionável das relações sociais, econômicas e culturais.

Ao reformular-se, embora lentamente, esforçou-se em romper sua tradição secular de transmitir e cultivar o saber, enfrentando resistências internas e externas. Para envolver-se na produção de novos saberes, vislumbrou varias estratégias, e, desde 1810, com a fundação da Universidade de Berlim, buscou aliar ao ensino uma nova área – a pesquisa – que até hoje a caracteriza como produtora de conhecimento e como espaço de novas relações com o mundo científico.

Vários modelos de universidade surgiram, contrapondo-se à uniformidade medieval que sempre a marcou profundamente.

Mas, mesmo com as relações sociais diversificadas, a instituição evoluiu muito em comparação com os séculos passados, e sua importância é inegável no campo do saber, da ciência e de sua contribuição na evolução da humanidade, assim como na formação integral e na profissionalização de uma parcela da juventude.

Podemos reconhecer que a universidade brasileira é um exemplo dessa diversificação. Nela convivem, hoje, os modelos francês-napoleônico, humboldtiano e latino-americano, o que a faz múltipla em propostas e rica em contradições. Se a pesquisa científica desenhou para a universidade o caminho a ser percorrido para estabelecer e estreitar as relações com a sociedade, a extensão universitária pretendeu ir além desse objetivo, ao abrir os portões da academia – ainda que de forma aristocrática e paternalista, como ocorreu muitas vezes – à sociedade. Sua pretensão originária era levar cultura ao povo.

A evolução do processo alternou-se em fases de avanços e retrocessos na busca da definição exata do papel da extensão na universidade. Às vezes definido como transformador, propõe-se a discutir as políticas e as práticas sociais; outras vezes, não consegue deixar de ser apenas mediador, e por muitas vezes, ainda, não avança para além do assistencialismo.

A extensão universitária na América Latina

O movimento de Córdoba em 1918, que deu origem a um histórico manifesto sobre a função social da universidade na América Latina, aponta o caminho a ser percorrido pelas instituições de ensino superior, tendo como meta o fortalecimento da universidade pela projeção da cultura ao povo e pela maior preocupação com os problemas nacionais. Segundo alguns críticos, essa investida na direção de um lugar mais efetivo ao lado do povo encobria, no fundo, um movimento da classe média emergente em sua luta de acesso à universidade, que até então era controlada pela oligarquia rural e pela igreja (Bernheim, 1978).

Podemos afirmar, com o apoio de Türnnemann, que alguns movimentos latino-americanos de idéias reformistas contaram com a participação de estudantes motivados pelas idéias de reforma propostas em 1918. Segundo Gabriel de Mazo, ideólogo do Movimento Reformista de Córdoba, um dos enunciados básicos da reforma deu origem a uma nova função para a universidade – a função social – para ele o propósito de disponibilizar o saber acadêmico a serviço da sociedade:[1]

> *"Precisamente, esta nueva función, que vá mas allá de las funciones clásicas atribuidas a la Universidad, representa para vários teóricos de la Universidad latinoamericana lo que mas contribuye a tipificarla y distinguirla de sus congeneres de otras regiones del mundo"* (Türnnemann, 2000, p. 3).

A Extensão Universitária, no documento de Córdoba, é vista como "objetivadora do fortalecimento da universidade pela projeção da cultura universitária ao povo e pela maior preocupação com os problemas nacionais" (Gurgel, 1986, p. 36).

Para Carlos Turnnemann Bernheim (2000, p.1), o primeiro questionamento sério da universidade latino-americana ocorreu em 1918, o que, segundo alguns historiadores tradicionais, foi também o verdadeiro ingresso da América Latina no século XX:

---

[1] As universidades latino-americanas foram marcadas fortemente pelo modelo napoleônico de universidade, já que Portugal e Espanha estavam fortemente influenciados pelas idéias iluministas e libertárias da França. (Rossato, 1998, pp. 92-93)

"Las Universidades latinoamericanas, como fiel reflexo de las estructuras sociales que la Independência no logró modificar, seguian siendo los 'vicerreinatos del espiritu' y conserbaban, en esencia, su caracter de academias señorales. Eran, em realidad, 'coloniales fuera de la colonia'".

Essa posição pró-social das universidades latino-americanas reforçou-se em outros momentos importantes da história da extensão universitária, conforme podemos visualizar nos Quadros 1 e 2, divididos assim didaticamente para visualizar a organização das IES latino-americanas a partir de 1996, o que nos possibilita uma projeção sobre o lugar da extensão nas universidades da América Latina.

Quadro 1 – **Demonstrativo do movimento pró-social das universidades latino-americanas de 1908 – 1972**[2]

Data	Proposta	Históricas
1908	Uruguai	Início do Movimento pré-Córdoba.
1918	Argentina	Movimento de Córdoba – referência histórica para a universidade latino-americana.
1949	Guatemala	Primer Congreso de Latinoamerica na Universidad de San Carlos – Aprovou uma série de resoluções relacionadas ao conceito de função social: desde a ação social como difusão cultural. Nesse congresso, foi aprovada a célebre "Carta de la Universidad".
1957	Chile	"Primera Conferencia Latinoamericana de Extensión Universitária y Difusion" – organizada pela União das Universidades da AL – aprovou recomendações de grande importância sobre extensão.
1972	México	"Segunda Conferencia Latinoamericana de Extensión Universitária y Difusión Cultural": constituiu-se num momento de importância histórica por ocorrer imersa no processo social do povo latino-americano, considerando como parâmetros de discussão para as políticas extensionistas: a) situação da sociedade; b) a relação universidade-sociedade.

[2] Os Quadros 1 e 2 compõem-se de dados sintetizados pela autora, a partir de variadas leituras que apontam a história da extensão universitária na América Latina, com destaque especial para documentos do Fórum de Pró-Reitores de Extensão das Universidades Públicas do Brasil e dos Congressos Ibero-americanos de Extensão Universitária, desde 1996.

Quadro 2 – **Demonstrativo do avanço na organização das IES latino-americanas em favor do incremento da Extensão Universitária** ([3])

Ano	País	N. de Países participantes	N. de IES participantes	Propostas
1996	Cuba	11	66	Conceito atual de extensão; formação cultural do estudante através da extensão universitária; estratégias de trabalho e a relação interna nas IES; movimento artístico e universitário; investigações socioculturais e a realização de programas em áreas rurais e urbanas.
1997	Argentina	11	70	Avançar de forma solidária na construção de um marco teórico que garanta a qualidade dos trabalhos extensionistas nas IES, com vistas ao estabelecimento de uma política de educação superior orientadora do futuro desses países.
1998	Costa Rica	15	81	Determinar e promover novos paradigmas da extensão universitária diante das mudanças globais.
1999	Venezuela	7	32	Análise da extensão no contexto da globalização, e proporsição de processos gerenciais para a consolidação da EU como função básica das universidades.
2000	México	15	53	Conhecer a situação da extensão e da cultura e do serviço nas IES e seu impacto na sociedade através da análise das experiências e das áreas que envolvem o uso de novas tecnologias e informação.

---

[3] Temos que registrar que o Brasil foi convidado a participar oficialmente do Congresso do México em 2000 e sediou em 2001 o VI Congresso Ibero-Americano de Extensão Universitária, realizado em Embu das Artes, São Paulo.

Essa projeção à comunidade, destacada nas Conferências e nos Congressos, vem sendo a marca das ações extensionistas; as universidades latino-americanas hoje organizam-se em torno de princípios e metas para se popularizar, buscando cumprir, assim, seu papel social por tanto tempo reflexionado e projetado.

A extensão universitária no Brasil

No Brasil, é possível encontrar registros importantes e sugestivos desse processo de abertura à sociedade; segundo Fagundes (1986, p. 41) "a Universidade de São Paulo (1911-1917) foi a primeira instituição brasileira que desenvolveu atividades de extensão, sob a forma de conferências semanais gratuitas e abertas, tendo como objetivo o contato dos intelectuais com a população".

Alguns temas dessas conferências, como lembra Fagundes, são indicadores claros e objetivos do distanciamento entre universidade e sociedade: "O Fogo Sagrado da Idade Média", "A Latinidade Rumania", ou a "Importância e o progresso da Otorrinolaringologia".

Nessa época, entre os interesses da Universidade de São Paulo de levar às camadas mais populares conhecimentos mais qualificados e a necessidade desse público de poder propor-se a empregos na cidade, havia uma grande distância. Esse distanciamento é evidenciado nas propostas de extensão universitária, merecendo análises críticas desde o interior dos variados setores que compõem o mundo acadêmico até a própria sociedade. As práticas extensionistas perpassam essas posturas de dominação, explicitadas assim por Fagundes ao destacar o Decreto n. 19.851, de 11 de abril de 1931, em seu artigo 42, como primeira referência legal à Extensão Universitária encontrada no Estatuto das Universidades Brasileiras.

A extensão é, pois, pensada como portadora de soluções para os problemas sociais e como veículo de idéias e princípios, pautados nos altos interesses nacionais aos quais devem subordinar-se as aspirações e necessidades da sociedade como um todo. Nestas formulações, os interesses nacionais encobrem e, ao mesmo tempo, identificam-se com os interesses da classe hegemônica, que se serve da educação para interiorizar seus valores nas classes subalternas (1986, p. 50).

A década de 1960 é considerada um marco na luta por transformações da e na universidade. Podemos estudá-la em dois momentos distintos: antes e depois de 1964. O primeiro, marcado por lutas populares em busca de maior controle social do processo desenvolvimentista[4], com a organização dos operários, estudantes e camponeses. E o segundo momento possui as marcas da ditadura militar que irrompeu em 1964 e estendeu-se por duas décadas.

Esses movimentos chegaram à universidade propondo reformas estruturais e conceituais tanto para si como para a sociedade brasileira. A Lei de Diretrizes e Bases da Educação Nacional – n. 4.024/61 – faz alguma referência sobre extensão universitária à medida que sinaliza com a possibilidade de cursos estendidos à sociedade em geral por parte dos estabelecimentos de ensino superior. Sem dúvida, isso ocorre por conseqüência das discussões que se impuseram nos meios estudantis sobre escola privada *versus* escola pública, que têm como pano de fundo a luta pela democratização do ensino.

As ações extensionistas foram evocadas relacionadas a movimentos estudantis e momentos históricos específicos, como o canal, dentro da universidade, de debate e encaminhamentos do pensamento político de vanguarda. Entre 1960-64, por exemplo, os estudantes organizaram-se em ações dirigidas para fora dos muros da universidade, através dos CPCs (Centro Popular de Cultura), e dos MPCs (Movimento de Cultura Popular), com a intenção de debater os rumos da política brasileira, além de socializar a cultura e o conhecimento.

Como refere Fávero, "a partir da década de 1960, o movimento estudantil passa a relacionar as reivindicações de caráter pedagógico à luta política" (1994, p. 28).

---

[4] Foi na gestão de Juscelino Kubitschek que o processo desenvolvimentista ganhou força, e, com isso, a abertura do país ao capital estrangeiro. Isso gerou um "populismo desenvolvimentista", confundindo e mascarando o que estava por trás de todo o processo.

Essas movimentações políticas, internas e externas, marcaram o surgimento e o desenvolvimento da extensão universitária no Brasil, o que Gurgel (1986) sintetiza em três momentos peculiares:
- o período das experiências iniciais;
- o período que marca a propaganda das idéias extensionistas que acompanha os conflitos vividos pela universidade em torno da definição de seu papel social;
- o período da institucionalização da extensão.

Podemos referir com segurança, hoje, um quarto período que situamos no interior da universidade, quando se iniciam discussões e reflexões sobre as práticas extensionistas que essa vem desenvolvendo, e que ainda se encontram carregadas de intenções assistencialistas. Esse novo período nos direciona a retomar Paulo Freire, para refletir especialmente sobre a dialogicidade nas relações universidade e sociedade.

As ações políticas baseadas em Paulo Freire requerem uma prática social conscientizadora (era essa a idéia exata de seu método de alfabetização). Ao focalizar suas reflexões na educação como prática de liberdade, contribuiu significativamente para a coerência das práticas educativas e continua como referência fundante para a extensão universitária no Brasil e também em vários países da América Latina, por aquilo que especialmente, representou aos estudantes, na década de 1960.

A concepção atual de extensão universitária

Para Maria das Graças Tavares (1997), o fortalecimento da sociedade civil na década de 1980, no Brasil, gerou uma nova concepção de universidade, implicando na redefinição das práticas de ensino, pesquisa e extensão.

Para Eunice Durhan (1999), o caráter amplo e heterogêneo da extensão universitária oferece possibilidades para que nele se concentrem todas as atividades voltadas para um público externo à própria universidade. São ações que não estão dirigidas à comunidade científica estrito senso.

Essa questão é importante porque constitui uma possibilidade maior, uma oferta de acesso aos recursos materiais das universidades para um público ampliado. Creio que, de início, precisamos dessa definição porque só ela abrange um conjunto de heterogeneidade. Essa heterogeneidade também está presa a três versões muito específicas, três versões históricas. Elas não são tão lógicas assim, mas três tradições muito diferentes que permeiam a atividade de extensão e que hoje, na verdade, tendem a se condensar ou a se integrar (Durhan, 1999, p. 58).

As três versões históricas que perpassam momentos de tensão política e econômica, bem como de desenvolvimento tecnológico, para Durhan, são:

a) tradição latino-americana: versão à qual estamos envolvidos pela identidade de problemas. Caracteriza-se por um envolvimento institucional menor e é marcada pelo ativismo estudantil. Decorre do desejo dos estudantes de engajar a universidade nos grandes problemas nacionais. No Brasil, dois momentos importantes podem ser lembrados como decorrência dessa tradição: a abolição da escravatura, que captou boa parte dos estudantes de Direito, naquele tempo; os movimentos da década de 1960, de conteúdo vanguardista. Visavam a detectar as deficiências na ordem social vigente.[5]

b) a tradição americana: é uma tradição de universidade de serviços decorrente da decisão do governo dos Estados Unidos de atender a população rural através dos colleges, com vistas à expansão: necessidades educacionais, difusão cultural, difusão tecnológica e de resolução de problemas ambientais da população do entorno. Aliado a isso, também se podem destacar momentos de militância com o engajamento dos estudantes, forçando a universidade a se preocupar com o problema do negro e depois com o da Guerra do Vietnã.

c) a parceria: vertente fruto de um movimento novo na década de 1980, que está ligada à extensão de serviços, como o compar-

---

[5] Durhan considera que essa tradição estudantil é responsável por esse aspecto muito positivo da responsabilidade social, hoje, no que diz respeito a oferecer instrumentos, conhecimentos e interação, para o suprimento das necessidades das camadas populacionais mais necessitadas.

tilhamento de recursos laboratoriais, em especial do conhecimento especializado, como a partilha com o setor produtivo em termos de inovação tecnológica e competitividade do parque industrial.

Por conta do momento atual, de variadas demandas e apelos à universidade e de tensões e rupturas internas sobre a forma de dar respostas a isso, a extensão nas universidades brasileiras passa por diferentes situações, que revelam propostas estratégicas institucionais, bem como de suas relações internas e de seus compromissos com a sociedade. Nos Congressos, Seminários, Encontros de Extensão Universitária, é possível recolher recomendações das mais diversas, que perpassam desde a necessidade de conceituar extensão universitária até as reivindicações de remuneração desse trabalho, com bolsas de extensão e carga horária definida para os professores envolvidos nessa atividade-fim.

Esse intervalo entre uma e outra necessidade pode nos oferecer o parâmetro básico para dimensionar a realidade da extensão universitária nas IES hoje:

– a primeira, que encerra a idéia de universidade plural e que responde aos seus compromissos sociais bem como lugar educativo/formador comprometido com os princípios que a regem: autonomia, liberdade e igualdade de direitos, e publicização do conhecimento produzido nesse campo;

– a segunda, ligada à institucionalização da extensão, traz em si idéias de valorização e reconhecimento da extensão universitária por meio da inclusão/ disponibilização de horas no plano de carreira docente, da remuneração do trabalho de extensão, da sensibilização dos professores, alunos e funcionários sobre as atividades de extensão, da atribuição de créditos curriculares para as atividades de extensão, da igualdade de status administrativo, financeiro e pedagógico entre ensino, pesquisa e extensão, da captação de recursos através de parcerias institucionais.

Na compreensão da professora Mariângela B. Wanderley (1999, p. 52), a extensão universitária encerra em si muitos dos vários desafios impostos à universidade hoje, os quais necessitam ser estudados com competência para que ela não perca sua vocação de produtora de conhecimento.

O relatório do Seminário de Avaliação: potencialidades e limites da extensão comunitária das universidades no apoio ao desenvolvimento institucional dos municípios, ocorrido em Olinda, em 1998, aponta as potencialidades da extensão universitária, das quais podemos destacar a capacidade instalada de que as universidades dispõem, através de pessoal qualificado, conhecimento produzido, prática de pesquisa e, ainda, tradição e credibilidade.

Autores como Maria das Graças Tavares (*Extensão Universitária: novo paradigma de universidade?*, 1997) e Volnei Garrafa (*Extensão: a universidade construindo saber e cidadania – Relatório de Atividades),* dedicaram boas análises sobre a atuação e a importância do Fórum Nacional de Pró-Reitores de Extensão das Universidades Públicas Brasileiras, criado em 1987, por propor um novo conceito de Extensão.

A partir da década de 1990, a temática da extensão universitária tem sido abordada em muitos artigos, livros, conferências, palestras, dissertações e teses. Também, debates e discussões marcaram a trajetória de organização dos Fóruns instituídos como espaços de significação para a extensão das universidades públicas, comunitárias e confessionais e, mais recentemente, das particulares.

Nessa perspectiva, é possível referir o livro organizado por Dóris dos Santos Faria – *Construção conceitual da extensão universitária na América Latina,* publicado em 2001 e lançado no VI Congresso Ibero-americano de Extensão Universitária, realizado em Embu, São Paulo, em novembro de 2001.

Outra publicação recente, de cunho histórico, reflexivo e avaliativo, escrito por Walter Frantz e Enio Waldir da Silva, intitula-se *Extensão universitária: o papel da extensão e a questão das comunitárias* (Editora Unijuí, 2002). Além disso, muitos documentos com diretrizes conceituais e políticas estão sendo disponibilizados para embasar as reflexões sobre a institucionalização da extensão em todas as IES.

A organização das universidades públicas, através do Fórum de Pró-Reitores de Extensão, explicitou, por outro lado, a separação entre as IES públicas e as IES privadas. Fruto dessa ruptura, as IES comunitárias e confessionais organizaram-se, no ano de 2001, no Fórum Nacional de Extensão das Universidades Comunitárias.

Espaços e instâncias de organização da extensão

Hoje, o Fórum Nacional de Extensão e Ação Comunitária das Universidades e Instituições de Ensino Superior Comunitárias – ForExt, conforme seu Estatuto, tem como objetivo analisar, debater, propor políticas, estratégias e questões relativas à Extensão e à Ação Comunitária de interesse de seus membros (Estatuto do ForExt, Art. 4, Inciso 1).

O ForExt constitui-se de uma Diretoria escolhida em assembléia nacional e organiza-se em Câmaras – Câmara Centro-Oeste, Câmara Nordeste, Câmara Sudeste, e Câmara Sul, que se reúnem em torno das temáticas propostas pelas assembléias e encontros regionais. O encontro nacional tem gerado "cartas" direcionadas à própria comunidade acadêmica e à sociedade. O conteúdo desses documentos reflete as preocupações dos profissionais e dos estudantes envolvidos nas ações de extensão, tanto no que se refere às questões institucionais quanto às questões mais agudas do cenário social e econômico do país. A Carta de Campinas (outubro de 2004) está calcada no tema "Universidade e compromisso social: a contribuição da extensão". Esse documento é um avanço nas reflexões e explicita a compreensão de Extensão Universitária como processo educativo (Paidéia) e prática social (Politéia). Significa dizer que a Extensão é fator determinante para a integração entre o ato educativo e a práxis social, a articulação entre compreender a realidade e responder aos seus desafios e a interação entre o questionamento ético e o engajamento político (Carta de Campinas, 2004, p. 3).

Recentemente, o Fórum de Pró-Reitores de Extensão das Universidades Públicas Brasileiras, desafiado pela necessidade de implantação de um novo sistema de informações capaz de publicizar via web as ações de extensão, organizou uma "comissão especial" para consulta à comunidade extensionista e para a sistematização das sugestões. Esse trabalho resultou em um detalhado Relatório Final denominado *Comissão especial de revisão das áreas temáticas, linhas e ações de extensão*, com a apresentação do Quadro das Áreas Temáticas (Comunicação, Cultura, Direitos Humanos e Justiça, Educação, Meio Ambiente, Saúde, Tecnologia e Produção, Trabalho e Economia, e Administração) e o Quadro das Linhas Programáticas (53 Linhas de Extensão compostas por 31 Linhas Programáticas).

Essas definições apontam para a institucionalização da extensão e para o reconhecimento de sua importância na tríade ensino-pesquisa e extensão, mas, fundamentalmente, revelam a infinidade de teias tecidas junto à sociedade nas mais diversas áreas do conhecimento.

Podemos afirmar que as IES brasileiras, comprometidas com essa abertura à sociedade, organizam e administram a extensão universitária tendo como meta tornar sua gestão cada vez mais compatível com as necessidades das comunidades com as quais se relacionam.

Como decorrência desse processo de amadurecimento institucional, as experiências de extensão universitária necessitam ser avaliadas pelas possibilidades de diálogos que propiciam. Esse diálogo, instalado nas práticas cotidianas em tempo e campo real, afirmam a idéia freireana de que o homem é um ser da *práxis*, da ação e da reflexão. É a idéia de que o homem, atuando, transforma e, transformando, cria uma realidade que, por sua vez, condiciona sua forma de atuar.

Muitos espaços oferecidos para esse diálogo foram se construindo por histórias que envolveram professores, alunos e comunidade em momentos significativos de abertura da instituição para relacionamentos com a sociedade civil e com o poder público dos municípios de sua região geo-educacional.

Podemos afirmar que esse relacionamento com a sociedade direcionou avanços conceituais sobre extensão universitária, dentro e fora das universidades. Com eles foi possível definir, ao longo do tempo, a identidade dessas ações, as políticas, as metodologias, e, principalmente, as reflexões necessárias à tomada de consciência sobre as ações que se realizavam *com* e *na* comunidade.

A extensão universitária, na perspectiva das ações e das práticas sociais, num canal importante de construção da identidade institucional e da aspiração histórica das IES. As instituições vêm construindo suas histórias de extensão universitária na medida de seus compromissos locais e regionais, em consonância com sua missão e sua visão. Desses compromissos, tem resultado significativas ações nas mais diversas áreas do conhecimento, oportunizando diagnósticos sociais, econômicos e culturais motivadores de políticas e redimensionamentos de pesquisas e de ofertas de cursos de extensão e de especialização, bem como de programas de capacitação de multiplicadores para atuação direta em espaços de organização da sociedade civil, como fóruns, conselhos e ONGs.

Desafio emergente para a extensão universitária

Quando tudo em nosso entorno aponta e sugere ruptura, separação, dissociação, as discussões acadêmicas sobre a extensão universitária transitam pelas reflexões sobre a possibilidade e a necessidade de tornar unitário e indissociável aquilo que, na estrutura da universidade, começou em outro tempo, separado, isolado, movimenta-se por si só, e realiza-se na dissociação do ensino e da pesquisa – a extensão universitária.

O desafio de pensar a indissociabilidade entre ensino, pesquisa e extensão é o desafio de *fazer universidade hoje*. É pensar o *"que fazer"* da universidade.

Para Malvina Dorneles (2002)[6],

"pensar a universidade através da mediação metafórica do tripé, configurado pelo Ensino, a Pesquisa e a Extensão, mostra uma

---
[6] Considerações apresentadas pela professora Malvina Dorneles, do PPGE da UFRGS, ao compor a banca de avaliação da dissertação de mestrado da autora em 4 de março de 2002, naquela instituição.

concepção tríade da sua natureza organizacional que, a partir de uma estrutura triforme e tripartite, se apresenta como um efeito de composição superestrutural, uma espécie de síntese resultante da interação dialética dessa trindade funcional. No entanto, no cotidiano universitário, essa perspectiva tem um resultado numa aproximação mecânica das três dimensões acadêmicas que ocorrem de forma autônoma e, na maioria das vezes, desconexas."

Talvez pudéssemos ancorar a idéia de indissociabilidade entre ensino, pesquisa e extensão na concepção de Boaventura de Sousa Santos sobre um "modelo edificante de ciência", o qual comporta um conflito entre o conhecimento como regulação e o conhecimento como emancipação. Para ele,

"à universidade compete organizar esse compromisso, congregando os cidadãos e os universitários em autênticas comunidades interpretativas que superem as usuais interações, em que os cidadãos são sempre forçados a renunciar à interpretação da realidade social que lhes diz respeito" (1997, p. 97).

Nessa perspectiva da *indissociabilidade* teríamos a extensão universitária como espaço institucional da *intermultitransdisciplinaridade*, que acolhe a *transversalidade teórico-prática* das diferentes áreas do conhecimento, pela oportunidade de responder aos desafios que lhe permitem multiplicar seus espaços de ensinar-aprender dando lugar a múltiplas configurações. As interações resultantes desse processo utilizam-se de uma potência sinergética toda vez que se dá lugar à criatividade e à subjetividade, num espaço-tempo em que a convivência se negocia e renegocia constantemente no lugar de estar cristalizada disciplinarmente. Considera-se, hoje, que as temáticas provenientes dessa convivência (teoria-prática), são responsáveis por 80% das pesquisas que a universidade vem realizando.

Nessa dimensão, o conhecimento abandona seu caráter exclusivamente transmissivo e incorpora o "saber fazer" como valor pedagógico do saber pensar, questionar, ouvir, intervir e, fundamentalmente, saber reconhecer, aceitar e conviver com outros saberes, outras culturas e outras crenças.

Referências bibliográficas

BEMVENUTI, Vera L. S. *Da intenção ao gesto: a extensão universitária como prática acadêmica na construção do conhecimento novo.* Dissertação de Mestrado, 2002, UFRGS.

BERNHEIM, Carlos Türnemann. "El nuevo concepto de la extensión universitaria". In: CONGRESO IBEROAMERICANO DE EXTENSIÓN UNIVERSITÁRIA, V., 2000, Morélia, México. *Anais...* 2000. Conferência de Abertura.

BERNHEIM, Carlos Türnemann e GURGEL, R. M. *Extensão universitária: comunicação ou domesticação?* São Paulo, Cortez/Autores Associados; Fortaleza, Universidade Federal do Ceará, 1986.

BRASIL. Lei n. 4.024, de 1961. *Lei de Diretrizes e Bases para a Educação Nacional* - LDB, de 20 de dez. de 1961. Publicada no D.O.U, Brasília, DF, de 27 de dezembro de 1961, p. 979.

_____. Secretaria de Ensino Superior. *Perfil da extensão universitária no Brasil.* Rio de Janeiro, NAPE/Departamento de Extensão, Sub-Reitoria para Assuntos Comunitários/UERJ, 1994.

CHARLE, C. e VERGER, J. *História das universidades.* São Paulo, UNESP, 1994.

ENCONTRO NACIONAL DE UNIVERSIDADES. POLÍTICAS E AÇÕES DE EXTENSÃO UNIVERSITÁRIA PARA A PROMOÇÃO DOS DIREITOS DA INFÂNCIA E DA ADOLESCÊNCIA, 1999, Belo Horizonte. *Anais...* Belo Horizonte, PUC/Minas, 1999.

FAGUNDES, José. *Universidade e compromisso social.* Campinas, Unicamp, 1986. (Teses)

FÁVERO, Maria de L. *A universidade brasileira em busca de sua identidade.* Petrópolis, Vozes, 1977.

FÁVERO, Maria de L. *UNE em tempos de autoritarismo.* Rio de Janeiro, Editora da UFRJ, 1994.

FÓRUM NACIONAL DE PRÓ-REITORES DE EXTENSÃO DAS UNIVERSIDADES COMUNITÁRIAS DO BRASIL. [s. l.], 1999. Documento-Base.

FREIRE, Paulo. *Conscientização*. São Paulo, Cortez e Moraes, 1980.

GURGEL, Mauro. *Extensão universitária: comunicação ou domesticação?* São Paulo, Cortez, 1986.

ROSSATO, Ricardo. *Universidade – nove séculos de história*. Passo Fundo, Editora da UPF, 1998.

SANTOS, Boaventura de S. *Pela mão de Alice – o social e o político na pós-modernidade*. São Paulo, Cortez, 1997.

WANDERLEY, Mariângela B. "Fortalecimento da extensão universitária na implementação de políticas públicas para a inclusão social". In: ENCONTTRO NACIONAL DE UNIVERSIDADES. POLÍTICAS E AÇÕES DE EXTENSÃO UNIVERSITÁRIA PARA A PROMOÇÃO DOS DIREITOS DA INFÂNCIA E DA ADOLESCÊNCIA, 1999, Belo Horizonte. *Anais...* Belo Horizonte, PUC/Minas, 1999.

Capítulo 3

Ética e Práticas em Saúde

Lucilda Selli
José Roque Junges

Introdução

O uso gradativo de tecnologias nas práticas de saúde do SUS permite democratizar o acesso universal e eqüitativo a tratamentos de alta complexidade antes reservada a uma minoria. Este movimento responde à tendência de crescente tecnificação dos processos terapêuticos. A introdução de aparelhos e medicamentos de última geração trouxe grandes benefícios, porque possibilitou diagnósticos mais precisos e terapias mais específicas. Essa sofisticação tecnológica, produtora de benefícios, pode trazer um efeito colateral, nem sempre percebido pelos profissionais, de uma redução da terapêutica a processos técnicos traduzidos por uma variedade de exames e pelo uso de intervenções sempre mais precisas. A crença na onipotência da técnica pode fazer esquecer a importância da qualidade da relação entre o profissional e o usuário. Os procedimentos técnicos não podem substituir a prática do cuidado e da atenção. Esse é o desafio ético primordial do profissional da saúde.

Ciente deste fato, o Ministério da Saúde lançou o Programa "Humaniza SUS", no sentido de criar uma Política Nacional de Humanização. (Brasil, 2004) Essa preocupação responde ao princípio da integralidade que é uma das bases conceituais do Sistema Único de

Saúde. O nível de acolhimento e de vínculo são indicadores fundamentais da construção de integralidade na saúde. Trata-se de dimensões da prática que vão além do uso de tecnologias, porque atingem a subjetividade do usuário e do próprio trabalhador da saúde. Na avaliação dos serviços, chama atenção o despreparo dos profissionais para lidar com a dimensão subjetiva que toda prática de saúde supõe. Como agravante desse aspecto, aparece a presença de modelos de gestão centralizados e verticais que não permitem que o trabalhador seja sujeito do seu próprio processo de trabalho. O Programa do Ministério da Saúde pretende construir e pactuar uma política que assuma a humanização como eixo das práticas de atenção e gestão do SUS.

Numa situação prolongada de enfermidade, a reação do sujeito frente ao seu quadro de morbidade torna-se essencial para a consecução da integralidade no tratamento. Essa reação depende em grande parte do acolhimento e vínculo do profissional, mas também dos estímulos do seu ambiente sociocultural. Por isso faz parte do cuidado a atenção às representações sociais que determinam as concepções subjacentes à reação do sujeito. Estar atento ao processo de subjetivação frente à doença e respeitar a autonomia do enfermo é um elemento essencial do cuidado, objetivo primordial da humanização das práticas de saúde.

Integralidade

A integralidade como norte da atenção das práticas em saúde precisa ser pensada no entrelaçamento e recursividade entre diferentes dimensões, para que sua abrangência se torne uma possibilidade a ser alcançada. É importante ter presente o lembrete de Camargo (2003) para quem a integralidade constitui um termo polissêmico, sem uma definição específica, o que lhe confere uma fragilidade e uma potencialidade.

Para explicitar as dimensões da integralidade, toma-se como referência um estudo realizado por Cecílio (2003), enriquecido pela coletânea sobre Integralidade que compõe as duas obras organizadas por Pinheiro e Mattos (2003).

A primeira dimensão é denominada por Cecílio (2003) de "integralidade focalizada", trabalhada no espaço bem delimitado de um serviço de saúde. Nessa modalidade de integralidade, o encontro do usuário com a equipe de saúde deveria se caracterizar pela preocupação e pelo compromisso do profissional de fazer a melhor escuta das necessidades de saúde trazidas por aquela pessoa/usuário que busca o serviço, presentes em demandas específicas. Cabe à equipe decodificar e atender da melhor maneira possível às demandas, verbalizadas ou não, pelo usuário. A Integralidade, pensada na dimensão focalizada, deve ser fruto do esforço e da confluência de vários saberes de uma equipe multidimensional, no espaço concreto dos serviços de saúde.

A capacitação da equipe multiprofissional deve focar a capacidade de escutar e de atender às necessidades de saúde. Esta postura, no dizer de Cecílio (2003), favorece a "tradução" das necessidades mais complexas do usuário, que vão além de seu pedido explícito de saúde. A integralidade de atenção, no espaço singular de cada serviço de saúde, resulta do esforço da equipe de saúde de traduzir e atender, da melhor forma possível, a tais necessidades, sempre complexas, tendo que ser captadas em sua expressão individual.

A integralidade, praticada na ótica apresentada, propicia o acolhimento e o vínculo do usuário, solidificando a relação com os profissionais, o serviço e abrindo caminho para a integralidade como objeto de rede (referência e contra-referência).

A melhoria das condições de saúde, e do acesso às tecnologias de ponta, deixa de ser bem sucedida no espaço singular de cada serviço. Essa constatação mostra a insuficiência da "integralidade focalizada" e a necessidade da integralidade em rede que implica pensar o sistema de saúde com múltiplas entradas, múltiplos fluxos. Essa integralidade seria resultado da articulação entre os serviços, cada um cumprindo muito bem a sua parte. As necessidades singulares de saúde das pessoas devem constituir o alvo dos serviços de saúde, desde a rede básica aos serviços altamente especializados. Essa dimensão da integralidade denomina-se de "integralidade ampliada" que compreende a articulação em rede institucional, intencional, processual, das múltiplas integralidades focalizadas, que, tendo como epicentro cada serviço de saúde, se articulam em fluxos a partir das necessidades reais das pessoas – a integralidade no "micro" refletida no "macro". Pensar a organização do "macro" que resulte em maior possibilidade de integralidade no "micro" (Cecílio 2003). Essa compreensão de integralidade possibilita radicalizar a idéia de que cada pessoa, com suas múltiplas e singulares necessidades, seja sempre o foco, o objeto, a razão de ser de cada serviço de saúde. A integralidade ampliada seria fruto desta relação articulada, complementar entre a integralidade no cuidado de cada profissional, de cada equipe e da rede de serviços de saúde e outros.

Pinheiro (2003) entende a integralidade como uma ação social que resulta da interação permanente dos atores na relação demanda e oferta, em planos distintos de atenção à saúde, nos quais os aspectos objetivos e subjetivos são levados em consideração. Esta compreensão de integralidade abarca a "integralidade focalizada" e a "integralidade ampliada". A concreção da integralidade, em suas diferentes dimensões, implica considerar demanda e oferta. A demanda é a condição para a integralidade. Ela tem que atender às reais necessidades do usuário.

Mattos (2003) aponta três conjuntos de sentido da integralidade. O primeiro conjunto de sentido, decorrente do movimento conhecido como medicina integral, se refere às atitudes dos profissionais nas práticas de saúde. O segundo conjunto de sentido se refere à organização dos serviços e das práticas de saúde. Aqui, a integralidade não é mais uma atitude, mas uma marca de um modo de organizar o processo de trabalho nos serviços de saúde. O terceiro conjunto de sentidos da integralidade trata de atributos das respostas governamentais a certos problemas de saúde ou a necessidades específicas de um determinado grupo de pessoas. Portanto, a integralidade serve como princípio orientador das práticas, princípio orientador da organização do trabalho, princípio da organização das políticas de saúde.

Ao interpretar ou conferir sentidos à integralidade, Mattos (2003) defende que, quer seja tomada como princípio orientador das práticas, quer como princípio orientador da organização do trabalho, quer da organização das políticas, integralidade implica uma recusa ao reducionismo, uma recusa à objetivação dos sujeitos e talvez uma afirmação de abertura ao diálogo.

O profissional que busca orientar sua prática pela integralidade precisa escapar aos reducionismos, ampliar as percepções das necessidades reais de pessoas e grupos e avaliar as melhores formas de dar respostas a situações específicas. A ética implica atitudes de enfrentamento de um trabalho fragmentado, respondendo a demandas pontuais dos usuários, tendo presente a complexidade que compõe a vida de cada ser humano. Implica olhar cada sujeito em sua especificidade, sua história de vida, mas também como sujeito de um coletivo.

Cuidado

O cuidado, outrora, tido no campo da saúde quase como uma prática exclusiva dos profissionais de enfermagem, vem ganhando uma dimensão muito mais ampla, ao alcance e responsabilidade de toda a equipe de saúde.

O *cuidado* estava presente na antiga literatura romana, representado pela palavra latina *cura,* que pode ser traduzida por cuidado, atenção, interesse. Virgílio, poeta romano, a entendeu como fardo, personificada nas *ultrices Curae* (cuidados vingadores). Sêneca, ao contrário, entendeu a *cura* não como algo que oprime o ser humano, mas como algo que o eleva ao nível dos deuses.

Na tradição estóica, à qual Sêneca pertence, o cuidado é entendido como solicitude. Essa dupla perspectiva do cuidado como fardo opressivo de Virgílio e como solicitude de Sêneca perpassa todo o mundo antigo. A importância do cuidado para o ser humano está presente no mito do "cuidado", de Higino (Reich, 1995).

Nas obras de Kierkegaard, novamente aparece a dupla face de cuidado, de ansiedade/peso e de solicitude. Heidegger (1988) fundamenta o cuidado antropologicamente. Esse não é um conceito ao lado de outros, mas um ponto central de seu sistema filosófico. O cuidado torna-se um modo de ser do ser-aí *(Dasein)*. Entende o cuidado como uma dimensão fontal, ontológica do ser humano. Distingue entre *taking care of* e *care of*. O primeiro corresponde à preocupação pelas necessidades e carências dos outros, o segundo identifica-se com a solicitude pelas pessoas, por grupos humanos etc. O primeiro remete à sobrevivência e à finitude do ser humano; o segundo supera e transcende a ansiedade da preocupação, desenvolvendo as potencialidades da solicitude que caracteriza o ser humano (Reich, 1995).

A fundamentação antropológica do cuidado abriu a perspectiva para a construção de uma proposta ética do cuidado. Em 1982, com a publicação da obra de Carol Gilligan, *In a different voice (Uma voz diferente),* emergiu a perspectiva do cuidado na ética como resultado de um estudo sobre o desenvolvimento moral das mulheres realizado pela autora. Gilligan mostrou que as mulheres elaboram e avaliam conflitos morais de modo diferente dos homens.

Para a autora, os homens procuram analisar os componentes do dilema, separando-os em indivíduos isolados e tentando definir o direito de cada um na perspectiva da justiça. As mulheres buscam ver o conjunto das relações implicadas na situação, tentando detectar as conexões e procurando cuidar das inter-relações. O cuidado não é uma teoria, mas uma orientação ética que enfatiza mais preocupações e discernimento, hábitos e tendências de interpretação, seletividade de habilidades e destrezas. A ética do cuidado de Gilligan concentra-se mais na atitude ou caráter da pessoa do que no seu comportamento ou ato correto.

Boff (1999) entende que no cuidado se encontra o *ethos* fundamental do humano. *Ethos* em grego significa a toca do animal ou a casa humana. Compreende um conjunto de princípios, valores e atitudes que regem transculturalmente o comportamento humano para que seja realmente humano no sentido de ser consciente, livre e responsável.

A proposta do Ministério da Saúde, "Humaniza SUS", pretende colocar na pauta as metas do SUS – a Integralidade, a Universalidade, a Eqüidade – colocando o cuidado como o modo-de-ser essencial do ser humano. Visa resgatar a essência humana nos serviços de saúde.

Cuidado é uma categoria-chave para abrir novos diálogos no campo do conhecimento, dos saberes e das práticas em saúde, com a possibilidade de concretizar ações que se destinam a materializar uma política de saúde em defesa da vida. Cuidado: categoria polifônica da integralidade e de seus diferentes significados e sentidos. Cuidado: signo e potência da integralidade em saúde (Pinheiro e Mattos, 2004).

O cuidado confere um sentido mais amplo às práticas de saúde, produzindo ações de integralidade, como estratégias de ressignificação da vida, de reposição de valores de solidariedade e de novos sentidos à saúde, o que de certa forma refaz o tecido relacional, rompido pela lógica científica. Estudos realizados recentemente sobre o cuidado constituem, conforme Pinheiro (2003), potencial para abrir novo diálogo no campo de conhecimento, saberes e práticas, possibilitando a concretude de ações que se destinam a materializar uma política da integralidade em seus diferentes significados e amplitude de sentidos.

Para Camargo Jr. (2003), o modo concreto de articular ações assistenciais, dizendo-as ações integrais no cuidado, define o patamar ético e técnico para programar e avaliar a qualidade da assistência.

Autonomia

A integralidade e o cuidado só serão efetivos se a subjetividade for levada em consideração, estando atento ao processo de reação subjetiva do enfermo frente à doença. A saúde depende em grande parte da capacidade de reagir frente aos elementos que desestruturam a vida. Por isso, é muito importante conseguir a participação do enfermo na terapêutica e o seu engajamento nas decisões a serem tomadas sobre sua situação. Daí a centralidade do consentimento informado para o cuidado e a integralidade da prática clínica. Ele expressa a autonomia do paciente nas decisões em benefício da sua recuperação e saúde. Não se realiza a beneficência sem autonomia. Só o próprio sujeito pode ajudar a ponderar e a decidir o que é bem integral para a sua vida que não se identifica simplesmente com o bem físico.

O profissional, na sua relação com um usuário adulto dos serviços de saúde, é convidado a considerá-lo, sempre, como um sujeito autônomo em condições de decidir sobre sua vida até prova em contrário. Tendo presente esse pressuposto, ele precisa adquirir sensibilidade para avaliar a competência do paciente para dar o seu consentimento, informado em decisões vitais. Essa competência depende de elementos cognitivos e volitivos. Esses elementos expressam-se na capacidade de entender informações, avaliando a própria situação, baseando-se nelas, e de definir preferências, raciocinando rumo a uma decisão importante e vital.

Estando o consentimento baseado em dados informativos prévios, sua competência depende, antes de mais nada, da capacidade de compreender informações em vista de uma decisão. Na área de saúde, o esclarecimento pretende possibilitar a compreensão de qual é o resultado de uma intervenção clínica, analisar as suas conseqüências e ponderar os seus custos e benefícios. Essa compreensão depende da quantidade e qualidade das informações repassadas pelo profissional sobre o diagnóstico e a terapêutica. Nessa revelação, o mais importante é a forma de apresentar os riscos e os benefícios. As informações não devem ser em demasia e muito menos num linguajar científico, mas suficientes e adequadas ao nível de compreensibilidade do usuário. Daí a importância de estar atento às representações culturais que servem de filtro na captação e compreensão das informações. A não atenção a esse fato pode levar a um falseamento no entendimento, porque a pessoa capta outra coisa, diferente daquilo que o profissional quis transmitir, ou não aceita determinada informação como verdadeira, embora a entenda. Uma falsa crença sobre o seu estado pode invalidar o consentimento, mesmo existindo uma boa revelação e compreensão dos dados clínicos.

Mas não basta a competência cognitiva para tomar decisões autônomas. Pede-se também competência volitiva para consentir com liberdade. A voluntariedade significa conhecimento adequado e ausência de coerção externa (fatores socioambientais) ou de constragimento interno (fatores psicológicos). Nesse sentido, podem existir pressões externas do próprio profissional, da instituição de saúde, da família, do ambiente de convivência ou compulsões internas de cunho emocional, afetivo ou religioso. O profissional precisa certificar-se de que o enfermo não está sendo manipulado ou forçado a tomar determinada decisão sobre seu estado de saúde, resguardando-o de influências controladoras.

Existem casos em que não se dão as condições para o consentimento informado devido a uma incapacidade *provisória* (infância/adolescência), *passageira* (inconsciência ou fragilização momentânea) ou *permanente* (patologias psicológicas ou estados incapacitantes geriátricos ou demenciais). Nestes casos, recorre-se ao consentimento substitutivo de um familiar próximo ou de um responsável legal. Diante da inexistência ou incerteza quanto à autonomia do paciente pode-se aplicar três modelos de consentimento substitutivo. Para quem nunca foi autônomo, usa-se o modelo dos melhores interesses para a qualidade de vida do enfermo (caso de crianças e de pacientes com graves patologias psicológicas). No caso de pessoa autônoma, mas que no momento está incapacitada de exercer a sua autonomia, deve-se tomar a decisão que ela tomaria caso pudesse decidir. Por fim, para enfermos que já foram autônomos, mas que perderam definitivamente a sua atuonomia, deve-se decidir de acordo com as preferências expressas anteriormente ou pensando nos melhores interesses para sua qualidade de vida (Beauchamp e Childress, 2002).

Eqüidade

A saúde, definida como um direito na Constituição Brasileira de 1988 (Brasil, 2004), expressa-se no princípio da universalidade, que é uma das bases do SUS. Significa que todos têm direito a um tratamento igualitário e justo de sua saúde. Ninguém pode ser discriminado no acesso aos recursos disponibilizados. Mas sabemos que eles sempre serão escassos, sendo necessário fazer uma seleção de prioridades. Uma vez definidas essas prioridades, todos terão acesso igual a elas. Portanto, não se trata da resposta a necessidades individuais em sua universalidade, mas de necessidades básicas definidas socialmente, para as quais existe acesso universal. Isso significa compreender a justiça como eqüidade, defendendo o princípio de que, em casos iguais, tratamento igual.

A eqüidade complementa a universalidade. A universalidade identifica-se com a imparcialidade da justiça na qual todos são iguais, mas ela pode tornar-se injusta no concreto se não forem levadas em consideração as diferenças na universalidade. Embora a saúde seja formalmente reconhecida como um direito igualitário para todos, as condições de realização e de concretização desse direito não são igualitárias. Em outras palavras, existe uma diferença na igualdade. Por isso, tendo presente uma justiça dinâmica e ativa, a eqüidade defende que é necessário tratar diferentemente os iguais para ser verdadeiramente justo. Por isso, existem as políticas setoriais que privilegiam determinados grupos mais fragilizados (por exemplo, mulheres e crianças) no atendimento à saúde ou políticas indutoras que canalizam recursos para determinadas práticas de prevenção e educação para a saúde. Essa definição de prioridades é essencial para a construção da justiça como eqüidade (Rawls, 1997).

A solidariedade identifica-se e complementa como atitude humana o princípio ético e político da eqüidade, pois pretende superar a pura igualdade e imparcialidade juridicamente frias, optando preferencialmente pelos menos favorecidos na atenção à saúde. A solidariedade é a atitude adequada para orientar eticamente relações assimétricas como são as que acontecem nas práticas de saúde.

Como diz muito bem a filósofa espanhola Adela Cortina (1991, p. 53),

"a justiça é necessária para proteger sujeitos autônomos, mas igualmente é indispensável a solidariedade, porque a primeira postula igual respeito e direitos para cada ser humano autônomo, enquanto que a segunda exige empatia – colocar-se no lugar do outro – e compaixão – preocupação pelo bem-estar do próximo. Sujeitos autônomos são insubstituíveis, mas também a atitude solidária daqueles que reconhecem uma forma de vida compartilhada".

A sociedade moderna está fundada na igualdade dos seus membros e o Estado correspondente é pensado como um contrato social entre sujeitos autônomos iguais. Mas pode-se defender uma igualdade fria sem solidariedade, porque não se está atento às condições sociais diferenciadas de membros considerados formalmente iguais, mas que na realidade vivem em situação desfavorecida. Numa cultura que favorece o interesse individual de cada um, as necessidades básicas não atendidas do outro membro igual da sociedade não são preocupações para uma sociedade fundada na autonomia dos sujeitos. Por isso, a igualdade deve ser regada pela solidariedade, porque se pode defender a igualdade formal sem solidariedade, mas, ao contrário, não se pode ser solidário sem lutar igualmente por uma igualdade real dos membros da sociedade.

Conclusão

Todos os princípios éticos orientadores de práticas humanizantes dos profissionais da saúde resumem-se, em última análise, em ajudar a pessoa a apropriar-se subjetivamente da sua enfermidade, para que possa reagir diante da situação de doença, tomando consciência e ressignificando a sua vida. A recuperação depende, em grande parte, desta reação subjetiva que reforça a reação já iniciada pelo próprio corpo e expressa nos diversos sintomas. Neste sentido, saúde é, antes de mais nada, capacidade de reação diante de fatores biológicos, psicológicos e sociais tendentes ao desequilíbrio e à desordem existencial. O profissional pode ser um mediador importante dessa reação psicossomática e espiritual do enfermo. Isso depende do modo como o profissional trata a pessoa acometida por doença. Se a atitude para com o enfermo for de acolhida e cuidado, se a relação com ele respeitar a autonomia da sua vontade e se a prática de diagnose e terapêutica for inspirada pela integralidade e pela eqüidade, então, estão criadas as condições para um processo saudável de reação frente à doença.

Referências bibliográficas

BEAUCHAMP, T. L. e CHILDRESS, J. F. (2002). *Princípios de ética biomédica.* (Tradução do inglês de Luciana Pudenzi). São Paulo, Loyola.

BOFF, L. (1999). *Saber cuidar*: *ética do humano, compaixão pela terra.* 3 ed. Petrópolis, Vozes.

BRASIL. (2004). *Constituição da República Federativa do Brasil* (Edição atualizada até a Emenda Constitucional n. 44 de 30/06/2004). São Paulo, Saraiva.

BRASIL. (2004). "Humaniza SUS: Política nacional de humanização". Brasília, Editora Ministério da Saúde.

CECÍLIO, L. C. (2003). "As necessidades de saúde como conceito estruturante na luta pela integralidade e eqüidade na atenção em saúde". In: PINHEIRO, R. e MATTOS, A. R. (orgs.). *Os sentidos da integralidade na atenção e no cuidado à saúde.* Rio de Janeiro, UERJ-IMS/ABRASCO.

CORTINA, A. (1991). *La moral del Camaleón.* Madrid, Tecnos.

CAMARGO JR., K. R. (2003). "Epistemologia numa hora dessas? (os limites do cuidado)". In: PINHEIRO, R. e MATTOS, A. R. (orgs.). *Cuidado – as fronteiras da integralidade.* Rio de Janeiro, Hucitec/IMS-UERJ/ABRASCO.

HEIDEGGER, M. (1997). *Ser e tempo*. 8 ed. Petrópolis, Vozes.

MATTOS, R. A. (2003). "Os sentidos da integralidade: algumas reflexões acerca de valores que merecem ser defendidos". In: PINHEIRO, R. e MATTOS, A. R. (orgs.). *Os sentidos da integralidade na atenção e no cuidado à saúde.* Rio de Janeiro, UERJ-IMS/ABRASCO.

PINHEIRO, R. e MATTOS, A. R. (orgs.). (2003). *Os sentidos da integralidade na atenção e no cuidado à saúde.* Rio de Janeiro, UERJ–IMS/ABRASCO.

_____. (2003). *Cuidado: as fronteiras da integralidade.* Rio de Janeiro, Hucitec/IMS–UERJ/ABRASCO.

RAWLS, J. (1997). *Uma teoria da justiça*. (Tradução do inglês de Almiro Pisetta e Lenita M. R. Esteves). São Paulo, Martins Fontes.

REICH, W. Th. (1995). "Care. I. History of the notion of care". In: REICH, W. Th. (Ed.). *Encyclopedia of bioethics*. v. I, New York, Simon & Schuster Macmillan, pp. 319-329.

WALDOW, V. R. (2004). *O cuidado na saúde. As relações entre o eu, o outro e o cosmos*. Petrópolis, Vozes.

CAPÍTULO 4

AS PRIMEIRAS ENTREVISTAS NO ATENDIMENTO PSICOLÓGICO

Luciana Castoldi
Michele Scheffel

O presente capítulo tem como objetivo refletir sobre a forma de funcionamento das primeiras entrevistas em psicologia, tecendo comentários que dizem da técnica, mas também explorando as relações subjetivas que se estabelecem na dupla paciente-terapeuta. A intenção é que este material, ora escrito, possa servir de subsídio teórico para os alunos em formação, bem como para os profissionais que estão constantemente reavaliando seu fazer na clínica psicológica. Pretende-se refletir sobre o acolhimento dado ao paciente nas primeiras entrevistas, o estabelecimento do contrato terapêutico, seja com o paciente adulto ou infantil e, também, o registro dos dados nos prontuários.

O acolhimento do paciente

A busca de ajuda psicológica ainda é vista com receio e resistência pela maioria das pessoas. A frase chavão "Isto é coisa para louco" infelizmente continua a ser propagada e difundida, antes mesmo de existir um entendimento do processo e da importância da psicoterapia. Diante dessa realidade, o que se percebe na prática clínica é que grande parte da população busca o psicólogo como último recurso, chegando aos consultórios com uma sensação de fracasso intenso. O sentimento de frustração e incompetência aparece no discurso destas pessoas, uma vez que sentem como se já tivessem esgotado seus recursos para resolver determinado impasse e a busca pelo psicólogo acaba se tornando uma necessidade no momento de crise.

É fundamental para a escuta clínica que o psicólogo tenha entendimento desse momento inicial e saiba identificar em que contexto o sujeito chegou até o consultório. Mesmo para aquelas pessoas que buscam a ajuda psicológica como forma de autoconhecimento, num viés mais preventivo, estando motivadas e interessadas num tratamento, o falar de si e de suas dores é um momento difícil. O fato de vir para um local sem saber ao certo o que vai acontecer ou, ao menos, com quem vai falar, é gerador de tensão e mal-estar.

É necessário que o profissional, especialmente nesse contato inicial, possa acolher o paciente, valorizando tudo que por ele for colocado, uma vez que este espera encontrar alguém que esteja disponível, inteiro, interessado e preocupado em dar-lhe apoio e em diminuir seu desconforto (Ancona-Lopez, 1998). Um profissional que, acima de qualquer teoria ou técnica, escute de forma aberta e sem críticas, inspirando confiança e vontade de ajudar.

Esse clima de aconchego e respeito é fator fundamental para o estabelecimento da confiança na relação paciente-terapeuta. Raymundo (2000) salienta que estabelecer a proximidade necessária para a realização do processo significa mostrar ao paciente que as dificuldades parecem não ir embora enquanto não forem bem acolhidas.

Em nossa clínica-escola, as entrevistas iniciais recebem o nome de "acolhimento", período no qual o paciente é escutado, durante a avaliação inicial, com o objetivo de identificar a demanda, compreender o funcionamento psíquico do indivíduo ou da família e definir o encaminhamento.

A pré-história da entrevista inicial

Neste tópico, gostaríamos de chamar a atenção do terapeuta para o que se processa com cada família e/ou paciente desde o início da dificuldade que motivou a busca de atendimento até a primeira consulta: é o que denominamos de "pré-história" deste atendimento. Diante do sofrimento psíquico, raramente o psicólogo é acessado como primeira alternativa de auxílio. A constatação de que não se é capaz de dar conta das próprias dificuldades e/ou do sofrimento dos filhos sem ajuda costuma gerar sentimentos de culpa, desqualificação e/ou impotência. Nossa primeira tendência é enfrentar tudo sem a ajuda dos outros; portanto, assumir que precisamos de ajuda já pode ser considerado um grande passo.

Investigando a história familiar, constatamos que em muitas famílias existe um mito quanto a receber ajuda técnica ("roupa suja se lava em casa"), o que acaba gerando uma tolerância com o sintoma. Por vezes, encontramos alguns sintomas que estão normalizados por certa família, pois já se repete há várias gerações, tipo alcoolismo, enurese ou depressão. Em outras famílias, identificamos a busca de ajuda na rede de apoio (cônjuge, pais, vizinhos, amigos). Em outras, ainda, algumas alternativas de assistência (igreja, benzeduras etc.) aparecem como substitutas ou precursoras do trabalho clínico.

Enfim, quando o paciente ou a família acessa um serviço de saúde especializado, geralmente já esgotou uma série de possibilidades que estavam mais acessíveis. Podemos entender que esse percurso também deve ser parte da nossa avaliação, assim como identificar outros profissionais que tenham avaliado ou atendido o paciente antes que ele chegasse à nossa consulta.

A possibilidade de ter claro se o paciente já teve algum contato com psicólogo anteriormente auxilia o profissional a entender como foi esta experiência e identifica qual a idéia que o sujeito tem frente um tratamento psicológico. Ao falar sobre estas percepções, o sujeito traz elementos de sua história, características de sua personalidade, além do que possibilita desmistificar e redimensionar qualquer tabu ou idéia errônea frente a experiências anteriores mal sucedidas. Vale ressaltar que a desistência nos tratamentos anteriores pode nos dizer da falta de experiência profissional, mas também pode estar relacionado ao momento do paciente.

Objetivos da entrevista inicial

Poderíamos reduzir os objetivos da entrevista inicial a dois objetivos básicos: 1) estabelecer uma vinculação positiva com o paciente, conectando-se com o seu sofrimento e 2) identificar, entre os motivos latentes e os manifestos, o que realmente trouxe o paciente à consulta neste momento.

Para Ocampo, Arzeno, Piccolo e colaboradores (1999), a entrevista inicial tem como objetivo o terapeuta poder perceber a primeira impressão que o paciente nos desperta (linguagem corporal, vestuário, gestos, movimentação etc.); deve-se estar atento a verbalizações do sujeito, ou seja, considerar o que, como e quando o paciente fala e com que ritmo (clareza ou confusão, tempos passado e futuro, conteúdo etc.) e, sobretudo, verificar o grau de coerência entre a linguagem verbal e não-verbal.

As entrevistas iniciais servem, também, para planejar os procedimentos subseqüentes, seja de avaliação ou psicoterapia, e explicitá-los para o paciente. Esta conduta, de orientação, é interessante, pois alivia e conforta o sujeito, uma vez que expõe uma perspectiva de auxílio em prol da mudança, ou seja, uma possibilidade do sujeito se enxergar diferente, valorizando novamente suas potencialidades. Como diz Santiago (1998): "Não basta reconhecer as angústias e emoções do paciente, porque ele precisa recuperar a confiança em sua capacidade intelectual, instrumento importante para a observação, compreensão e resolução de seus problemas". (p. 16)

Quando o paciente for uma criança ou adolescente, a entrevista inicial será realizada com os pais ou adulto responsável; eventualmente o adolescente poderá participar sozinho da entrevista inicial, sendo solicitada a presença dos pais ao longo do processo. Quando os pais comparecerem juntos à entrevista, é importante detectar o vínculo que une o casal, bem como o vínculo de cada um deles com o filho e, ainda, verificar a capacidade dos pais de elaboração diagnóstica e aceitação da avaliação.

Salientamos que as entrevistas iniciais com crianças e adolescentes apresentam certas particularidades, uma vez que o vínculo, o acolhimento a ser dado, não diz respeito a um indivíduo que veio buscar ajuda, mas, sim, fala de todo um sistema familiar. Conforme Logan (1991), este tipo de avaliação deve incluir, além das questões específicas de cada indivíduo, o background sociocultural da família, a estrutura e dinâmica familiar, bem como as características psicológicas de outros membros da família.

Levisky (1998) aponta que, em se tratando de crianças e adolescentes, acrescenta-se o fato de serem indivíduos em desenvolvimento, ou seja, muitas manifestações são transitórias, uma vez que fazem parte dos momentos evolutivos. Assim, a elaboração diagnóstica, nestes casos, merece bastante atenção. Sobre este aspecto, Greenspan e Greenspan (1993) abordam que as crianças, muito mais que os adultos, possuem um maravilhoso talento para tocarem nas áreas sensíveis do terapeuta, acionando as reações contratransferenciais com muito mais facilidade.

Fica evidente o quanto este momento inicial, principalmente no caso de crianças e adolescentes, é uma tarefa complexa e árdua, que exige dos profissionais experiência clínica, espírito investigativo e criatividade para a realização da elaboração diagnóstica. Porém, entendido o momento que traz o sujeito ao consultório psicológico, acolhendo a dor e o sofrimento na tentativa de baixar a ansiedade de quem nos procura, é possível se criar um *setting* adequado com o propósito de escutar a queixa e, a partir daí, construir uma proposta de tratamento. Podemos, então, pressupor que o último objetivo da entrevista inicial é estabelecer o contrato terapêutico.

O contrato terapêutico

Ao final das primeiras entrevistas, deve-se firmar o contrato de trabalho. De acordo com Cunha (2000), o contrato define um comprometimento de ambas as partes com certas obrigações formais que incluem o papel do terapeuta e do paciente, a duração estimada do processo, a periodicidade e duração das sessões, bem como os honorários e forma de pagamento.

Mesmo nas avaliações denominadas "compulsórias", aquelas solicitadas pelo Juizado ou Conselho Tutelar, e que não acarretam em honorários, devem ficar explícitas as responsabilidades de cada parte: ao terapeuta compete conduzir o processo de avaliação psicológica de tal forma a apresentar um laudo, enquanto à família ou paciente compete comparecer às sessões, colaborando com a obtenção dos dados, por exemplo. Em todos os casos, deve existir um contrato de sigilo, que protege o paciente e seus familiares de toda e qualquer exposição. Nos casos de avaliações jurídicas, serão apresentadas, no laudo ou relatório, apenas as informações necessárias à continuidade do processo, devendo o paciente estar informado de tal procedimento.

Em relação ao contrato terapêutico infantil, costumamos escutar o questionamento: a partir de que idade devemos realizar o contrato com a criança? Poderíamos responder com outra questão: a partir de que idade podemos receber uma criança em atendimento ou avaliação psicológica? A resposta, então, seria evidente: sempre que tivermos uma criança em processo de avaliação ou terapia, teremos que realizar o contrato, desde, é claro, que façamos combinações adequadas à idade.

Quanto ao que devemos contratar com a criança, podemos tomar como ponto de partida o contrato adulto: tudo o que contratamos com o adulto responsável, também contratamos com a criança: os papéis (se ela sabe o que é um psicólogo, por que veio à consulta etc.), a freqüência, a periodicidade e o tempo de duração de cada sessão (dependendo da idade do paciente, a noção de tempo poderá ser materializada apresentando-se os ponteiros do relógio). É importante tratar dos honorários com a criança, não a implicando na obrigação do pagamento, mas conscientizando-a de que este é um espaço pago, o que a ajuda a diferenciar o trabalho lúdico da terapia de uma brincadeira social.

Às combinações de rotina contratadas com o adulto são agregadas, no contrato infantil, algumas especificidades, como o cuidado com a sala e o material, geralmente de uso comum a vários pacientes; o fato de não poder levar os brinquedos para casa e o contrato da não-agressão: "neste espaço não podemos nos machucar".

Outro quesito fundamental a ser contratado com a criança é o sigilo, geralmente traduzido como o "segredo". Tal como acontece no contrato com o adulto, a criança deve ter ciência do caráter de confidencialidade das sessões, devendo ser informada cada vez que o terapeuta tiver que estabelecer contato com familiares, professores, ou outras pessoas envolvidas no seu tratamento ou avaliação. Podemos combinar com a criança quais as informações que deverão ser passadas aos pais ou responsáveis, para o bom andamento do processo.

O prontuário

Toda a documentação dos pacientes deve ser arquivada pelo prazo de cinco anos, após o término e/ou interrupção do tratamento, conforme o Código de Ética dos Psicólogos (2005). Este mesmo código destaca outras questões importantes que gostaríamos de destacar, principalmente aquelas que também se aplicam ao trabalho realizado nas clínicas-escolas, tais como: responsabilidades e relações com instituições, comunicações científicas e da divulgação ao público.

Em nossa clínica-escola, todo paciente possui um prontuário, que é aberto quando inicia o processo de acolhimento. Neste documento, encontram-se os dados de identificação, o motivo da consulta, a fonte de encaminhamento, bem como a história clínica e um panorama socioeconômico, e o histórico familiar de cada paciente. É um documento bastante completo que serve de banco de dados, podendo ser utilizado nas pesquisas realizadas na instituição.

Cabe ao profissional e/ou estagiário que esteja vinculado a uma clínica-escola trabalhar de acordo com a filosofia e padrões vigentes naquela instituição, promovendo ações que tornem esse um lugar de crescimento dos indivíduos, mantendo uma posição crítica que garanta o desenvolvimento da instituição e da sociedade. O item que diz das comunicações científicas e da divulgação ao público aponta para a necessidade das pessoas terem liberdade na decisão quanto à participação nas pesquisas, sendo que essas não devem interferir na vida dos sujeitos. Além disso, todos os participantes de estudos científicos devem dar o seu livre consentimento, sendo informados dos possíveis riscos da pesquisa.

Desta forma, existe, em nossa clínica-escola, um documento chamado *Termo de Consentimento para Atendimento,* que deve ser assinado pelo paciente (ou pelos responsáveis, no caso de crianças e adolescentes até 18 anos incompletos) antes de iniciar o acolhimento e que está anexado ao prontuário, sendo preenchido logo no primeiro contato.

Conforme a Resolução n. 196/96, sobre as Diretrizes e Normas Regulamentadoras de Pesquisas Envolvendo Seres Humanos, o consentimento livre e esclarecido existe em respeito à dignidade humana e exige que os esclarecimentos sobre a pesquisa se façam em linguagem acessível, incluindo alguns aspectos tais como: justificativa, objetivos e procedimentos da pesquisa; desconfortos e riscos dos participantes; garantia de esclarecimento antes e durante o curso da pesquisa; liberdade do sujeito em se recusar a participar ou retirar seu consentimento; garantia de sigilo, entre outros.

Diante de tais constatações fica evidente que, por ser um local que prioriza o ensino, a pesquisa e a extensão, a clínica-escola deve seguir tais normas exigidas pelos conselhos e comitês de ética que organizam e regulamentam as profissões aqui envolvidas, no caso, a psicologia, a nutrição, a enfermagem e a educação física.

O processo psicodiagnóstico como intervenção psicoterapêutica

O psicodiagnóstico caracteriza-se por ser um processo limitado no tempo, com início, meio e fim, baseado em um contrato entre as partes envolvidas (paciente e terapeuta) e com objetivos específicos (Cunha e col., 2000). Segundo as autoras, uma avaliação clínica pode ter como objetivo: classificação simples, descrição, classificação nosológica, diagnóstico diferencial, avaliação compreensiva, entendimento dinâmico, prevenção, prognóstico, ou, ainda, perícia forense. Em qualquer destas modalidades, compete ao psicólogo determinar a duração do processo, os instrumentos a serem utilizados com vistas a finalizar o processo com uma entrevista de devolução na qual se efetivem os encaminhamentos pertinentes a cada caso.

O processo psicodiagnóstico por muito tempo foi percebido como um momento apenas investigativo e avaliativo (Ocampo, Arzeno, Piccolo e col., 1999), no qual o profissional mostrava-se distante de qualquer interpretação ou assinalamento. Essa forma técnica, que decide postergar a intervenção, pode distanciar o terapeuta do paciente, impedindo um encontro rico de possibilidades.

Santiago (1998) afirma que é difícil manter a fronteira entre psicoterapia e psicodiagnóstico, uma vez que as intervenções quase sempre são necessárias em um processo de avaliação. Dessa forma, o psicólogo intervém com comentários/assinalamentos que, invariavelmente, irão provocar uma reação no sujeito, um pensar acerca do que foi colocado. Essa dinâmica é considerada terapêutica, uma vez que promove o pensar dentro de novos enfoques, quebrando modelos de funcionamento e inserindo propostas novas, ou seja, beneficiando terapeuticamente o sujeito já desde o primeiro encontro.

Mito (1998) endossa que o paciente se beneficia das intervenções do profissional, já nas entrevistas iniciais, mesmo dentro de um processo psicodiagnóstico. Este autor acrescenta que essas diferenças de nome se fazem mais como necessidade do profissional. Tais diferenças devem estar bem esclarecidas, caso contrário, poderão contribuir negativamente para o andamento do processo.

Todo o trabalho psicoterápico desenvolvido numa clínica-escola tem a intenção de acolher a demanda da comunidade, mas também proporcionar o aprendizado dos alunos através dos atendimentos. Este aprendizado é calcado na ética e na qualidade dos procedimentos. A idéia do serviço não é atender a todos e sim atender o possível dentro da proposta de trabalho em que se acredita.

Neste sentido, é inevitável que combinações sejam feitas para a organização do Programa. Assim, especificar até onde, dentro do processo, chama-se acolhimento (que em nossa clínica-escola seriam as entrevistas iniciais ou psicodiagnóstico) e onde começa o tratamento, no caso a psicoterapia propriamente dita, serve, apenas, para fins organizacionais. A prática é entendida como dinâmica e flexível, pois em ambos momentos se escuta o sujeito na intenção de melhor encaminhá-lo.

Compartilhamos da idéia de Salinas e Santos (2002) sobre as entrevistas iniciais numa clínica-escola como sendo um espaço privilegiado para reflexão, permitindo avaliar com o paciente as reais possibilidades de atendimento no serviço naquele momento, bem como discutir outras possibilidades em serviços públicos ou particulares da cidade. Os autores acreditam, e nós concordamos, que este momento se constitui como uma proposta de intervenção em si mesma.

Esse processo inicial precisa ser vivenciado pelos psicólogos para, a partir daí, ser internalizado, repensado e discutido. Não há como adquirir com alguém a vivência e a experiência pessoal da formação em psicologia que jamais se esgota. É necessário constantemente um pensar acerca do fazer, na tentativa de assim evitar que as intervenções tornem-se automatizadas ou padronizadas.

As entrevistas iniciais em nossa clínica-escola

Na clínica-escola da Universidade do Vale do Rio dos Sinos – UNISINOS – temos uma grande preocupação com as primeiras entrevistas do paciente. A equipe tem a intenção de acolher os pacientes que lhe procuram de forma ética e qualificada, na tentativa de dar conta da demanda que cresce a cada ano. Segundo relatórios da própria instituição, verificamos que o número de atendimentos no ano de 2001 foi de 5.776 pacientes (2.512 casos buscando a psicologia); no ano de 2002, foi de 7.487 pacientes (4.661 para a psicologia); no ano de 2003, aumentou para 10.008 (sendo 5.225 só na psicologia) e, no ano de 2004, totalizou 9.483 atendimentos (5.019 na busca por atendimento psicológico).

Acreditamos que esta procura intensa fala do quanto este é um local reconhecido e instituído na região do Vale dos Sinos, como referência em atendimento clínico. Chama-nos a atenção a grande procura pelo atendimento psicológico. Isso nos faz pensar no quanto as pessoas, por estarem em sofrimento psíquico intenso, muitas vezes ficam impedidas de vislumbrar alternativas de tratamento em outras frentes que não a psicologia, tais como a nutrição, a enfermagem, a educação física, enfim, nas outras áreas da saúde. Diante disso, pode-se dizer que as primeiras entrevistas também têm o papel de auxiliar a discriminar a queixa e dar o devido encaminhamento.

Apesar de estarmos falando em entrevistas iniciais em psicologia, não podemos desconsiderar que para quem trabalha em nossa clínica-escola essa escuta inicial está também atrelada ao caráter interdisciplinar da instituição. De acordo com Benetti e Ramires (2003), os profissionais, independentes da particularidade teórica e técnica, mantêm um olhar amplo, não restrito a sua própria formação profissional, mas, sim, abrangendo todas as dimensões do humano e a complexidade de nossa existência.

Por trás dessa grande demanda, é possível pensar que cada sujeito que busca a instituição sofre por algum motivo e acredita-se que essa dor deva ser escutada e acolhida. Ainda retomando as idéias das autoras, podemos pensar em uma escuta ampla, atenta, empática, compreendendo esse sujeito inserido e indissociado do seu contexto social, cultural, econômico, político, histórico, e levando em conta seus recursos pessoais e potenciais que poderão ser mobilizados. Este momento inicial é de fundamental importância, uma vez que se escuta a dor e o sofrimento do sujeito, acreditando na possibilidade de acionar, através das intervenções, os recursos de saúde.

De acordo com Baremblitt (1991), referindo-se a uma organização psiquiátrica (e aqui acreditamos na possibilidade de transpor tal conceito para falar da clínica-escola), os pacientes estabelecem múltiplas transferências laterais com seus iguais, com a equipe de saúde, com a equipe administrativa e também com a organização como um todo, não apenas como estabelecimento (lugar e espaço onde se desenvolve o trabalho), mas também com a ideologia da organização, ou seja, com o sentido que a organização se dá e o conceito dos serviços que presta.

Os pacientes que buscam nosso programa já chegam vinculados com a instituição, ou melhor, com a representação que cada um possui dessa instituição. Neste sentido, percebe-se que as pessoas acreditam que é ali que serão ajudadas, independentemente do profissional que irá fazer o atendimento. É algo que transcende a individualidade profissional e vai ao encontro do conceito de transdisciplinaridade, na qual o profissional será visto muito mais como um agente de saúde do que como um psicólogo, embora estes dois conceitos se complementem.

Considerações finais

Ao longo da sua história, as entrevistas iniciais em nossa clínica-escola já foram realizadas de diferentes formas: em plantões diários, nos quais todos os pacientes eram recebidos por um profissional da equipe para uma primeira escuta; em acolhimentos pré-agendados, após preenchimento de uma ficha de cadastro na qual eram identificados os motivos da procura pelo atendimento; em entrevistas individuais, pelo profissional da área específica referida pelo paciente quando da solicitação do atendimento, ou em grupos, coordenados por uma equipe multiprofissional.

Atualmente, respeitando a demanda que nos chega, o acolhimento é realizado em grupos para os pacientes adultos, sejam da psicologia, nutrição ou enfermagem, e em entrevistas individuais, pelo profissional da área, quando o paciente é uma criança ou adolescente, devido à necessidade de se escutar o familiar.

De qualquer forma, o que queremos destacar, ao finalizar esta reflexão sobre as entrevistas iniciais, é que "acolher" é um processo exigente e dispendioso, sobre o qual continuamente a equipe deve estar atenta e aberta a novas possibilidades, sempre na busca da melhor forma de receber e atender as pessoas que acessam a nossa Instituição.

Referências bibliográficas

ANCONA-LOPEZ, M. (org.). (1998). *Psicodiagnóstico: O processo de intervenção.* 2 ed. São Paulo, Cortez.

BAREMBLITT, G. (1991). *Cinco lições sobre a transferência.* São Paulo, Hucitec.

BENETTI, S. P. C. e RAMIRES, V. R. R. (2003). *A extensão e a construção do conhecimento no campo da saúde como lócus para uma prática transdisciplinar.* In: Cadernos de Extensão IV.

CÓDIGO DE ÉTICA DOS PSICÓLOGOS. *http://www.crp07.org.* acessado em 20 de maio de 2005.

CONSELHO NACIONAL DE SAÚDE. (1996). *Resolução n. 196/96. Diretrizes e Normas Regulamentadoras de pesquisa envolvendo seres humanos.* Diário Oficial da União, seção 1, p. 21.082. Brasília, Ministério da Saúde.

CUNHA, J. A. (2000). *Psicodiagnóstico-V.* 5 ed. revisada e ampliada. Porto Alegre, Artmed.

GREENSPAN e GREENSPAN. (1993). "Condução da entrevista". In: *Entrevista clínica com crianças.* Porto Alegre, Artes Médicas.

LEVISKY, D. L. (1998). *Adolescência: reflexões psicanalíticas.* São Paulo, Casa do Psicólogo.

LOGAN, N. (1991). "Avaliação diagnóstica de crianças". In: CRAIG, R. J. *Entrevista clínica e diagnóstica.* Porto Alegre, Artes Médicas.

MITO, T. I. H. "Psicodiagnóstico formal e avaliação informal". In: ANCONA-LOPEZ, M.

(org.). (1998). *Psicodiagnóstico: o processo de intervenção.* 2 ed. São Paulo, Cortez.

RELATÓRIOS DE ATIVIDADES DESENVOLVIDAS NO PIPAS. (2001, 2002, 2003, 2004). Material não publicado.

OCAMPO, M. L. S.; ARZENO, M. E. G.; PICCOLO, E. G. e col. (1999). *O processo psicodiagnóstico e as técnicas projetivas.* São Paulo, Martins Fontes.

RAYMUNDO, M. G. B. (2000). "O contato com o paciente". In: CUNHA, J. A. *Psicodiagnóstico-V.* 5 ed. revista e ampliada. Porto Alegre, Artmed.

SANTIAGO, M. D. E. "Psicodiagnóstico: uma prática em crise ou uma prática na crise?". In: ANCONA-LOPEZ, M. (org.). (1998). *Psicodiagnóstico: o processo de intervenção.* 2 ed. São Paulo, Cortez.

SALINAS, P. e SANTOS, M. A. (2002). *Serviço de triagem em clínica-escola de psicologia: a escuta analítica em contexto institucional.* Psychê, ano VI, n. 9, São Paulo.

Capítulo 5

Consulta de Enfermagem: uma Práxis de Educação e Promoção em Saúde

Vânia Schneider
Ledi Kauffmann Papaléo
Lucilda Selli

> *"É objetivo da enfermagem estimular, promover as ações do autocuidado, com o intuito de promover a vida e a saúde e de ajudá-la a recuperar-se da doença e lesão ou ajustar-se a seus efeitos."*
> Smeltzer e Bare, 1993, p. 5

Introdução

A Consulta de Enfermagem tem suas raízes nos primórdios da profissão no Brasil, sendo, a atividade de enfermeiro, legalmente reconhecida na década de 1960.

As assim chamadas novas funções do enfermeiro, conforme registra Rogers *apud* Castro (1975), já integravam a prática de enfermagem há décadas, o que denota que a Consulta de Enfermagem se constituiu com base em um saber-fazer específico, que foi tomando corpo, e do reconhecimento da competência e responsabilidade direta do enfermeiro em relação à sua prática profissional.

Os aspectos novos incorporados à atividade profissional são a estrutura orgânica da prática e o reconhecimento das competências específicas do enfermeiro com relação a seus assistidos. A Consulta de Enfermagem, nesse sentido, está ligada ao processo de enfermagem, o que lhe confere um domínio próprio, portanto não-passível de delegação.

A Consulta de Enfermagem apresenta-se como direcionadora das ações de enfermagem, dispensadas ao paciente em caráter ambulatorial, e está fundamentada na necessidade de cientificidade das ações desenvolvidas pelo profissional. Esta pode ser definida como atividade diretamente prestada ao paciente por meio da qual são identificados problemas de saúde-doença, são prescritas e implementadas medidas de educação para a saúde que contribuam para a promoção, a proteção, a recuperação ou a reabilitação do paciente (Comitê de Consulta de Enfermagem, 1979).

O enfermeiro recebe a sua formação para promover a saúde como um objetivo central da sua prática profissional. Indiferente de sua área de atuação, o papel de educador e promotor de saúde permeia o seu saber-fazer, podendo se dar na assistência hospitalar, na saúde coletiva, na educação formal ou em outras frentes de trabalho.

A Enfermagem, como ciência humana, direciona seu saber-fazer para o processo saúde/doença baseado no cientificismo, na ética e no cuidado humano. Dessa forma, sua atenção não se restringe ao biológico, mas engloba a pessoa como um todo, sua família e o coletivo, tendo presente os diferentes aspectos e etapas do desenvolvimento humano.

Nessa ótica, para desempenhar o papel de educador e promotor de saúde, utiliza a Consulta de Enfermagem como instrumento de trabalho, entre outros, para ensinar às pessoas a viverem do modo mais saudável e com qualidade.

Neste capítulo, objetiva-se abordar a Consulta de Enfermagem como prática dos profissionais enfermeiros, conceitualmente, para que possa servir de referencial para os acadêmicos e profissionais de enfermagem no cotidiano profissional. Além disso, suscitar interesse no meio acadêmico para tornar a Consulta de Enfermagem, cada vez mais, objeto de pesquisa e produção científica, pois se trata de uma temática relativamente nova, carente de publicações e discussões teóricas.

A enfermagem deve ter suas ações embasadas no conhecimento científico, nas demandas da comunidade e metas da instituição onde serão implementadas. Isso implica habilidade e preparo para atuar como agente de promoção e educação em saúde, de recuperação e reabilitação da saúde.

A história da Consulta de Enfermagem

A conquista do espaço para a realização da Consulta de Enfermagem no Brasil acompanhou as fases de ascensão e de declínio da profissão, culminando com a implantação de forma sistemática e regulamentada, conforme o Decreto n. 94.406, de 08 de junho de 1987, que compreende, conforme Castro (1975), quatro fases distintas, apresentadas a seguir.

Primeira fase

A primeira fase da Consulta de Enfermagem remonta à época da criação da escola Ana Néri, de 1923, por enfermeiras americanas, responsáveis pela implantação da enfermagem tanto na área de ensino como na área de serviços e pela implementação da Consulta de Enfermagem no país.

No manual preparado para os enfermeiros de saúde pública brasileira, de 1925, constava como atribuição da enfermeira realizar entrevista pós-clínica com cada paciente, em que era interpretado o diagnóstico, definido o tratamento e a importância de seguir o tratamento e atender os meios de prevenção e de disseminação da doença.

Os enfermeiros de saúde pública são valorizados, tendo atuação nos Centros de Saúde e nas visitas domiciliares, exercendo uma função educativa e sem precedentes. Nesta fase, foi fundamental o apoio de dois médicos brasileiros, Carlos Chagas e Clementino Fraga. Neste período, foi muito enfatizada a função educativa exercida pelo enfermeiro (Castro, 1975).

A vinculação da primeira Escola de Enfermagem do país aos serviços de saúde pública determinou avanço significativo da enfermagem de saúde coletiva, que caracteriza a fase inicial da profissão no Brasil, sendo sua função educativa junto à população altamente valorizada (Castro, 1975).

Lima apud Castro (1975) defendia que o enfermeiro deveria compreender os problemas gerais do todo familiar e que, embora autoridades em serviço social considerassem essas atividades como privativas da assistente social, ele julgava que elas têm muito em comum com a enfermagem. Dizia ainda que, com referência à parte educativa, o enfermeiro é a pessoa mais indicada para executá-la.

Segunda fase

A segunda fase caracteriza-se por um tempo de transição e declínio da enfermagem, vivenciado fundamentado em reformas ocorridas no país. Neste período, foram criados os Ministérios da Educação e da Saúde, e foi regulamentado o exercício da profissão de enfermagem, conforme Decreto n. 20.109/31.

Em 1938, os enfermeiros conseguem conquistar, para a categoria, a organização dos serviços de Saúde Pública no Brasil. A impossibilidade de preencher os quadros de pessoal de enfermagem somente com enfermeiros criou a necessidade de treinar visitadores sanitários para suprir a demanda, em oposição à política adotada pela saúde no país, até aquele período.

Os enfermeiros que treinavam os visitadores tiveram seus trabalhos suspensos pelo Decreto n. 1.040/39. Este quadro configura uma grande perda para a profissão. Além de exercerem a função de treinar os visitadores, eles supervisionavam os serviços de enfermagem de saúde pública e assessoravam as autoridades nesses serviços e também nas escolas de enfermagem.

Outra reforma administrativa se deu com o Decreto n. 3.171/41, segundo o qual a enfermagem perdeu espaço na atuação direta junto ao paciente, sendo-lhe delegadas apenas funções normativas.

As várias reformas administrativas prejudicaram os resultados alcançados na primeira fase de conquistas da enfermagem, gerando instabilidade, o que se estendeu até a Segunda Guerra Mundial.

Terceira fase

Esta fase se inicia com a criação do Serviço Especial de Saúde Pública (SESP). Corresponde ao período pós-guerra, que trouxe uma imagem mais positiva da enfermagem e, conseqüentemente, para a Consulta de Enfermagem, sob sua responsabilidade. Houve, a partir de então, um aperfeiçoamento de escolas de enfermagem. A enfermagem começa a atuar nos hospitais da rede pública e discretamente na rede privada, com atribuição de treinamento e supervisão do pessoal auxiliar. A assistência de enfermagem a pacientes de ambulatório ainda inexiste. Este período foi de grande atividade no que se refere às escolas de enfermagem, umas sendo criadas e outras equiparadas à "escola-padrão" ou incorporadas a universidades.

Quarta fase

A quarta fase se dá a partir de 1956, com as primeiras pesquisas em enfermagem e o levantamento de recursos e necessidades de enfermagem, patrocinado pela Associação Brasileira de Enfermagem e financiado pela fundação Rockfeller. A atividade científica se desenvolve, notadamente, a partir de 1964, ano do XVI Congresso Brasileiro de Enfermagem, que teve como tema oficial *Enfermagem e Pesquisa*. O congresso abordou as pesquisas, a reforma no ensino das escolas da enfermagem e a inclusão do enfermeiro nas equipes de planejamento de saúde e a integração de enfermagem nas escolas brasileiras. A Reforma do Ensino de 1961 e 1963 integrou as escolas de enfermagem nas universidades brasileiras. Dá-se, nesse período, a formação das primeiras equipes de saúde, das quais fazia parte o enfermeiro. Esse período caracteriza-se pelo fortalecimento dos serviços de enfermagem, o que contribuiu decisivamente para o surgimento da Consulta de Enfermagem (Castro, 1975).

Quinta fase

Castro (1975) acrescenta uma quinta fase, que teve início por volta de 1968. Profissionais que participaram de um curso de planejamento de saúde da Fundação Ensino Especialização de Saúde Pública no Rio de Janeiro concluíram ser o atendimento de Consulta de Enfermagem uma atividade fim da unidade sanitária.

O comitê de Consulta de Enfermagem passa a defender que esta é a atividade prestada diretamente pelo enfermeiro ao cliente, por meio da qual são identificados problemas de saúde-doença. Foram prescritas e implementadas medidas de enfermagem que contribuiriam para a promoção, proteção, recuperação ou reabilitação do cliente. Essa decisão foi regulamentada pelo Decreto n. 94.406, de 08 de junho de 1987.

Os currículos dos cursos de graduação em enfermagem foram reestruturados e, no campo da saúde coletiva, a Consulta de Enfermagem passou a ser identificada como atividade fim de maior importância e exclusiva da competência do enfermeiro, sem possibilidade de delegação para os outros segmentos da equipe multiprofissional.

Entre as atribuições específicas do enfermeiro em um centro de saúde, encontra-se a Consulta de Enfermagem para gestantes e crianças (Carvalho apud Castro, 1975).

Em 1972, o Hospital de Clínicas de Porto Alegre-RS iniciou um programa materno-infantil mediante a Consulta de Enfermagem. A avaliação realizada ao longo dos oito primeiros meses do programa mostrou que mais de 90% das mães compareceram às consultas subseqüentes aprazadas pelo enfermeiro e que menos de 10% das crianças foram encaminhadas à consulta médica. Nessa época, teve início também a Consulta de Enfermagem para pacientes crônicos, como hipertensos e diabéticos (Castro, 1975).

Conceituando Consulta de Enfermagem

A Consulta de Enfermagem é definida como uma relação de ajuda e um processo de aprendizagem entre o indivíduo, que pode ser visto como paciente, cliente, e o profissional enfermeiro, buscando resolver problemas para o bem-estar. Entende-se, também, que a Consulta de Enfermagem é a atenção prestada ao indivíduo, à família e à comunidade de modo sistemático e contínuo, com a finalidade de promover a saúde e prevenir as doenças mediante o diagnóstico precoce. É uma atividade que integra ações de interdependência, propondo uma sistematização, buscando resultados em relação aos padrões pré-estabelecidos, tanto qualitativos quanto quantitativamente, porém exigindo recursos para sua efetivação (Vanzin e Nery, 1996).

Para Campedelli (1986), a Consulta de Enfermagem é uma atividade implícita das funções do enfermeiro, que, exercendo sua autonomia, baseado nos problemas identificados, propõe ações e intervenções de enfermagem, como a execução de cuidados de enfermagem necessários; orientações pertinentes àquele momento e o encaminhamento a outros profissionais, conforme a demanda apresentada pela pessoa atendida, visando a solucionar os problemas que fogem de sua alçada.

O Conselho Federal de Enfermagem (1993) determina que a Consulta de Enfermagem é uma atividade específica do enfermeiro, em que utiliza

> "componentes métodos científicos para identificar situações de saúde-doença, prescrever e implementar medidas de enfermagem que contribuam para a promoção, prevenção e proteção da saúde, recuperação e reabilitação do indivíduo, da família e da comunidade, norteados pelos princípios da universalidade, eqüidade, resolutividade das ações de saúde".

A Consulta de Enfermagem é considerada um método de trabalho, pelo qual a enfermagem aplica um método técnico-científico, com o objetivo de analisar e interpretar as condições de saúde das pessoas atendidas, que nortearão o Diagnóstico de Enfermagem e a definição das condutas pelo profissional enfermeiro (Basso e Veiga, 1998).

Para Vanzin e Nery (1996), conceitualmente, a Consulta de Enfermagem deve ter diretrizes previamente estabelecidas, como respeitar o ser humano com suas particularidades, como valores, crenças, estilo de vida, sob uma visão de corpo, mente e espírito, propondo as ações de enfermagem de forma humanizada, embasadas cientificamente, estimulando a promoção da saúde; entender o sujeito como membro de uma família, com relações interpessoais e sociais, com deveres e direitos como cidadão, capaz de buscar a qualidade de vida; compreender o ser humano quando sadio ou quando doente, no ambiente em que vive; estabelecer uma relação profissional baseada no respeito, na verdade e na ética com a pessoa que está sendo atendida; entender a saúde como resultado do atendimento das necessidades humanas, contributivo da qualidade de vida; enfocar as ações de enfermagem para a pessoa munida de experiência, na sua integralidade, que, conseqüentemente, reage de sua forma às doenças; enfim, a enfermagem entende o ser humano pelos conceitos homem, saúde, sociedade e ambiente.

As autoras Adami, Franco, Brêtas, Ransan and Pereira (1989), preocupadas com as interfaces da Consulta de Enfermagem com outras áreas do conhecimento, propõem pressupostos básicos, como estratégias que buscam resgatar elementos da prática assistencial do enfermeiro em unidades de saúde; contribuir para a viabilização da aplicação dos princípios da universalidade, eqüidade, resolutividade, e integralidade das ações de saúde; mediante seu caráter educativo, visa a preparar o indivíduo e sua família para o autocuidado, com o objetivo de promover, proteger, recuperar e reabilitar a saúde.

Pavani, Ferreira, Wah e Zanei (1988) escrevem que os enfermeiros precisam, para realizar a Consulta de Enfermagem, possuir conhecimento científico específico; analisar globalmente a situação do indivíduo, valorizando a característica individual da Consulta de Enfermagem; buscar dados que favoreçam o conhecimento da realidade da pessoa, o que facilita a ação efetiva e coerente da enfermagem; levar em consideração os aspectos ambientais, suas condições físicas e psicológicas, com o propósito de favorecer a saúde do indivíduo; buscar intercâmbios profissionais; desenvolver pesquisas na área; procurar novos conhecimentos que possam ser revertidos em prol das pessoas atendidas.

Metodologia da Consulta de Enfermagem

A ciência da Enfermagem está baseada numa ampla estrutura teórica, sendo o processo de enfermagem o método pelo qual esta estrutura é aplicada à pratica profissional.

O enfermeiro, ao planejar e implementar as ações de enfermagem, necessariamente deve desenvolver o processo de enfermagem. Para Alfaro-Lefevre (2005), o processo de enfermagem consiste numa forma "sistemática e dinâmica de prestar o cuidado". É essencial, nas diferentes práticas de enfermagem, promover o cuidado humanizado, buscar resultados com baixos investimentos financeiros e estimular a avaliação da prática, apontando para falhas, bem como procurar conhecimentos necessários e propor ações com a finalidade de melhorar o atendimento prestado.

Conforme Alfaro-Lefevre (2005); Silva, Roza, Simões e Pedreira (2002), e Smeltzer e Bare (2002), o processo de enfermagem é constituído de cinco fases inter-relacionadas, definidas como: Investigação (Histórico de Enfermagem); Diagnóstico de Enfermagem (Caracterização dos Problemas); Planejamento (Plano de Cuidados); Implementação e Avaliação.

Nos serviços ambulatoriais, o processo de enfermagem norteia a realização da Consulta de Enfermagem, e ocupa um lugar importante para o exercício de excelência, maximizando a possibilidade de atingir resultados a longo prazo (Silva et al. 2002).

O processo de enfermagem sustenta a estrutura ordenada e sistematizada da Consulta de Enfermagem, que contempla toda a dinâmica de atendimento, desde o acolhimento da pessoa (paciente) até a avaliação do atendimento prestado. Nesse processo, é importante conhecer e compreender a realidade do indivíduo, de sua família e do seu coletivo, para obter subsídios que embasem a elaboração das ações de enfermagem, voltada para a educação e promoção da saúde, levando em consideração as particularidades do contexto, em prol da qualidade de vida.

Conforme Silva et all (2002); Basso e Veiga (1998); Vanzin e Nery (1996); Pierin e Car (1992), e Santos e Mendes (1983), a Consulta de Enfermagem compreende as seguintes etapas:

a) Histórico de enfermagem

- Identificação do paciente – buscar dados biossociais (idade, sexo, escolaridade, ocupação, estado civil, etnia, entre outros) para caracterizar individualmente a pessoa a ser atendida e compreender uma possível influência em seu tratamento.
- Entrevista – conhecer a situação de saúde individual, familiar atual e pregressa, além da condição de saúde da comunidade em que vive. Observar a compreensão do paciente de possíveis fatores de risco para doenças, relacionados a comportamentos individuais, coletivos, hábitos e estilo de vida e identificar possíveis limitações no autocuidado. Levam-se em consideração as informações prestadas pela pessoa, as informações clínicas percebidas pelo enfermeiro e as registradas no prontuário do paciente, em casos de atendimento por profissionais de diferentes áreas de conhecimento.
- Exame físico e avaliação – são informações básicas para o atendimento em saúde. Compreende o registro dos parâmetros vitais, dados antropométricos, avaliação física dos diferentes sistemas e verificação de exames complementares. Consiste na detecção de sinais e sintomas, por meio das técnicas de inspeção, palpação, ausculta, percussão, que exigem conhecimento e habilidade técnica específicos. Tem, por finalidade, distinguir sinais normais dos anormais, com o intuito de levantar dados para estabelecer os cuidados de enfermagem e também para encaminhamento do paciente a outros membros da equipe interdisciplinar para complementar o atendimento.

b) Levantamento de problemas ou diagnóstico de enfermagem

É a compilação dos problemas identificados por meio das informações obtidas na entrevista, levando em consideração a cultura, as crenças e os valores pessoais, e no exame físico detalhado. Analisando e compreendendo a situação do paciente, são eleitas as prioridades e estabelecidas as metas a serem atingidas. A parceria do enfermeiro, do paciente e de sua família é de fundamental importância para o sucesso dos resultados esperados.

c) Plano de cuidados ou plano assistencial

Propõe um conjunto de condutas ou intervenções de enfermagem elaboradas para a pessoa, individualmente, ou extensiva à sua família, por prioridades estabelecidas, metas de curto, médio e longo prazo definido e estratégias especificadas. Esses planos de cuidados objetivam eliminar ou prevenir algum problema de saúde e ajudar a enfrentar e aprender a viver ou conviver com alguma enfermidade.

d) Registros

São as formas documentais, imprescindíveis, da realização das consultas. Devem ser anotações claras e objetivas, de todos os aspectos e ações que englobam a Consulta de Enfermagem, tendo o cuidado de que estejam atualizadas, principalmente em relação a orientações, medidas implementadas e metas esperadas e alcançadas, ressaltando as datas de novos agendamentos e retornos programados.

e) Evolução de enfermagem

Avalia o processo da Consulta de Enfermagem. Verifica-se a evolução das estratégias adotadas e em que extensão as metas foram alcançadas. É importante, na fase da evolução, analisar os problemas identificados, para caracterizar a necessidade de reforçar ou rever as medidas aplicadas, e até mesmo a implementação de novas condutas, associada ao aparecimento de outros problemas.

Conforme Campedelli (1986), a Consulta de Enfermagem deve constituir uma atividade formalizada no serviço de saúde, contendo normas e rotinas de atendimento, possibilitando, assim, o acesso e a opção do paciente pela consulta.

Para a implementação da Consulta de Enfermagem, a instituição de saúde deve definir a que clientela pretende atender e com quem vai trabalhar. Deve, também, disponibilizar um ambiente físico (consultório), com as condições básicas para acomodar, de forma confortável, o paciente e o enfermeiro, garantindo privacidade durante o atendimento. O consultório deve ser mobiliado, conter os materiais necessários para o profissional conduzir a entrevista e os exames subseqüentes (tais como caneta, lápis, bloco de anotações, aparelhos, fitas etc.). Sempre que possível devem ser evitadas interrupções ao longo da consulta. Colocar um aviso de *"ocupado"* na porta do consultório pode constituir uma boa medida.

As autoras Silva et al. (2002) apresentam características importantes para avaliar a efetividade das Consultas de Enfermagem, que podem ser de grande valor não só para ações de enfermagem, como também para o sistema de saúde. Esses dados compreendem o número de consultas efetuadas em determinado período; número de consultas efetuadas para um determinado paciente em um dado espaço de tempo; percentagem de pacientes atendidos, em relação à projeção realizada; assiduidade dos pacientes às consultas agendadas; identificação e busca dos faltosos.

A Consulta de Enfermagem, implicada no avanço da enfermagem como ciência e como arte de um saber fazer específico, propõe uma abordagem deliberativa de prevenção e solução de problemas, que exigem metodologia de trabalho, habilidades cognitivas, técnicas e facilidade em estabelecer bons relacionamentos interpessoais, como também regulamentações institucionais, que estão voltadas à satisfação das necessidades do paciente da família e de sua coletividade.

Conforme Oliveira, Ernesto, Cancino (1988), o enfermeiro, no desempenho de seu papel de educador, deve promover condições propícias para que o paciente verbalize seus problemas e dificuldades, propiciando, assim, o esclarecimento de suas dúvidas, informações sobre condições de saúde e doença, estimulando hábitos de vida saudáveis e atitudes de autocuidado.

Considerações finais

A saúde coletiva vem mostrando, cada vez mais, a importância da abordagem interdisciplinar. As demandas trazidas pelos pacientes que procuram os serviços de saúde fogem da alçada de um só profissional. Para que esta abordagem tenha excelência, é de fundamental importância que os profissionais envolvidos tenham domínio de sua área de conhecimento e responsabilidade do ponto de vista científico, além das suas implicações éticas, sociais e políticas. Sendo o enfermeiro partícipe desta equipe e catalisador de ações educativas, tem, na Consulta de Enfermagem, um importante instrumento para trabalhar em prol da educação e promoção da saúde e da qualidade de vida individual e coletiva.

Conforme Smeltzer e Bare (2002), a educação para a saúde é um elemento importante do atendimento de enfermagem, pois está direcionada para a promoção, manutenção e restauração da saúde e a adaptação aos efeitos residuais das doenças, ensinando as pessoas a atingir seu potencial máximo de saúde.

Referências bibliográficas

ADAMI, N. P. et al. (1989). *Características básicas que diferenciam a consulta de enfermagem da consulta médica*. Acta Paulista de Enfermagem, v. 2, n.1, pp. 9-13.

ALFARO-LEFEVRE, R. (2005). *Aplicação do processo de enfermagem: promoção do cuidado colaborativo.* (Traduzido por Regina Garcez.) Porto Alegre, Artmed.

BASSO, E. e VEIGA, E. V. (1998). "Consulta de Enfermagem: evolução histórica, definição e uma proposta de modelo para sua realização em programa de hipertensão arterial". *Revista Sociedade Cardiologia do Estado de São Paulo*, v. 8, n. 2 (supl. A), pp. 7-14.

BRASIL. Leis. (1987). *Decreto n. 94.406 de 8 de junho de 1987.* Regulamenta a Lei n. 7.498, de 25 de junho de 1986, que dispõe sobre o exercício profissional da Enfermagem, e dá outras providências. Diário Oficial da União, Brasília. Seção 1, fls. 8.853-55.

CAMPEDELLI, M. C. (1986). *Consulta de Enfermagem ao binômio mãe-filho. Análise das condutas de enfermagem.* São Paulo, Tese de Doutorado, Faculdade de Saúde Pública, Universidade de São Paulo, 83 p.

CASTRO, I. B. (1986). "Estudo exploratório sobre a consulta de enfermagem". *Revista Brasileira de Enfermagem.* Rio de Janeiro, v. 28, pp. 76-94, 1975.

COMITÊ DE CONSULTA DE ENFERMAGEM. (1979). *Revista Brasileira de Enfermagem*, Brasília, v. 32, n. 4, pp. 407-08.

CONSELHO FEDERAL DE ENFERMAGEM – COFEN. Resolução n. 159. Dispõe sobre a Consulta de Enfermagem, Rio de Janeiro, 19 de abril de 1993. In: COREM-RS – Conselho Regional de Enfermagem. *Documentos que Básicos de Enfermagem.* Principais leis e resoluções que regulamentam o exercício profissional de Enfermeiros, Técnicos e Auxiliares de Enfermagem.

MACIEL, I. C. F. e ARAÚJO, T. L. (2003). "Consulta de Enfermagem: análise das ações junto a programas de hipertensão arterial, em Fortaleza". *Revista Latino-Americana de Enfermagem.* v. 11, n. 2, pp. 207-14.

OLIVEIRA, M. E. D.; ERNESTO, D. Z. L. e CANCINO, C. A. (1988). "Consulta de Enfermagem a hipertensos: perfil da população e caracterização da assistência". *Revista da Escola de Enfermagem da USP.* São Paulo, v. 22, n. 2, pp. 199-214.

PAVANI, L. M. D. et al. (1988). "Consulta de enfermagem a cliente hipertenso: análise de um instrumento utilizado e proposta de um novo modelo". *Revista da Escola de Enfermagem da USP.* São Paulo, v. 22, n.1, pp. 85-102.

PIERIN, Â. M. G. e CAR, M. R. (1992). "Instrumento de Consulta de Enfermagem a pessoas com hipertensão arterial em tratamento ambulatorial". *Revista da Escola de Enfermagem da USP.* São Paulo, v. 26, n. 1, pp. 17-32.

SANTOS, B. R. L. e MENDES, É. E. M. (1983). "Programa de assistência de enfermagem a clientes portadores de danos cardiovasculares, no ambulatório de um hospital geral e de ensino de Porto Alegre-RS". *Revista Brasileira de Enfermagem,* v. 36, pp. 274-81.

SILVA, L. M. G. et al. (2003). "Modelo Assistencial – um papel em evolução: o(a) enfermeiro(a) como líder do cuidado". In: BORK, A. M. T. *Enfermagem de excelência*: *da visão à ação.* Rio de Janeiro, Guanabara Koogan, pp.7-18.

SMELTZER, S. C. e BARE, B. G. (2002). "Tratado de Enfermagem médico-cirúrgico". In: *Educação para Saúde e Promoção da Saúde.* Rio de Janeiro, Guanabara Koogan, 12ª ed., v.1, cap. 4, pp. 38-48.

SMELTZER, S. C. e BARE, B. G. (2002). "Tratado de Enfermagem médico-cirúrgico". In: *Avaliação em Saúde.* Rio de Janeiro, Guanabara Koogan, 12ª ed., v.1, cap. 5, pp. 49-65.

_____. (1993). "Tratado de Enfermagem médico-cirúrgico". *Enfermagem no mundo atual: conceitos e implementação.* Rio de Janeiro, Guanabara Koogan, 7ª ed., v.1, cap. 1, pp. 3-17.

VANZIN, A. S. e NERY, M. H. S. (1998). *Enfermagem em saúde pública: fundamentação para o exercício do enfermeiro na comunidade.* 2. ed. Porto Alegre, Sagra Luzzatto.

_____. (1996). *Consulta de Enfermagem: uma necessidade social?* Porto Alegre, RM&L Gráfica.

Capítulo 6

Avaliação Nutricional

Márcia Regina Vitolo
Cíntia Mendes Gama

Introdução

A avaliação nutricional completa envolve quatro grandes parâmetros: antropometria, inquérito alimentar, exames laboratoriais e avaliação clínica. Cada parâmetro, isoladamente, não fornece o diagnóstico nutricional global do paciente, o qual deverá ser determinado a partir da análise de todos os parâmetros em conjunto. Nem sempre é possível ter as condições ideais para se realizar um bom diagnóstico nutricional, mas o profissional deve conhecer as limitações de cada parâmetro, minimizando, assim, os erros de interpretação.

Em nossa clínica-escola, a demanda com relação ao grupo populacional que recebe assistência é heterogênea; no entanto, para o atendimento nutricional, observa-se que o grupo de adultos e o grupo de idosos constituem-se nos ciclos da vida de maior procura. Por esse motivo, a avaliação nutricional de pacientes com obesidade e doenças crônico-não-transmissíveis vão ser priorizadas neste capítulo.

O objetivo é conceituar o tema em questão, tendo como escopo a experiência prática realizada nesse programa de extensão.

A Área de Nutrição engloba o estágio II do eixo II da grade curricular e contempla, também, a participação de voluntários/bolsistas. Vinte e cinco alunos, aproximadamente, por semestre, acompanham os pacientes, com supervisão de professores, concomitante às consultas agendadas. Faz parte da consulta conhecer a história de vida do paciente obtida no acolhimento, analisar os antecedentes clínicos e familiares com relação às patologias, investigar como, quando e por que o paciente desenvolveu o respectivo problema nutricional, o qual se constitui na principal queixa do atendimento. É importante ressaltar que os alunos recebem treinamento quanto aos dados mais adequados a serem obtidos referentes ao ciclo da vida que está sendo abordado e, especialmente, quanto ao tipo de distúrbio nutricional. Como exemplo, podemos citar a utilização de diferentes tipos de dobras cutâneas a serem obtidas, dependendo se o paciente é criança ou adulto.

Antropometria e composição corporal

O método antropométrico para avaliação nutricional consiste no estudo de medidas do corpo humano. Tem sido usado há mais de cem anos para avaliar o tamanho e as proporções dos vários segmentos do corpo. É um método não-invasivo, de fácil execução, rápido e de baixo custo (Heyward e Stolarczyk, 1996; Onis e Habicht, 1996). As medidas são realizadas por meio de balanças, fitas métricas, antropômetros, compassos, réguas antropométricas e exigem avaliadores treinados.

As técnicas antropométricas incluem as medidas de peso, estatura, circunferências (cintura, quadril, braço), diâmetros e dobras cutâneas. Em muitos países, inúmeras pesquisas têm produzido informações antropométricas e gerado diversas curvas de crescimento e percentis de medidas. As mesmas são construídas a partir de estudos populacionais e utilizadas para monitorar o crescimento individual, o nível de saúde da população e a avaliação nutricional (Guedes, 1994; Onis e Habicht, 1996; Ulijaszek, 1997).

A interpretação das medidas antropométricas exige o uso de referência e de pontos de corte definidos. É desejável que se dê preferência às preconizações das agências nacionais e internacionais de saúde, pois, geralmente, os dados resultam de estudos e análises criteriosas, feitos por grupos de *experts* e propiciam padronização dos cuidados de saúde e comparação com dados internacionais. Entretanto, é importante considerar que as normatizações são diretrizes e não se constituem, necessariamente, nas metas a serem alcançadas pois se deve respeitar as individualidades pessoais.

Uma medida antropométrica, quando associada à outra medida, ou à idade, converte-se em um indicador do estado nutricional. Os mais conhecidos são: Índice de Quetelet ou Índice de Massa Corporal (Peso/Altura^2); Peso/Idade; Peso/Estatura; Estatura/Idade; Cintura/Quadril. A aplicação desses indicadores depende do ciclo da vida que se está analisando e do objetivo da proposta da avaliação. Após a obtenção do indicador, seja ele qual for, é necessário compará-lo a um referencial e assim concluir a classificação ou o diagnóstico antropométrico. Para isso foram estabelecidos pontos de corte que discriminam os que necessitam e os que não necessitam de intervenção, permitindo ainda discriminar níveis de má nutrição. Os pontos de corte podem ser determinados estatisticamente ou com base na relação entre estado nutricional e debilidades funcionais e/ou sinais clínicos, e, ocasionalmente, risco de mortalidade.

Medidas antropométricas utilizadas no programa

Peso – Essa medida é realizada por meio de uma balança eletrônica da marca Filizola. As crianças são pesadas somente com as roupas íntimas. Para os pacientes adultos e idosos é avaliado cada caso. Se o paciente estiver com roupas de malha tipo *coton,* ou com roupas de tecidos leves, ele é pesado com a mesma roupa, após tirar os sapatos. Se estiver com calça jeans ou blusas de tecido pesado, o acadêmico solicita que ele dispa-se e coloque o jaleco que fica em um cabide dentro da sala. Nesse momento, o acadêmico se retira e espera do lado de fora, até receber o sinal para entrar novamente.

Estatura – A estatura é medida com estadiômetro da marca Secca, com extensão de dois metros de visor de plástico. Para resolver o problema do rodapé, que dificultaria a precisão da leitura, foi confeccionado um suporte de madeira com 2,30 m de altura e 30 cm de largura, em uma base de 35 cm, no qual se fixou o estadiômetro. Para adultos e idosos, a medição da estatura é realizada uma única vez. Para crianças e adolescentes, essa medida é de extrema importância, e deve ser feita em todos os atendimentos e sempre com muito cuidado e técnica. O posicionamento da criança ou do adolescente é fundamental. Durante a realização da medida é importante considerar os seguintes aspectos: observar se o paciente está com os calcanhares devidamente encostados na plataforma de apoio; retirar qualquer elástico ou presilha que esteja prendendo o cabelo; pedir para que o paciente mantenha o pescoço ereto com o olhar para frente; a parte posterior da cabeça não precisa, obrigatoriamente, encostar na parede ou na plataforma de apoio. Esses cuidados são necessários, pois a medida de estatura pode mudar o diagnóstico nutricional inicial ou durante a evolução do atendimento.

Circunferência da Cintura – É realizada com uma fita métrica não extensiva na parte mais estreita do tronco, e sempre foi indicada especialmente para os pacientes adultos. Os pontos de corte para considerar risco cardiovascular são > 102 para homens e > 88 para mulheres. Atualmente, já se pode utilizar essa medida para crianças e adolescentes, uma vez que há a referência para ponto de corte maior que o percentil 85 de acordo com a idade (Taylor, 2000).

Circunferência do Quadril – É realizada para adultos para avaliar a relação Cintura/Quadril (C/Q) que também é considerada como indicador de risco cardiovascular. Os pontos de cortes de risco são C/Q > 0,8 para mulheres e > 1,0 para homens.

Circunferência do Braço – É realizada após se localizar o ponto médio do braço, entre acrômio e olecrânio. Essa medida é opcional e depende do objetivo da proposta, como, por exemplo, calcular a área muscular do braço.

Dobras cutâneas – As dobras cutâneas são determinadas utilizando adipômetro de precisão e de validade reconhecida. Não há a utilização de compassos de plástico. No programa são disponibilizados três aparelhos de duas marcas, Lange e Sescorf.

Indicadores e critérios de classificação

IMC – É o indicador que utiliza a fórmula peso dividido pela altura (m) ao quadrado. O valor obtido é comparado com valores de referência, utilizando pontos de corte. É usado para diagnosticar excesso de peso, pois foi comprovada sua alta correlação com a adiposidade. Para adultos, o valor obtido é usado de forma direta, utilizando a classificação a seguir:

> Eutrófico – 18.50 – 24.99
> Excesso de peso Grau I – 25.00 – 29.99
> Excesso de peso Grau II – 30.00- 39.99
> Excesso de peso Grau III – e" 40

Para crianças e adolescentes é necessário tomar o valor em k/m² e colocar na curva de percentil de IMC (NCHS, 2000) de acordo com idade e sexo, e verificar o percentil correspondente. Após essa observação, a classificação abaixo é a seguida pela WHO, 1995.

> <5P – Baixo Peso
> 5-85 – Eutrofia
> > 85 – Excesso de Peso

P/E (peso por estatura) – Esse indicador pode ser expresso em diferentes formatos, porcentagem de adequação, percentil e escore-Z. Na forma de porcentagem, torna-se útil para avaliar o impacto da intervenção nutricional nos casos de tratamento da obesidade ou baixo peso. Só é indicado para crianças e adolescentes pré-púberes e púberes. É necessário disponibilizar uma tabela de peso e estatura no percentil 50 do NCHS para facilitar o cálculo a cada consulta (Vitolo, 2003). Outros critérios em relação a esse indicador podem ser: a curva de percentil do NCHS (2000), que só é indicada para crianças com altura até 120 cm; o escore Z é mais indicado para análise de pesquisa ou avaliação de grupos, uma vez que é necessário utilizar o programa EpiInfo para o cálculo do escore-Z, que utiliza os desvios-padrão em relação à mediana da população de referência. Os valores utilizados para porcentagem de adequação estão descritos a seguir (Jelliffe e Jelliffe, 1990).

> < 90% – Baixo Peso
> 90 – 110% – Eutrofia
> 110- 120% – Sobrepeso ou risco para obesidade
> e"120% – Obesidade

E/I (estatura por idade) – Esse indicador também pode ser avaliado a partir da porcentagem de adequação, percentil e escore-Z. Para a primeira avaliação, é necessário dividir a estatura real pela estatura esperada no percentil 50, de acordo com a idade, e multiplicar por 100. O percentual acima de 95% indica normalidade. A outra opção é colocar a altura da criança ou do adolescente na curva de percentis por idade e verificar qual o percentil em que ela se situa. Utilizam-se os seguintes critérios: entre o percentil 10 e 3 define-se como vigilância ao retardo de crescimento e abaixo do percentil 3 como baixa estatura.

P/I (Peso por Idade) – Esse indicador não é utilizado em nosso serviço, uma vez que já se utiliza o P/E, mais adequado em função da adaptação para a altura real da criança e não pela idade e especialmente porque não há atendimento de rotina para crianças menores de um ano.

Composição corporal

Dobras cutâneas – A espessura das dobras cutâneas expressam a quantidade de tecido adiposo corporal e, conseqüentemente, as reservas corporais de energia e o estado nutricional atual. Como essa técnica reflete unicamente a disposição da gordura localizada na região subcutânea de um ou mais sítios, deve ser interpretada por equações preditivas previamente validadas para estimar a massa gorda. Desta forma, esse indicador pode oferecer um panorama da quantidade e distribuição de gordura existente nas diferentes regiões do corpo (Jebb e Elia, 1993; Vasconcelos, 1993; Guedes, 1994).

Utilizam-se as dobras cutâneas e as fórmulas para estimativa da porcentagem de acordo com o ciclo da vida. Os alunos são treinados a utilizarem as seguintes dobras cutâneas: tríceps, bíceps, subescapular, supra-ilíaca, abdominal, coxa. A outra possibilidade é utilizar o valor da dobra cutânea e compará-lo com os percentis de uma população de referência (Frisancho, 1990).

Bioimpedância – A avaliação da composição corporal por bioimpedância (BIA) baseia-se nas diferentes condutibilidades elétricas de vários tecidos biológicos expostos às freqüências de correntes. Por meio deste método, obtêm-se informações sobre a resistência oferecida pelo corpo à condução de uma corrente elétrica (Lukaski, 1987; Baumgartner, 1996). A medida da BIA é fornecida aplicando-se um par de eletrodos (técnica tetrapolar) na mão e outro no pé do paciente, pelos quais ocorrerá passagem de uma corrente elétrica de baixa densidade e freqüência fixa pelo corpo do indivíduo, determinando-se a resistência oferecida pelos diversos tecidos do organismo (Harsha e Bray, 1986; Heyward e Stolarczyk, 1996). Os tecidos que apresentam grande quantidade de água e eletrólitos, como o líquido cefalorquidiano, sangue e músculo, possuem elevada condutibilidade; ao contrário, gordura, osso e tecidos secos fornecem alta resistência à passagem da corrente elétrica (Baumgartner, 1996). Desta forma, é possível estimar a porcentagem de gordura, massa magra e água corporal total do indivíduo.

O aparelho disponível é da marca BIA – RJL (RJL Systems Inc, USA). Se possível, solicita-se que o paciente, no dia anterior à consulta na qual será realizada o teste BIA, não beba bebida alcoólica, tome pelo menos oito copos de água e não realize exercícios extenuantes.

Aplicação da antropometria de acordo com os ciclos da vida

Gestantes – As medidas utilizadas no serviço são peso e estatura. Com essas medidas realiza-se o diagnóstico antropométrico pela Curva de Rosso ou Curva de Atalah (Vitolo, 2003). É importante também obter o peso pré-gestacional para realizar o IMC e conhecer o estado nutricional que a gestante tinha antes de engravidar. A estimativa de ganho de peso vai depender do estado nutricional prévio ou do atual. Os pontos de corte para avaliar a condição nutricional pré-gestacional (quadro a seguir) é diferente dos pontos de corte para mulheres adultas não grávidas (IOM, 1990). A velocidade de ganho de peso pode ser resumida nos seguintes critérios: gestantes baixo peso (500 g/semana), gestantes eutróficas (300 a 400 g/semana) e gestantes com sobrepeso e ou obesidade (200 g/semana).

<19.8 – Baixo Peso
19.8 a 24.9 – Eutrofia
> 25 – Sobrepeso
IOM, 1990

Crianças – A medida da altura é feita em todas as consultas e deve estar tecnicamente correta, utilizando de preferência o estadiômetro fixado na parede sem rodapé para que os calcanhares fiquem totalmente apoiados no ângulo de 95° que se forma entre a parede e o chão ou plataforma. A avaliação da altura deve ser precisa para que se observe o ritmo de crescimento e também a evolução do tratamento no caso de crianças com baixo peso ou obesidade. Para crianças menores de dois anos, a altura deve ser feita com o estadiômetro pediátrico de madeira sobre uma superfície lisa, respeitando as técnicas recomendadas pelo Ministério da Saúde (2004). A porcentagem de Peso/Estatura é muito útil no acompanhamento de crianças que apresentam baixo peso ou obesidade, pois é possível observar mais claramente os resultados da intervenção. Já com a curva, os resultados em curto prazo são menos perceptíveis. As dobras cutâneas subescapular e triciptal são as mais indicadas, não sendo necessária a realização de outras. A partir da soma das duas dobras cutâneas é possível determinar a porcentagem de gordura corporal por meio da fórmula de Slaughter (1988).

Adolescentes – A WHO (1995) recomendou os valores de percentis para IMC publicados por Must et all (1991), sugerindo os pontos de corte superiores aos percentis 85th e 95th como indicadores de sobrepeso e obesidade respectivamente. Na interpretação dos resultados, deve-se ainda levar em conta o estágio de maturação sexual. Em 1995, a Organização Mundial da Saúde (OMS) passou a recomendar avaliação nutricional de adolescentes, utilizando a proposta americana como forma primária de rastreamento populacional (WHO, 1995). Contudo, a OMS reconheceu que, embora seja o indicador de gordura corporal total, o uso do IMC deveria associar-se à classificação de maturação sexual e das dobras subcutâneas triciptal e subescapular com ponto de corte igual ou superior ao percentil 90 (Chiara et al., 2003). Referências de peso e estatura refletem a média da população de referência. Os percentis por idade na adolescência levam em consideração a fase puberal que a maior parte do grupo estudado se encontra. Assim, é fundamental que ao se avaliar o IMC ou estatura do adolescente verifique-se o estágio puberal para se concluir o diagnóstico antropométrico. Sem esse procedimento, é possível que haja erro de diagnóstico.

Adultos – A maior parte dos atendimentos de adultos é constituída por mulheres que procuram o serviço para tratamento de perda de peso. Nesse caso, é necessário avaliar se as pacientes já fizeram tratamentos anteriores e se houve perda de peso e em quanto tempo. Se a paciente possui antecedentes de perda de peso acentuada em pouco tempo como conseqüência de dietas muito restritivas e voltou a ganhar o peso que tinha perdido, é possível que a composição corporal da mesma tenha sido prejudicada, com aumento de massa gorda e perda de massa magra. As dobras cutâneas e a bioimpedância são úteis em pacientes com IMC menor que 35. As medidas de dobras cutâneas apresentam baixa reprodutibilidade em pacientes com obesidade mórbida. A bioimpedância também perde a precisão quando os pacientes apresentam muito peso. A medida da cintura, nesses casos, é mais indicada. É rotina nas consultas verificar se a paciente apresenta os ciclos menstruais normais e a data da última menstruação. Esse dado é muito importante na evolução do tratamento, considerando que nos períodos pré-menstruais a mulher apresenta aumento de até três quilos por retenção hídrica. Ressalta-se também que é inválido realizar uma bioimpedância nesse período. A porcentagem de gordura recomendada para homens e mulheres adultos pode ser observada a seguir:

Classificação da adiposidade	Homens	Mulheres
Baixa	<8%	<13%
Adequada	8-15%	13-23%
Acima moderadamente	16-20%	24-27%
Excesso	21-24%	28-32%
Obesidade	25%	33%

Fonte: Lee e Nieman, 1995.

Idosos – As medidas antropométricas a serem realizadas vão depender da idade, das condições físicas do paciente e do motivo da consulta. Na maioria das vezes, é possível medir a altura e o peso do idoso, possibilitando o cálculo do IMC. Nesse caso, a classificação do estado nutricional é específica para a idade, conforme quadro a seguir. (Lipschitz, 1994)

> Baixo peso – < 22 kg/m²
> Eutrofia – 22 a 27 kg/m²
> Excesso de peso – > 27 kg/m²

É necessário avaliar se é válida a realização das dobras cutâneas ou bioimpedância. Entre os critérios que devem ser levados em consideração para realizar esses exames complementares, encontra-se o "olhar clínico", isto é, observar se o idoso apresenta vitalidade, boa disposição, ausência de depressão ou ausência de co-morbidades.

A maior parte dos atendimentos dos idosos é por diagnósticos clínicos de diabetes, dislipidemias, hipertensão, associados ou não ao excesso de peso.

Exames laboratoriais e clínico

O diagnóstico nutricional global inclui os resultados de exames laboratoriais e avaliação clínica, além dos dados antropométricos e dietéticos. Para essa abordagem será considerada a experiência que é vivenciada em nossa clínica-escola, o que restringirá a discussão para os parâmetros laboratoriais e clínicos mais utilizados no Serviço.

Os parâmetros laboratoriais podem ser realizados em condições ideais como o horário, jejum e tipo de teste previamente definidos, comumente realizados nos próprios laboratórios clínicos. Os exames laboratoriais (glicemia, colesterol total, triglicérides totais) e o exame clínico (pressão arterial) são realizados no momento da consulta do paciente. Nesse caso, não é possível estabelecer condições ideais, mas, sim, a identificação mais rápida das possíveis alterações e, em alguns casos, fechar o diagnóstico clínico.

A história de vida do paciente, os antecedentes familiares de doenças crônico-não-transmissíveis, alterações laboratoriais e as discussões conjuntas com a área de Enfermagem vão nortear as solicitações dos exames laboratoriais. Quando o paciente tem condições de realizar os exames em laboratórios particulares ou municipais, é solicitado o tipo de exame necessário para o diagnóstico nutricional, com a justificativa fundamentada. Esse procedimento não é excludente aos exames de triagem realizado no próprio serviço, os quais podem ser úteis no monitoramento posterior às intervenções.

Para o diagnóstico laboratorial, utilizaremos os parâmetros dos consensos brasileiros de Diabetes, Dislipidemias e Hipertensão. Entretanto, é necessário levar em consideração as particularidades de cada paciente, especialmente seus fatores de riscos, idade, atividade física, pois os referenciais disponibilizados como parâmetros de normalidade refletem a mediana de um grupo populacional.

Classificação diagnóstica da hipertensão arterial
(adultos com mais de 18 anos de idade)

PAD(mmHg)	PAS(mmHg)	Classificação
< 85	< 130	Normal
85-89	130-139	Normal limítrofe
90-99	140-159	Hipertensão leve (estágio 1)
100-109	160-179	Hipertensão grave (estágio 3)
> 110	> 180	Hipertensão moderada (estágio 2)
< 90	> 140	Hipertensão sistólica isolada

Fonte: III Consenso Brasileiro de Hipertensão Arterial. Sociedades Brasileiras de Hipertensão, Cardiologia e Nefrologia, 1998.

Valores de referência dos lípides plasmáticos e risco de Doença Arterial Coronária (DAC)

Valores de referência do CT, LDL-C, HDL-C e dos TG em adultos (> 20 anos)			
Lípides		Valores (mg/dl)**	
	Desejáveis	Limítrofes	Aumentados
CT	<200	200-239	≥240
LDL-C	<130	130-159	≥160
HDL-C	≥35	-	-
TG	<200	-	≥200*
* devem ser considerados em conjunto com os valores de LDL-C e HDL-C			

Fonte: Consenso Brasileiro sobre Dislipidemias: Detecção, Avaliação e Tratamento. Sociedade Brasileira de Cardiologia, 1998.

Valores de glicose plasmática (em mg/dl) para diagnóstico de diamestes melito e seus estágios pré-clínicos

Categoria	Jejum*	2h após 75g de Glicose	Casual**
Glicemia	Normal	< 110	< 140 -
Tolerância à glicose diminuída	> 110 a < 126	≥ 140 a < 200	-
Diabetes Melito	≥ 126	≥ 200	≥200 (com sintomas clássicos)***

*O jejum é definido como a falta de ingestão calórica por no mínimo oito horas.
**Glicemia plasmática casual é definida como aquela realizada a qualquer hora do dia, sem se observar intervalo desde a última refeição.
***Os sintomas clássicos de diabetes melito incluem poliúria, polidipsia e perda inexplicada de peso.

Nota: O diagnóstico de diabetes melito deve sempre ser confirmado pela repetição do teste em outro dia, a menos que haja hiperglicemia inequívoca com descompensação metabólica aguda ou sintomas óbvios de diabetes melito.

Fonte: Consenso Brasileiro sobre Diabetes – Diagnóstico e classificação do diabetes melito e tratamento do diabetes melito tipo 2. Sociedade Brasileira de Diabetes, 2002.

Inquérito alimentar

A avaliação da ingestão alimentar é fundamental para direcionar o diagnóstico nutricional. Vitolo (2003) faz essa afirmativa no contexto da avaliação nutricional da criança, mas pode ser extrapolado para qualquer faixa etária. As medidas antropométricas fazem parte dos métodos diretos de avaliação nutricional pelo fato de refletirem as manifestações biológicas, isto é exploram o problema em si. Essas medidas, como também os exames bioquímicos e clínicos, são indicadores de estado e são classificados como reflexivos, e mostram as conseqüências dos fatores que determinam o consumo alimentar do indivíduo. Desta forma, pode-se elucidar a importância dos métodos indiretos, como, por exemplo, o inquérito alimentar, pelo fato de serem classificados como indicadores de risco e de tendências, além de explicativos, condicionantes e preditivos (Vasconcelos, 2000). Ainda, em definição mais acentuada da sua importância, pode basear-se na história natural da doença, a qual o consumo alimentar como indicador de risco e outros faz parte do período pré-patogênico. Esse período inclui os fatores sociopolíticos, socioeconômicos, socioculturais e psicossociais que são determinantes do estilo de vida e conseqüentemente do hábito alimentar individual.

O inquérito alimentar oferece subsídio para determinar a orientação nutricional mesmo que o indivíduo seja classificado com estado nutricional adequado por meio dos dados antropométricos. Isso porque "o olhar clínico" na composição da dieta do indivíduo somado a levantamentos sobre o estilo de vida e comportamento alimentar pode permitir que a conduta do nutricionista seja para prevenir problemas de carências nutricionais ou de excesso alimentar. Além de fornecer dados que justificam a solicitação de exames, como também aquele indivíduo que nos critérios antropométricos são classificados com bom estado nutricional, porém os valores obtidos estão próximos dos valores superior ou inferior e, portanto o inquérito alimentar daria suporte para que a conduta nutricional seja de tratamento para baixo peso ou para excesso de peso.

Após a colocação da importância do inquérito alimentar para tomada de decisões na consulta nutricional é de grande necessidade enfatizar que a obtenção dos dados seja realizada com critérios técnicos já consolidados, além de muita perspicácia em relação às repostas obtidas como refere Vitolo (2003).

A escolha do inquérito alimentar é determinada pelo objetivo e baseando-se nas vantagens e desvantagens dos mesmos, porém a condição socioeconômica, a disponibilidade de tempo e o local finalizam a eleição do inquérito que pode ser um ou mais, sendo que esta última situação é com intuito de se complementarem.

Apesar de a área da Nutrição em nossa clínica-escola ter como maior clientela os adultos é importante ressaltar as particularidades do atendimento com crianças e adolescentes.

A mesma autora na abordagem desse assunto em relação ao atendimento de crianças e adolescentes comenta que até os sete anos de idade, os dados sobre a ingestão são fornecidos, predominantemente, pela mãe ou pelo responsável. A partir dessa idade, até a adolescência, o inquérito pode ser feito com a criança como principal informante, solicitando o auxílio da mãe quanto às informações pouco claras, ou quando a própria criança tem dúvida quanto às mesmas. No caso dos adolescentes, o inquérito alimentar é feito exclusivamente com eles. A mãe ou o familiar presente ao atendimento deve ser orientado a não interferir na realização do mesmo (Vitolo, 2003).

Esse programa de extensão da UNISINOS tem como característica principal o atendimento em consultório e, portanto, para o êxito da consulta e, conseqüentemente, a fidedignidade dos dados do inquérito alimentar, o bom relacionamento com o paciente é de extrema importância. Esse relacionamento deve ser permeado pela confiança no entrevistador e no reconhecimento deste como autoridade profissional. Para tal questão, esses esclarecimentos são realizados também no momento do treinamento antropométrico e a cada primeira consulta é retomado, com o intuito de se confirmar o padrão do consumo alimentar obtido e assim utilizá-lo para o diagnóstico nutricional.

O atendimento em consultório, conforme dito anteriormente, permite principalmente a utilização de métodos de entrevistas que são retrospectivos e prospectivos do tipo registro alimentar.

Os diferentes métodos, já validados, estudados desde a década de 1930 do século XX, sofreram alterações e adaptações, de acordo com a necessidade e tecnologia. Os pesquisadores da área de nutrição reconhecem que todos os métodos são úteis, apesar de nenhum ser perfeito.

Dentre os métodos existentes, nesse capítulo serão contemplados os tipos adequados às características do programa. Seguem os tipos validados: recordatório 24 horas, registro alimentar, história dietética, questionário de freqüência alimentar, questionário semiquantitativo de freqüência alimentar, método de pesagem direta, análise de porção duplicata e método de inventário (Thompson e Byers, 1994).

Essa questão de validação do método é imprescindível, pois há metodologia rigorosa para que o resultado do consumo alimentar contribua adequadamente para o diagnóstico. Isso porque a validação significa a capacidade do método medir o que ele pretende medir, e o quanto este instrumento tem representatividade. Essa qualificação é definida como a capacidade do método alcançar os mesmos resultados em duas ocasiões diferentes ou quando realizado por duas pessoas diferentes.

Ao realizar o inquérito alimentar, o nutricionista ou o aluno do Curso de Nutrição deve dominar a técnica e estar consciente de cuidados a serem tomados, tais como não reagir diante de respostas, sinalizando aprovação ou desaprovação do hábito alimentar do indivíduo (expressão facial ou palavras) e de induzir respostas.

Na aplicação de qualquer método, a resposta do indivíduo é influenciada pela forma de comunicação, processo cognitivo e outras motivações. A comunicação distorcida é freqüente em nutrição. Incidentes e conclusões falsas, baseadas na linguagem e interpretação são comuns (Keys, 1979; Rand et al., 1987). A comunicação também estará prejudicada se o entrevistado não estiver sensibilizado para cooperar. A psicologia do questionamento é outro aspecto importante. Três coisas podem acontecer quando um indivíduo é entrevistado: pode não haver resposta, a resposta pode ser correta ou pode ser incorreta. A distinção entre as duas últimas é particularmente difícil em um questionário dietético. Essa psicologia deveria considerar que as respostas são governadas pelo menos por quatro fatores subjetivos:

1. a questão pode ser entendida, pelo entrevistado, com o conceito de que este será julgado de acordo com a sua resposta.
2. o desejo de preencher as expectativas do outro pode afetar as respostas.
3. a crença de que a verificação da resposta é impossível.
4. o indivíduo tende a ser mais correto caso o entrevistador seja desconhecido, e defensivo, se o entrevistador ou o conteúdo

das respostas for de conhecimento do entrevistado (Kohlmeier, 1994).

O maior percentual de diagnóstico da situação antropométrica das pessoas atendidas nesse programa, independente do grupo etário, é o excesso de peso. Para essa situação, Vitolo (2003) ressalta que a relação do inquérito alimentar e a obesidade é um assunto controverso, pois é freqüente a omissão por parte do entrevistado.

Entre os métodos retrospectivos de inquérito alimentar, o Recordatório 24 horas (24 Hour Recall) é um dos mais bem aceitos pelo entrevistado. Consiste em registrar, minuciosamente (tipo, preparação e marca) as informações obtidas sobre as quantidades de alimentos consumidos, em medidas caseiras, num período de 24 horas, anterior ao dia em que se realiza a entrevista. Ao realizar esse método de inquérito alimentar é fundamental que o profissional dê condições para que o paciente se localize no tempo e no espaço. Para isso pode se perguntar que tipo de atividade que ele lembra de ter desenvolvido no dia anterior. A partir da referência que ele iniciar o relato, o profissional pergunta o que consumiu antes ou logo depois da atividade relatada, e a partir daí, o entrevistador completa o inquérito. Se o atendimento for realizado sempre nas segundas-feiras, mantém-se esse método, apesar do conhecimento de que o dia anterior será o domingo, o qual muitas vezes pode não refletir o consumo habitual do paciente. Nessa situação o profissional pode esclarecer junto ao mesmo quais seriam as diferenças que ocorrem no consumo alimentar durante a semana toda. Podem-se utilizar modelos de medidas caseiras, fotografias, réplicas de alimentos para minimizar os erros de estimação das porções.

Esse tipo de inquérito é o mais utilizado em nossa clínica-escola, justamente pela vantagem do tempo curto de administração, baixo custo e por não alterar dietas habituais, sendo útil para situações clínicas. Faz-se ressalva à questão das variabilidades diárias, podendo fornecer um dia atípico e a dependência da memória, apesar do curto período, que no caso de idosos pode ser um aspecto negativo.

O domínio do procedimento é de grande importância para a confiabilidade dos dados e para evitar ao máximo o erro de superestimar ou subestimar a ingestão alimentar. Essa questão foi enfatizada por Johson et al. (1996) quando ele decidiu discutir, detalhadamente, as etapas desse método, o qual denominou de Recordatório de 24 horas – múltiplos passos. Os autores descreveram que a etapa 1 é perguntar sobre os alimentos consumidos nas 24 horas do dia anterior; a partir do momento em que a lista foi finalizada, o entrevistador deve obter todos os detalhes de quantidade, preparação e tipo de alimento, sendo que este procedimento é classificado como etapa 2, e a última etapa consiste em revisar todos os alimentos listados com os devidos detalhes. Assim o entrevistador tem a oportunidade de corrigir algum dado que tenha sido insuficiente nas etapas anteriores.

Segundo os autores, essa técnica deve ser aplicada principalmente quando o objetivo é obter a ingestão de energia, conforme seus achados. Ainda referem o fato de facilitar o processo de resgate de memória das porções dos alimentos e, conseqüentemente, aumentar a qualidade das informações obtidas no sentido de que é possível minimizar a subestimação da ingestão alimentar, a qual é muito freqüente. Também sugerem que seria importante o desenvolvimento de estratégias que diminuam a superestimação da ingestão alimentar. Esse método requer bastante tempo e sempre se deve colocar para o indivíduo a sua importância enquanto exame de diagnóstico.

O Questionário de Freqüência Alimentar (Food Frequency Questionaires) também é utilizado como complemento, pois identifica alimentos muito específicos como, por exemplo, ricos em colesterol em período de tempo mais longo. Desta forma, pode minimizar as variações individuais pelo fato de detectar ingestões habituais. A técnica consiste em apresentar ao indivíduo uma lista de alimentos e/ou bebidas e lhe perguntar com que freqüência são consumidos, que pode ser por dia, semana ou mês etc. Alguns estudos utilizam por exemplo as seguintes classificações: freqüentemente, raramente, às vezes e nunca, mas é necessário definir o significado em números de dias ou semana ou mês, e esclarecer para o entrevistado. Assim evita-se a subjetividade do entrevistado, que pode não corresponder com a classificação do entrevistador. É um método que analisa a qualidade da alimentação do indivíduo, pois não registra quantidade. O número de alimentos pode variar, dependendo do objetivo da investigação, e não é possível incluir todos os itens que possam ser possivelmente ingeridos. É um método de fácil padronização, rápido e de baixo custo. É de grande importância, pois permite associação com doenças, ressaltando que a maior demanda do programa são adultos com diagnóstico de obesidade e de diabetes melitus tipo II, além dos níveis alterados de colesterol e triglicérides. Porém, é limitado para avaliar a ingestão de indivíduos ou grupos com padrões alimentares bem diferentes dos alimentos listados (ex.: vegetarianos), e a confiabilidade é menor para alimentos do que para grupo de alimentos.

Willet (1994) sugere que sejam desenvolvidos questionários de freqüência que possam ser aplicados em diferentes faixas etárias, populações e regiões. Pode-se comprovar essa evolução com alguns instrumentos que foram elaborados (Rockett, Wolf, Colditz, 1995; Rockett et al., 1997; Buzzard et al., 2001; Montomoli et al., 2002; Cardoso e Stocco, 2000).

O Questionário Semiquantitativo de Freqüência Alimentar (Semiquantitative Fodd Frequency Questionaries) é um método mais sofisticado que fornece estimativa semiquantitativa da ingestão de grupo de alimentos, e analisa qualitativa e quantitativamente a alimentação usualmente consumida pelo indivíduo. Consiste em identificar em período relativamente pregresso (semana, mês e ano), em que o tipo de alimento, a quantidade, a freqüência e o tamanho das porções são registrados no questionário. Nesse caso a porção já é definida, sendo que algumas pesquisas ocorreram para subsidiar a estimativa das porções em seus diferentes tamanhos. É um método totalmente viável de utilizar no programa de extensão, e já existem questionários elaborados, especificamente, para conhecer o padrão usual do indivíduo associado às doenças crônicas não-transmissíveis (Smith et al., 2001; Ribeiro e Cardoso, 2002) e que na maioria das vezes direciona o diagnóstico nutricional da demanda atendida. A viabilidade do uso consiste na rapidez, na validação do autopreenchimento, no fato de não alterar as dietas habituais e na boa correlação com outros métodos.

Pode-se dizer que houve aumento no número de questionários semiquantitativos elaborados para adolescentes e crianças (Green et al., 1998; Smith et al., 2001), inclusive para adolescentes brasileiros, de acordo com o trabalho de Chiara e Sichieri (2001) representado no quadro a seguir.

Questionário simplificado para avaliação em adolescentes do consumo de alimentos marcadores de risco cardiovascular.
Avaliação do consumo alimentar de adolescentes

Alimentos	Freqüência de consumo							
	Por dia (vezes)			Por semana (vezes)				
	1	2	≥3	1-2	3-4	5-6	Nunca ou quase nunca	Subtotal*
Batata frita ou *chips* (100g)	48	96	144	10	24	38	0	
Bife ou carne assada (1 unid. média)	50	100	150	11	25	39	0	
Biscoitos (50g)	21	42	63	9	21	33	0	
Bolos ou tortas (1 fatia)	16	32	48	3	8	13	0	
Leite integral (1 copo)	24	48	72	5	12	19	0	
Hambúrguer (1 unid.)	25	50	75	5	12	20	0	
Queijos (1 fatia)	10	20	30	2	5	7	0	
Manteiga ou margarina (1 colher de sopa)	2	4	6	0,5	1	1,5	0	
Lingüiça ou salsicha (1 unid.)	4	8	12	1	2	3	0	

*Marque na coluna subtotal o número que corresponde à freqüência de seu consumo. Some a coluna de subtotal e confira com o total abaixo:
Total:
Igual ou menor a 100: consumo adequado.
Entre 101 e 119: consumo elevado.
Igual ou maior do que 120: consumo excessivo.

As mudanças nos padrões alimentares devem ser levadas em consideração e, portanto, há necessidade de periodicamente atualizar os questionários. Pois tais mudanças têm efeito no tipo do alimento consumido e na sua composição nutricional. Além da atenção de que não foi validado para indivíduos com dietas modificadas ou não-habituais. Outro item de atenção é que as listagens incompletas de alimentos, os erros de estimação das freqüências e tamanhos das porções e a dificuldade de englobar preparações podem comprometer a acurácia.

A História Dietética (Dietary History) tem como procedimento a realização do Recordatório 24 horas, seguindo a metodologia citada, e a partir deste é realizado o questionário de freqüência para se saber o quanto é habitual o consumo referido. Pois a proposta consiste em conhecer os alimentos mais comumente ingeridos. Esse procedimento tem como vantagem fornecer uma descrição completa e detalhada dos aspectos qualitativos e quantitativos da ingestão comparado aos anteriores. É um método que tem boa correlação com outras medidas do estado nutricional, considera as variações sazonais e não altera as dietas habituais. Block (1989) refere a vantagem de poder avaliar a ingestão habitual e dados de todos os nutrientes podem ser obtidos. Porém, apresenta alta dependência da memória do indivíduo e é muito longo (1 a 2 horas). Para melhor entender esse procedimento, Vitolo (2003) ressalta que se o entrevistado responder que em determinada refeição há variações, deve-se perguntar qual alimento é consumido com mais freqüência (aquele que é consumido pelo menos quatro vezes por semana). Além disso, a mesma autora coloca a importância de se perguntar sobre a ingestão de alimentos entre as refeições é mais indicado na primeira consulta do paciente.

O tipo de método que consiste em dados prospectivos, que pela sua técnica permitiria ser utilizado nesse programa de extensão, é o chamado Registro Alimentar (Diet Records). É pouquíssimo usado no programa, apesar de fornecer maior representatividade do hábito alimentar do indivíduo, mas sempre se deve questionar no atendimento o quanto que a semana de realização do inquérito não foi atípica. O pouco uso consiste na necessidade de maior número de consultas para obter o diagnóstico nutricional e, em seguida, fazer a intervenção nutricional. A dificuldade se detém na questão de que essa população possui características socioeconômicas pouco favoráveis e teria impacto negativo em seu retorno por demandar mais custo de transporte.

O procedimento consiste em o indivíduo registrar todo o alimento consumido durante um período de tempo, que pode variar. Isto é, pode incluir 3, 4 ou 7 dias. No caso de 3 ou 4 dias, o registro deve ser feito em dias consecutivos, incluindo o final de semana. De acordo com Block (1989), são necessários vários dias para que a ingestão seja representativa, e eles devem ser, de preferência, não consecutivos, aleatórios, abranger diferentes estações do ano, por um período extenso de tempo. A mesma autora cita que mesmo para a estimativa de macronutrientes seriam necessários muitos dias para se obter uma estimativa precisa da ingestão. Por exemplo, para a estimativa da ingestão de energia seriam necessários 7 a 14 dias, 10 a 27 dias para proteína e de 10 a 23 dias para gordura. Para micronutrientes como cálcio, tiamina ou vitamina C, as estimativas variam de 17 a 45 dias.

Em princípio, vários dias de registro seriam uma ótima maneira de se obter informações precisas sobre a dieta de indivíduos mas, na prática, isto seria muito difícil, além de que a exatidão dos registros diminui após alguns dias consecutivos. Justamente por isso que a utilização de 3 ou 4 dias é indicada, pois o fato do indivíduo anotar no momento do consumo torna-se cansativo e ele tende a deixar de anotar ou até não consumir alimento para que não precise anotar. Desta forma deve-se destacar o quanto o indivíduo deve estar sensibilizado com a importância do registro alimentar para o seu diagnóstico nutricional e, portanto, adquire maior responsabilidade. Para que a anotação seja feita de forma minuciosa, como citado anteriormente, o entrevistado deve ser muito bem instruído mas, ao retornar à consulta, a checagem dos dados também deve ser feita de maneira detalhada pelo entrevistador. O fato de o registro ser feito no momento do consumo é uma vantagem, pois não se baseia somente na memória do entrevistado, existindo a questão de que o indivíduo deve saber ler e escrever.

Todos os métodos de avaliação dietética devem alcançar os objetivos específicos, assegurar que a ingestão seja representativa da dieta habitual durante o período de tempo investigado, fornecer dados confiáveis, reproduzíveis e representativos, que sejam capazes de validação, e adaptados às condições dos entrevistados e entrevistadores e aos custos.

Questionário para avaliar presença de compulsão alimentar

O atendimento de mulheres que procuram nosso Programa para perda de peso constitui-se em uma das maiores demandas do serviço. Ao longo dos anos, a experiência mostrou que a queixa mais freqüente durante o tratamento é a "impotência" diante do descontrole no consumo alimentar em determinados períodos do dia. Assim, após a disponibilização do questionário validado para a língua portuguesa, o qual avalia a presença de Compulsão Alimentar Periódica (CAP), esse teste (Freitas et al. 2001) e de auto preenchimento foi implantado como rotina no diagnóstico nutricional de mulheres para tratamento de perda de peso, já que há evidências de que 40 a 50% dessas mulheres apresentam CAP. Uma vez comprovada a presença dessa condição, o tratamento dietético será diferenciado e dependendo da gravidade deverá contar com o apoio da área de psicologia.

Referências bibliográficas

ADAMI, G. F.; GANDOLFO, P. e SCOPINARO, N. (1996). Binge eating in obesity. Int J Eat Obes, 20 (8), pp. 793-94.

APPOLINÁRIO, J. C. (1998). "Transtorno do comer compulsivo". In: NUNES, M. A. A., APPOLINÁRIO, J. C.; ABUCHAIM, A. L. G.; COUTINHO, W. e col. *Transtornos alimentares e obesidade*. Porto Alegre, Artmed, pp. 40-46.

BAUMGARTNER, R. N. (1996). "Electrical impedance and total body electrical conductivity". In: ROCHE, A. F.; HEYMSFIELDH, S.B. e LOHMAN, T. G. *Human body composition*. Champaign, Illinois, Human Kinetics, pp. 79- 108.

BLOCK, G. (1989). "Human dietary assessment: methods and issues". *Preventive Medicine*, 18, pp. 653-660.

BUZZARD, I. M.; STANTON, C. A.; FIGUEIREDO, M.; FRIES, E. A.; NICHOLSON, R.; HOGAN, C. J. e DANISH, S. J. (2001). "Development and reproducibility of a brief food frequency questionnaire for assessing the fat, fiber, and fruit and vegetable intakes of rural adolescents". *J Am Diet Assoc.* 101 (12), pp. 1.438-1.446.

CARDOSO, M. A. e STOCCO, P. R. (2000). "Desenvolvimento de um questionário quantitativo de freqüência alimentar em imigrantes japoneses e seus descendentes residentes em São Paulo, Brasil". *Cad. de Saúde Pública,* 16 (1), pp. 107-114.

CHIARA, V. L. e SICHIERI, R. (2001). "Consumo alimentar em adolescentes. Questionário simplificado para avaliação de risco cardiovascular". *Arq. Bras. Cardiol.,* 77 (4), pp. 332-336.

CHIARA, V.; SCHIERI, R. e MARTINS, P. D. (2003). "Sensibilidade e especificidade de classificação de sobrepeso em adolescentes", Rio de Janeiro, *Rev. Saúde Pública.* 37 (2), pp. 226-231.

CONSENSO BRASILEIRO DE DIABETES – Diagnóstico e classificação do Diabetes Melito e tratamento do Diabetes melito. Sociedade Brasileira de Diabetes. (2002). Rio de Janeiro, Diagraphic Editora. Consenso Brasileiro de Hipertensão

FREITAS, S.; LOPES, C. S.; COUTINHO, W. e APPOLINÁRIO, J. C. (2001). Tradução e adaptação para o Português da Escala de Compulsão Alimentar Periódica. *Revista Brasileira de Psiquiatria*, 23 (4), pp. 215-220.

FRISANCHO, A. R. (1990). *Anthropometric standards for the assessment of growth and nutricional status.* Ann Arbor, Mich., University of Michigan Press, 1990.

GUEDES, D. P. (1994). "A importância do estudo da composição corporal". In: _____. *Composição Corporal. Princípios, técnicas e aplicações*. 2ª ed. Londrina, APEF, pp.1-15.

GREEN, T. J.; ALLEN, O. B. e O'CONNOR, D. A. (1998). "Three-day weighed food record and semiquantitative food frequency questionaire are valid measures for assessing folate and vitamin B-12 of women aged 16 to 19 years". *J. Nutr.,* 128, 1.665-1.671.

HARSHA, D. W. e BRAY, G. A. (1996). "Body composition and childhood obesity". *Endocrinol Metab Clin North Am,* 25 (4) pp. 871-85.

HEYWARD, V. H. e STOLARCZYKS, L. M. (1996). "Bioeletrical impedance method". In: _____. *Applied body composition assessment.* Champaign, Human Kinetics, pp. 44-53.

IOM (Institute of Medicine). (1990). *Nutrition during Pregnancy.* Weight gain, nutrient supplements. Washington, DC, National Academy Press.

JEBB, S. A. e ELIA, M. (1993). "Techniques for the measurement of body composition a practical guide". *Int J Obes,* 17, pp. 611-21.

JEEB, S. A. e MOORE, M. S. (1999). "Contribution of a sedentary lifestyle and inactivity to the etiology of overweight and obesity: current evidence and research issues". *Med Sci Sports Exerc.* 31(11) Suppl., S534-41.

JELLIFFE, D. B. e JELLIFFE, E. P. (1990). *Community nutritional assessment.* Oxford University Press.

JOHSON, R. K.; DRISCOLL, P. e GORAN, M. (1996). "Comparison of multiple-pass 24-hour recall estimates of energy intake with total energy expenditure determined by the doubly labeled water method in young children". *J Am Diet Assoc,* 96, pp. 1.140-1.144.

KEYS, A. (1979). "Dietary survey methods". In: LEVY, R.; RIFKIND, B.; DENNIS, B. e ERNEST, N. *Nutrition, lipids, and coronary heart disease.* New York, Raven Press.

KOHLMEIER, L. (1994). "Gaps in dietary assessment methodology meal – vs list based methods". *Am J Clin Nutr,* 59 (suppl.), pp. 85-189.

LEE, R. D. e NIEMAN, D. C. (1995). *Nutritional assessment.* 2 ed., St. Louis, Mosby.

LIPSCHITZ, D. A. (1994). "Screening for nutritional status in the elderly". *Prim. Care.* 21 (1), pp. 55-67.

LUKASKI, H. C. (1987). "Methods for the assessment of human body composition: tradicional and new". *Am J Clin Nutr,* 46, pp. 537-56.

MATOS, M. J. R.; ARANHA, L. S.; FARIA, A. L.; FERREIRA, S. R. G.; BACALTCHUCK, J. e ZANELLA, M. T. (2002). "Binge eating disorder, anxiety, depression and body image in grade III obesity patients". *Revista Brasileira de Psiquiatria*, 24(4), pp. 165-69.

MELLO, E. D.; LUFT, V. C. e MEYER, F. (2004). "Obesidade Infantil: como podemos ser eficaz?" *J. Pediatr.* Rio de Janeiro, 80 (3), pp. 175-82.

MINISTÉRIO DA SAÚDE. (2004). *Vigilância Alimentar e Nutricional – SISVAN. Orientações básicas para coleta, processamento, a análise de dados e a informação em serviços de saúde.* Série A. Normas e Manuais Técnicos. Brasília-DF.

MONTOMOLI, M.; GONNELLI, S.; GIACCHI, M.; MATTEI, R.; CUDA, C; ROSSI, S. e GENNARI, C. (2002). "Validation of a food frequency questionnaire for nutritional calcium intake assessment in Italian women". *Eur. J. Clin. Nutr.*, 56, pp. 21-30.

MUST, A.; DALLAL, G. E. e DIETZ, W. H. (1991). "Reference data for obesity: 85th and 95th percentiles of body mass index and triceps skinfold thickness". *Am. J. Clin. Nutr.* 53 (4), p. 839.

ONIS, M. D. e HABICHT, J. P. (1996). "Anthropometric reference data for international use: recommendations from a World Health Organization Expert Committee". *Am. J. Clin. Nutr.*, 64, pp. 650-8.

RAND, W. M.; WINDHAN, C. T.; WYSE, B. W. e YOUNG, V. R. (1987). "Food composition data: a user´s perspective". *Food Nutr. Bull.*, suppl. 12, pp. 54-64.

RIBEIRO, A. B. e CARDOSO, M. A. (2002). "Construção de um questionário de freqüência alimentar como subsídio para programas de prevenção de doenças crônicas não transmissíveis". *Rev. Nutr.*, 15 (2), pp. 239-245.

ROCKETT, H. R. H.; BREITENBACH, M.; FRAIZER, L.; WITSCHI, J.; WOLF, A. M.; FIELD, A. E. e COLDITZ, G. A. (1997). "Validation of a youth/adolescent food frequency questionnaire". *Preventive Medicine;* 26, pp. 808-816.

ROCKETT, H. R. H.; WOLF, A. M. e COLDITZ, G. A. (1995). "Development and reproducibility of a food frequency questionnaire to assess diets of older children and adolescents". *J. Am. Diet Assoc.*, 95 (3), pp. 336-340.

SLAUGHTER, M.; LOHMAN, T. e BOILEAU, R. (1988). ????????? *Hum. Biol.*, 60, pp. 709-23.

SMITH, K. W.; HOELSCHER, D. M.; LYTLE, L. A.; DWYER, J. T.; NICKLAS, T. A.; ZIVE, M. M.; CLESI, A. L.; GARCEAU, A. O. e STONE, E. J. (2001). "Reability and validity of the child and adolescent trial for cardiovascular health (CATCH) food checklist: A self-report instrument to measure fat and sodium intake by middle school students". *J. Am. Diet. Assoc.*, 101 (6), pp. 635-642, 647.

SOARES, N. T. (2003). "Um novo referencial antropométrico de crescimento: significados e implicações". *Rev. Nutr.*, Campinas, 16 (1), pp. 93-104.

TAYLOR, R. W.; JONES, I. E.; WILLIAMS, S. M. e GOUDING, A. (2000). "Evaluation of waist circunference, waist-to-hip ratio, and the conicity index as screening tools for high trunk fat mass, as measured by dual-energy X-ray absorptiometry, in children aged 3-19 y". *Am. J. Clin. Nutr.*, 72, pp. 490-5.

THOMPSON, F. E. e BYERS, T. (1994). "Dietary Assessment Resource Manual". *J. Nutr.*, 124, 2.245S-2.301S.

ULIJASZEK, S. J. (1997). "Anthropometric measures". In: MARGETTS, B. M. e NELSON, M. *Design concepts in nutritional epidemiology*. 2 ed. New York, Oxford University Press, pp. 289-311.

VASCONCELOS, F. A. G. (2000). "Indicadores antropométricos III". In: _____. *Avaliação nutricional de coletividade*. 2 ed. Florianópolis, DAUFSC, pp. 67-81.

VITOLO, M. R. (2003). "Nutrição da gestação à adolescência". In: *Obesidade na infância e na adolescência*. Rio de Janeiro, Reichmann & Affonso Editores, pp. 227-49.

WILLETT, W. C. (1994). *Future directions in the development of food-frequency questionnaires*. 59: 171-174. ???????

WORLD HEALTH ORGANIZATION. (1995). *Physical status: the use and interpretation of anthropometry*. Geneva, WHO.

CAPÍTULO 7

PSICOTERAPIAS BREVES: O MODELO COGNITIVO-COMPORTAMENTAL

Renato M. Caminha
Andressa Henke Bellé

Um breve histórico

O surgimento do modelo cognitivo-comportamental de psicoterapia está intimamente relacionado com a busca de melhora da eficácia do tratamento de pacientes que procuravam atendimento psicológico ou psiquiátrico nos anos 1960.

O primeiro modelo considerado cognitivo foi desenvolvido para o transtorno depressivo. A depressão foi, portanto, a psicopatologia desencadeante do processo de formulação do modelo cognitivo. Assim sendo, a depressão está para a terapia cognitiva assim como a histeria está para a psicanálise.

Aaron Beck e Albert Ellis foram os primeiros autores a questionar o modelo psicanalítico de compreensão das neuroses, particularmente no que diz respeito à depressão (Dobson, 2001). Beck (1963) apresentou num artigo científico questionamentos ao modelo da psicanálise de abordagem à depressão que, segundo ele, se preocupava muito com os fatores emocionais do paciente e negligenciava os aspectos cognitivos associados ao transtorno.

Grande parte das idéias de Aaron Beck e Albert Ellis sofreu influências do trabalho de Wolpy, um comportamentalista que havia desenvolvido um modelo eficiente e replicável de intervenção para as fobias, no qual considerava que a fobia não era sintoma de coisa nenhuma, em crítica à psicanálise[1]. O sintoma de medo era, na verdade, o próprio medo; curado o medo, estava curada a fobia.

Para isso, Wolpy utilizou os parcos recursos de condicionamentos Tipo I, pavlovianos, a fim de dessensibilizar o medo através da extinção da resposta.

No que tange à depressão, Beck e Ellis entenderam que ela não deveria ser entendida como um sintoma de algo, ou uma raiva retroflexa conforme os psicanalistas, mas sim o próprio problema. A depressão seria, então, fruto de aprendizagens distorcidas, potencializadas e reforçadas por processos cognitivos, afetivos e comportamentais, derivados do modo como o sujeito interpreta suas relações com o seu ambiente.

Nessa lógica, Beck (1997) percebe que os pacientes depressivos produzem *distorções cognitivas* habituais a esse quadro. Algumas distorções habituais produzidas pelas aprendizagens distorcidas, influenciadas pelo forte componente emocional mais os reforços proporcionados pelo comportamento, foram assim nomeadas por Beck: abstração seletiva, inferência arbitrária, magnificação, minimização e catastrofização. Na *abstração seletiva,* o foco da atenção direciona-se aos elementos negativos de uma situação, enquanto todo o restante não é percebido. A *inferência arbitrária* é entendida como uma conclusão realizada sem evidências suficientes que a apóiem. A *magnificação* e a *minimização* relacionam-se a erros na avaliação da importância da magnitude de um evento. Já a *catastrofização* refere-se a imaginar que o pior de uma situação irá ocorrer, sem pensar em outras possibilidades (Beck, 1967; Burns, 1980; Knapp, 2004).

Percebe-se que a depressão passa a ser entendida, a partir de então, pelos fatores cognitivos e emocionais associados ao problema, bem como por sua expressão comportamental. Surge, então, o modelo cognitivo das depressões.

---

[1] O modelo psicanalítico entende que as fobias são um sintoma da angústia de castração, que está relacionado a um desejo infantil de conotação sexual. Vide caso "Pequeno Hans", Freud.

O modelo cognitivo das depressões: um novo paradigma nas psicoterapias

A Terapia Cognitiva baseia-se no modelo cognitivo, que levanta a hipótese de que as emoções e os comportamentos das pessoas são influenciados por sua percepção dos eventos. Assim, mais do que qualquer evento propriamente dito, é a forma como pensamos sobre o mesmo que determina a maneira como nos sentimos e nos comportamos (Beck, 1964).

Reações

Especificamente em casos de transtornos mentais, Beck e seus colaboradores (1987) acreditam que a maneira de pensar ou interpretar o mundo assume uma temática própria em cada transtorno (Knapp, 2004). O quadro depressivo envolve a temática da desvalorização e da perda, e pode ser melhor compreendido através da *tríade cognitiva* (Beck, 1997). A mesma é definida como um conjunto de três elementos cognitivos que levam o indivíduo a considerar a si, a suas experiências e o seu futuro de modo idissiocrásico. A tríade cognitiva de um paciente com depressão é representada pelos seguintes padrões: 1) a visão negativa sobre si mesmo; 2) a interpretação de suas experiências atuais de forma negativa; 3) sua visão negativa sobre o futuro (Beck, 1997; Falcone, 2001).

O modelo cognitivo prevê, também, que a ativação de padrões negativos de pensamento pode ocasionar ao paciente prejuízos em nível comportamental e fisiológico. Assim, quando um paciente pensa que é incapaz, pode manifestar uma baixa de energia. Esse mesmo pensamento pode conduzir, ainda, a um aumento dos comportamentos de dependência do paciente, por acreditar que os outros são mais competentes do que ele (Beck, 1997).

Além da tríade cognitiva, outro fator relevante na compreensão do modelo cognitivo é a *organização das estruturas de pensamento* (Beck, 1997). A terapia cognitiva reconhece três tipos de cognição:

pensamentos automáticos, crença central e crenças intermediárias (Knapp e Rocha, 2003; Knapp, 2004).

Os *pensamentos automáticos* são pensamentos ativados por situações cotidianas. A ocorrência dos mesmos independe de uma racionalização, por isso são considerados pensamentos espontâneos. Tais pensamentos são cognições mais fáceis de acessar e modificar, e podem aparecer também na forma de imagens. Um tipo de pensamento automático em pacientes deprimidos é: "vou cometer um erro no trabalho" (Greenberger e Padesky, 1999; Knapp e Rocha, 2003; Knapp, 2004).

As *crenças intermediárias* são governadas por pressupostos ou regras condicionais. No caso de um paciente deprimido, um exemplo desse tipo de crença seria: "se o professor não me cumprimentou, é porque vou tirar nota baixa". Esse tipo de crença é considerado mais rígido do que os pensamentos automáticos, porém mais flexível do que as crenças centrais (Knapp e Rocha, 2003).

A *crença central* refere-se a distorções no conteúdo das idéias e percepções, que se tornam para o indivíduo verdades inquestionáveis. As mesmas costumam ser rígidas e globais, derivando tanto das experiências vividas, quanto do modo como cada indivíduo significa os acontecimentos. No caso de pacientes deprimidos, a crença central pode ser traduzida em premissas como: "sinto-me um fracasso" (Beck, 1997; Burns, 1980).

Também faz parte da organização das estruturas do pensamento o *esquema cognitivo*. Esquemas cognitivos são referentes a arcabouços de significados que norteiam o processo atencional e a memória (Fiske e Taylor, 1991; Friedberger e McClure, 2001). São estruturas que organizam informações novas, a fim de atribuir-lhes sentido, o que influencia na percepção dos eventos. Os esquemas possuem relativa durabilidade, armazenando aspectos genéricos de estímulos, idéias ou experiências (Beck, 1967). Segundo Beck (1997), nos casos de depressão severa, o paciente pode ser inteiramente dominado pelo esquema, preocupando-se com pensamentos negativistas, e considerando difícil concentrar-se em estímulos externos.

Até aqui, é possível perceber que o foco central do modelo cognitivo é o pensamento. No entanto, é importante ressaltar que na terapia cognitiva esses pensamentos interagem com comportamentos, fisiologia e ambiente, não havendo um ordenamento lógico e estático entre esses elementos. Logo, as emoções podem influenciar nos processos cognitivos, assim como alguns comportamentos podem determinar a forma de perceber uma situação (Beck, 1997; Freeman, 1998; Knapp, 2004).

O modelo cognitivo pode ser mais facilmente compreendido através da Figura 1.

A noção de que há interação recíproca entre as emoções, comportamentos e reações fisiológicas pode ser considerada um novo paradigma para as psicoterapias. Ainda que o modelo cognitivo das depressões tenha iniciado essa perspectiva, o mesmo foi estendido à compreensão de outras psicopatologias, tais como: transtorno obsessivo-compulsivo, anorexia ou bulimia, estados paranóides, síndrome do pânico, transtorno de estresse pós-traumático, entre outras (Knapp, 2004). Além disso, princípios do modelo cognitivo-comportamental estão sendo utilizados na compreensão de transtornos de personalidade e na resolução de problemas, independente de haver ou não um quadro diagnóstico específico (Beck, et al., 1987; Young, 2003). Observa-se, então, um crescente aumento na aplicabilidade desse modelo, o qual subsidia teoricamente a psicoterapia cognitiva.

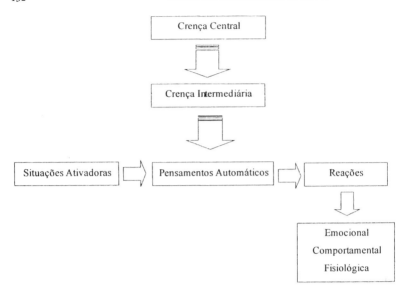

Figura 1 – Modelo cognitivo

Características gerais da terapia cognitiva

A terapia cognitiva é uma modalidade terapêutica estruturada, diretiva e ativa de prazo. Seu objetivo é produzir modificações no pensamento e crenças dos pacientes, a fim de direcioná-lo a mudanças emocionais e comportamentais duradouras. Por essa razão, é uma abordagem projetada para identificar, testar a realidade e corrigir as conceituações distorcidas e crenças disfuncionais (esquemas) por detrás dessas cognições. Nessa abordagem, o papel do terapeuta é auxiliar o paciente a pensar e agir de forma mais realística e adaptativa em relação aos seus problemas psicológicos (Beck, 1997).

O direcionamento aos pensamentos, no entanto, não traduz em si o objetivo das psicoterapias cognitivo-comportamentais. Para que o terapeuta estabeleça mais do que um intercâmbio intelectual entre ele e o paciente, as emoções também devem ser consideradas. A abordagem das emoções é tão fundamental no processo de reestruturação cognitiva, que Albert Ellis chegou a denominar sua abordagem de psicoterapia racional-emotiva (Beck, 1997; Knapp, 2004). Logo, a psicoterapia cognitiva não pode ser confundida com um apanhado de técnicas intelectualizadas que ignoram o sentimento humano (Beck, 1997).

Outro elemento que não deve ser ignorado na terapia cognitiva é o comportamento (Knapp, 2004). Em casos de fobias diversas, muitas vezes, é necessário modificar um comportamento, para posteriormente modificar uma cognição. No caso específico de uma fobia de barata, por exemplo, muitas vezes é necessário aproximar o paciente gradativamente do alvo de seu medo, para desmistificar a crença de perigo que o acompanha. Assim, tal qual propõe o modelo cognitivo, há uma determinação recíproca entre cognição, estado de humor e comportamentos, que não pode ser ignorada na psicoterapia (Friedberg e McClure, 2004).

Para viabilizar a mudança do paciente em nível cognitivo e comportamental, a psicoterapia cognitiva trabalha com o estabelecimento da *aliança terapêutica* (Falcone, 2001). Para que a mesma ocorra, o terapeuta deve ser respeitoso e cordial, sendo que a psicoterapia deve assumir um viés colaborativo. Para tal, deve-se incentivar o paciente a participar ativamente de seu processo de mudança (Wells, 1997). A terapia cognitiva também é marcada por seu estilo psicoeducativo. Entende-se que o cliente deve aprender sobre o seu problema e sobre a terapia em si, de modo que tenha condições de ser seu próprio terapeuta (Beck, 1997).

A terapia cognitiva também é caracterizada por uma estrutura de sessões que permite que paciente e terapeuta trabalhem juntos na resolução dos problemas apresentados pelo paciente (Knapp, 2004). A estrutura proposta por Beck (1979) apresenta as seguintes etapas: a) Monitoramento da semana e revisão do humor; b) Revisão da última sessão; c) Revisão da tarefa para casa; d) Estabelecimento da agenda; e) Abordagem dos itens da agenda; f) Estabelecimento de novas tarefas para casa; g) Resumo da sessão e *feedback*. Além disso, devido à busca de mudanças cognitivas sólidas, a terapia cognitiva caracteriza-se também por uma preocupação com a prevenção à recaída (Falcone, 2001; Knapp, 2004; Wells, 1997).

A psicoterapia cognitiva é uma abordagem estruturada, que requer um planejamento constante do processo terapêutico do paciente. Isso porque essa é caracterizada por apresentar uma seqüência bastante definida, que deve se iniciar com a *conceitualização cognitiva* do paciente.

Fundamentos da conceitualização de casos clínicos

A *conceitualização cognitiva* é fundamental na definição do caminho que irá seguir o trabalho do terapeuta (Falcone, 2001). Quando não há conceitualização cognitiva, o trabalho terapêutico torna-se vago e pouco relevante (Freeman, 1998). A mesma é definida como a formulação de um caso conforme o modelo cognitivo que, como já foi mencionado, comporta a interação entre pensamentos, emoções, comportamentos e suas reações físicas (Knapp e Rocha, 2003).

Para uma conceitualização cognitiva adequada, devem ser investigados os seguintes elementos: a) circunstâncias de vida ou eventos estressores que desencadearam o problema; b) história familiar; c) fatores associados ao desenvolvimento; d) diagnóstico clínico; e) aprendizagens e experiências que influenciaram no problema apresentado; f) pensamentos automáticos; g) crenças intermediárias; crenças centrais; h) tríade cognitiva do paciente (Beck, 1997; Wells, 1997). A conceitualização bem executada permite ao terapeuta a identificação de hipóteses acerca do paciente (Beck, 1997). No entanto, a conceitualização cognitiva não termina no momento inicial da avaliação, pelo contrário, continua sendo realizada ao longo da psicoterapia, interessando ao terapeuta todos os dados que possam contribuir no aperfeiçoamento desse processo.

Após a reunião dos dados sobre o paciente, o terapeuta já deve ter informações sobre suas suposições ou regras, sua crença central e estratégias que utiliza para enfrentá-la, e sobre as emoções, pensamentos e comportamentos do paciente. Esses dados podem ser relacionados pelo terapeuta através do preenchimento de um *diagrama de conceitualização cognitiva* (Beck, 1997; Falcone, 2001). De acordo com Beck (1997), o diagrama auxilia no mapeamento das cognições do paciente. Além de ser um recurso utilizado pelo terapeuta, para que pense sobre o paciente, esse diagrama pode ser utilizado durante a sessão junto ao paciente, ou mesmo ser preenchido por ele como uma tarefa para casa (Knapp e Rocha, 2003). A Figura 2 apresenta um modelo de diagrama.

Após a *conceitualização cognitiva,* o terapeuta terá condições de eleger as principais técnicas terapêuticas que serão aplicadas ao paciente.

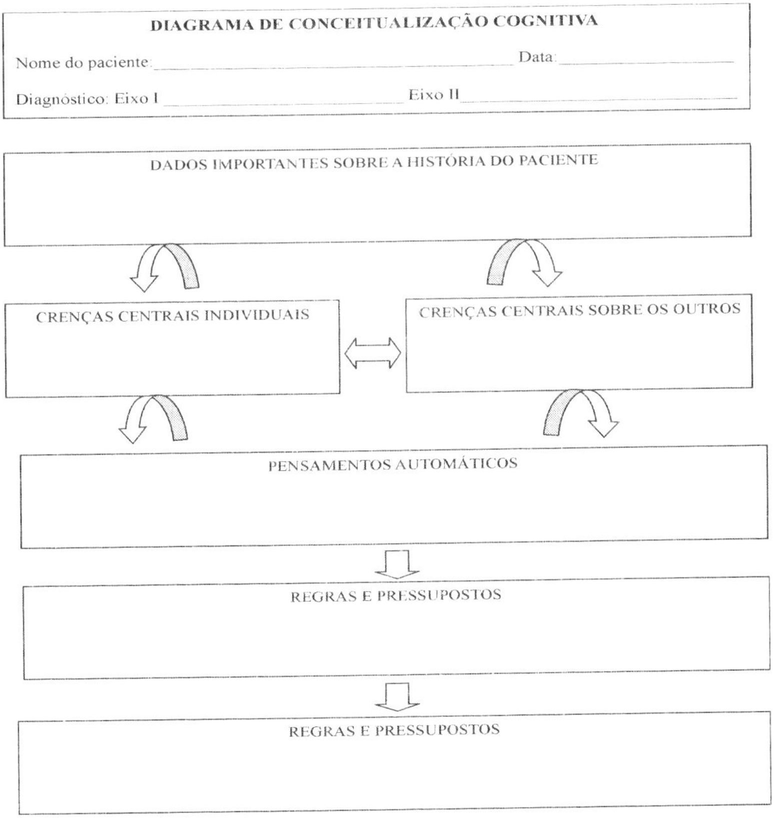

Figura 2: Diagrama de Conceitualização Cognitiva

Principais técnicas terapêuticas

Muitas técnicas terapêuticas, tanto cognitivas quanto comportamentais, estão sendo propostas ao longo dos últimos anos, sendo que, explicitar a todas, extrapolaria os objetivos deste capítulo. Por tal razão, serão enfatizadas aqui somente algumas das técnicas consideradas referenciais.

a) Comportamentais

Treino de assertividade

Essa técnica corresponde à análise junto ao paciente da manifestação das emoções ou pensamentos, e as conseqüências sociais de sua não-expressão, sua expressão insuficiente ou ineficiente, e de sua expressão adequada (Rangé et al., 1998). É uma técnica muito utilizada no tratamento de pacientes obesos, porque eles podem sentir a necessidade de, por exemplo, dizer à família de maneira assertiva que não deixem alimentos à vista, ou ofendam o paciente de modo que o mesmo fique magoado (White e Freeman, 2003).

Inversão do Hábito

Através dessa técnica, o paciente é ensinado a identificar a ocorrência de um hábito ou resposta física, e a emitir uma resposta que interrompa esse movimento. Também são identificadas situações ou pessoas que possam ativar o hábito ou resposta física pelo paciente, sendo treinadas formas de emissão de respostas que interrompam o movimento nesses casos. Segundo Caballo (1999), esta técnica é muito utilizada em casos de tique.

Distração

Esta técnica baseia-se no deslocamento da atenção do mundo interno para o mundo externo. A mesma pode ser utilizada para o alívio de sintomas de ansiedade, uma vez que desloca o foco da atenção do paciente de suas sensações corporais de desconforto (Knapp e Baldisserotto, 2001).

Relaxamento

Técnicas de relaxamento são utilizadas junto aos pacientes que experimentam um desconforto físico que ocasiona angústia, sendo aplicáveis aos casos de ansiedade (White e Freeman, 2003). Essas podem envolver exercícios de respiração, relaxamento muscular e outras estratégias que visem à integração de aspectos fisiológicos e psicológicos (Caballo, 1999).

Ensaio comportamental

Essa técnica consiste na dramatização pelo paciente de um comportamento que deseja ter fora do *setting* terapêutico (Leahy e Holland, 2000). Um paciente com dificuldade de buscar emprego, por exemplo, pode vivenciar na sessão como agir em uma situação como essa.

b) Cognitivas

Análise de custo-benefício

Esta técnica consiste em conduzir o paciente a um levantamento de vantagens e desvantagens, permitindo que ele identifique os custos e benefícios envolvidos na manutenção de um comportamento ou pensamento. Essa técnica ajuda na avaliação racional do paciente dos problemas apresentados por ele, estimulando e motivando o processo de mudança (Knapp, 2004).

Registro de pensamentos disfuncionais

Esta é uma técnica que envolve o registro pelo paciente dos pensamentos, emoções e sentimentos, bem como da situação que os ativou. É um procedimento que proporciona ao paciente que estabeleça uma relação consciente entre esses elementos, o que permite que ele emita uma resposta mais adaptativa em situações semelhantes às registradas (Knapp e Rhode, 2002; White e Freeman, 2003).

Flecha descendente

Esta técnica relaciona-se ao questionamento de pressupostos e regras identificados junto ao paciente, por meio do qual busca-se o significado que os pensamentos apresentados têm para ele (Beck, 1997). Para tal, o terapeuta identifica junto ao paciente um pensamento automático supostamente associado a uma crença sua. Em seguida, questiona o paciente sobre esse pensamento com perguntas como: "Se for assim, o que pode acontecer?"; "E se isso for verdade, o que significaria para você?". Examinando pressupostos e regras, o terapeuta pode chegar a conclusões importantes sobre a acepção dos pensamentos do paciente (Knapp, 2004).

Questionamento de evidências

Através dessa técnica, o paciente é questionado sobre as evidências que apóiam suas declarações. Por meio desses questionamentos, o paciente adquire uma visão mais realista, modificando pensamentos e quebrando crenças. Pode-se interrogar o paciente, por exemplo, sobre quais evidencias apóiam o fato de que ele seja uma pessoa incompetente no trabalho. Muitas vezes, o paciente não consegue encontrar evidências consistentes para sua crença, o que permite que ele modifique positivamente sua visão de determinados acontecimentos.

Descatastrofização

A descatastrofização é uma técnica direcionada ao questionamento do paciente sobre situações temidas, as quais ele imagina que terão efeitos catastróficos sobre suas vidas. Por meio de perguntas como: "O que de pior pode lhe acontecer se o que tanto teme ocorrer?"; "Se isso ocorrer, como ficará sua vida em algumas semanas?", o terapeuta pode auxiliar o paciente a reduzir o impacto emocional de situações, tornando-o mais hábil para resolver problemas (Freeman et al., 1990; Knapp, 2004).

Ensaio cognitivo

É o ensaio imaginário e detalhado de uma determinada situação ou tarefa. Para alcançar seu objetivo, o paciente pode imaginar detalhadamente todas as etapas envolvidas no enfrentamento do problema que pretende resolver (Caminha, 2003). Ele pode imaginar-se, por exemplo, iniciando e levando adiante o projeto de fazer uma faculdade.

Resolução de problemas

Muitos pacientes possuem pouca habilidade para resolver problemas, ou não acreditam na própria capacidade de resolvê-los (White e Freeman, 2003). Através das técnicas de resolução de problemas, é possível exercitar essas habilidades, aumentando, conseqüentemente, o senso de auto-eficácia do paciente. O processo de resolução de problemas pode ser dividido em cinco passos: a) definição do problema; b) levantamento de todas as possibilidades de soluções; c) exame das vantagens e desvantagens de cada resolução encontrada; d) escolha de uma solução e planejamento de sua realização; e) análise da eficácia da solução escolhida juntamente ao terapeuta (Caballo, 1999).

A psicoterapia cognitiva na clínica-escola: aplicações e resultados

A partir dos temas que já foram abordados, ficou evidenciada a característica diretiva e breve das psicoterapias cognitivo-comportamentais. Além disso, foi possível perceber que tanto a estrutura concernente a essa modalidade terapêutica, quanto às técnicas que auxiliam na construção de modelos de psicoterapia, direcionam-se a modificações comportamentais e cognitivas. Foi também discutido o crescente aumento da aplicabilidade do modelo cognitivo na compreensão de diversos transtornos e na resolução de problemas, ampliando as possibilidades de aplicação clínica desse modelo teórico. Agora, será realizada uma avaliação de como essas características podem ser articuladas e adaptadas às demandas e ao funcionamento de uma clínica-escola.

No Programa Interdisciplinar de Promoção e Atenção à Saúde (PIPAS) da Universidade do Vale do Rio dos Sinos – UNISINOS, o tempo no qual os estagiários permanecem, junto com o supervisor, acompanhando os casos dos pacientes, é de aproximadamente um ano e meio. Sendo a psicoterapia cognitiva uma abordagem terapêutica diretiva e breve, ela torna-se um modelo adequado para o atendimento nessa e em outras clínicas-escola, nas quais o tempo de estágio do aluno aparece como um limitador. A partir dessa modalidade terapêutica, é possível que o estagiário acompanhe o paciente desde a avaliação inicial e a conceitualização cognitiva até a prevenção à recaída, oferecendo a ele uma terapêutica adequada.

Outra característica que torna a psicoterapia cognitivo-comportamental viável ao contexto da clínica-escola é a quantidade de estratégias e técnicas de intervenção disponíveis nessa abordagem, bem como a flexibilidade para a adaptação das mesmas. Tal flexibilidade torna essa modalidade terapêutica acessível a diversos contextos culturais e a diferentes faixas etárias (Friedberg e McClure, 2004). Considerando que pensamento e comportamento interagem mutuamente, muitas vezes, quando não é possível atingir a cognição do paciente de forma direta, as estratégias comportamentais tornam-se uma alternativa interessante (Knapp e Rhode, 2002; Friedberg e McClure, 2004).

Especificamente, em nossa clínica-escola, uma parte importante das demandas que chegam ao local apresenta indicação para psicoterapia cognitiva. Isso se deve, em parte, à abrangência da aplicação desse modelo, que pode ser estendido a diversos transtornos e problemas. Assim, muitos dos casos atendidos nesse local são acompanhados através da abordagem cognitiva. Um exemplo de problema freqüentemente atendido no PIPAS através desse referencial é a violência doméstica, sobretudo quando essa aparece associada ao abuso sexual. Um levantamento epidemiológico realizado no programa entre 2000 e 2002 demonstrou que os estagiários que adotam o referencial cognitivo-comportamental atenderam a 51 pacientes com histórico de abuso sexual na infância (Caminha, Habigzang e

Bellé, 2003). É sabido que muitos desses pacientes sofrem do Transtorno de Estresse Pós-Traumático, um transtorno para o qual a psicoterapia cognitiva é bastante indicada. Isso reforça a importância da utilização dessa modalidade terapêutica nas clínicas-escola, uma vez que as mesmas recebem com freqüência demandas associadas à violência.

Além da violência doméstica e casos de estresse pós-traumático, associados ou não a essa, os problemas mais atendidos na clínica-escola de nossa universidade, através da abordagem cognitivo-comportamental, são: depressão, transtornos de ansiedade, transtornos alimentares, transtorno de déficit de atenção/hiperatividade, fobias, dependência química, entre outros. Como na abordagem cognitiva são também relevados os aspectos fisiológicos, muitos desses transtornos são abordados a partir de uma perspectiva interdisciplinar. Em programas de saúde ou clínicas-escola, a abertura para trocas é uma característica fundamental, uma vez que geralmente esses locais reúnem diferentes campos de atuação. Na clínica-escola, essas trocas podem ser facilmente identificadas em pacientes que apresentam transtornos alimentares.

Outro aspecto importante a ser destacado refere-se à fácil aplicação do modelo cognitivo às práticas grupoterápicas (White e Freeman, 2003). Tais práticas são habitualmente necessárias em programas de saúde e clínicas-escola, devido à grande demanda presente nesses locais. Assim sendo, reconhece-se na terapia cognitiva mais um fator que a torna adaptável ao contexto da clínica-escola.

Desde o princípio da implementação da psicoterapia cognitivo-comportamental em nossa universidade, a eficácia das intervenções realizadas é constantemente testada. A avaliação pré e pós-terapia de casos de depressão, ansiedade, estresse pós-traumático, transtornos alimentares e outros vêm demonstrando que, para a maioria desses transtornos, há melhora dos pacientes após a psicoterapia. Trabalhos mais recentes relacionados ao transtorno de déficit de atenção/hiperatividade não apresentam linearidade nas avaliações. Ou seja, em alguns casos há progressos significativos para os pacientes, em outros, não. Em parte, isso pode se relacionar ao pouco consenso que há na literatura sobre a efetividade dessa modalidade terapêutica junto ao TDAH (Knapp e Rhode, 2002).

Pelas razões explicitadas, a prática das psicoterapias cognitivo-comportamentais torna-se viável e desejável nas clínicas-escola e/ou, programas de saúde em geral. Sua orientação diretiva e breve, sua efetividade, abrangência e flexibilidade, são somente alguns dos fatores que apóiam essa hipótese. No entanto, cabe salientar que esta é apenas uma das abordagens teóricas possíveis para a atuação da psicologia no contexto aqui proposto.

Considerações finais

Neste capítulo, constatou-se que o surgimento do modelo cognitivo-comportamental de psicoterapia relaciona-se com a busca de melhora da eficácia do tratamento de pacientes que procuravam atendimento psicológico ou psiquiátrico nos anos 1960, sendo que o primeiro modelo considerado cognitivo foi desenvolvido para o transtorno depressivo. Esse modelo baseia-se na hipótese de que as emoções e comportamentos são influenciados pela percepção dos eventos, o que pode ser considerado um novo paradigma para as psicoterapias.

Ainda que o modelo cognitivo das depressões tenha iniciado essa perspectiva, observa-se um crescente aumento na aplicabilidade desse modelo, o qual subsidia teoricamente a psicoterapia cognitiva, que se trata de uma modalidade terapêutica estruturada, diretiva e ativa de prazo, cujo objetivo é produzir modificações no pensamento e crenças dos pacientes. Essa abordagem possui um curso bem definido que deve iniciar com a conceitualização do caso clínico, elemento fundamental na escolha das técnicas terapêuticas mais adequadas.

A orientação diretiva e breve da psicoterapia cognitiva, sua efetividade, abrangência e flexibilidade, são alguns dos fatores que apóiam sua aplicação ao contexto das clínicas-escola e/ou, programas de saúde em geral. Ainda que essa modalidade terapêutica seja somente mais uma forma de atuação da psicologia, considera-se que sua inserção nesses locais é uma prática viável e desejável.

Referências bibliográficas

BECK, A. T. (1963). "Thinking and depression: 1. Idiosyncratic content and cognitive distortions". *Archives of general psychiatry*, v. 9, pp. 36-46.

_____. (1964). "Thinking and depression: 2. Theory and therapy". *Archives of general psychiatry,* v. 10, pp. 56-71.

_____. (1967). *Depression: causes and treatment.* Philadelphia, University of Pennsylvania.

BECK, A. T.; RUSH, A. J.; SHAW, B. F. e EMERGY, G. (1979). *Cognitive Therapy of depression.* New York, Guilford Press.

BECK et al. (1987). "Differentiating anxiety and depression: a test of cognitive content-specific hypothesis". *Journal of abnormal psychology*, v. 96, pp. 79-83.

BECK, A. T.; RUSH, A. J.; SHAW, B. F. e EMERGY, G. (1997). *Terapia cognitiva da depressão.* Porto Alegre, Artes Médicas.

BECK, J. S. (1997). *Terapia cognitiva: teoria e prática.* Porto Alegre, Artmed.

BURNS, D. D. (1980). *Feeling good: the new mood therapy.* New York, William Morrow.

CABALLO, V. (1999). *Manual de técnicas de terapia e modificação de comportamento.* São Paulo, Santos Livraria e Editora.

CAMINHA, R. M. (org.). (2003). *Psicoterapias cognitivo-comportamentais: teoria e prática.* São Paulo, Casa do Psicólogo.

CAMINHA, R.; HABIGZANG, L. e BELLÉ, A. (2003). "Epidemiologia do abuso sexual infantil na clínica escola PIPAS/UNISINOS". *Cadernos de extensão da UNISINOS*, v. 4, pp. 129-142.

DOBSON, K. S. (Ed.). (2001). *Handbook of cognitive behavior therapy.* New York, Guilford Press.

FALCONE, E. (2001). "Psicoterapia Cognitiva". In: RANGÉ, Bernard (org.). *Psicoterapias cognitivo-comportamentais: um diálogo com a psiquiatria.* Porto Alegre, Artes Médicas, pp. 41-61.

FISKE, S. T. e TAYLOR, S. E. (1991). *Social Cognition*. New York, McGraw-Hill.

FREEMAN, A. et al. (1990). *Clinical application of cognitive therapy*. New York, Plenum.

FREEMAN, A. (1998). "Desenvolvimento das conceituações de tratamento na terapia cognitiva". In: FREEMAN e DATTILIO. *Compreendendo a terapia cognitiva*. Campinas, Editora Psy.

FRIEDBERGER, R. e McCLURE, J. (2001). *A prática clínica de terapia cognitiva com crianças e adolescentes*. Artes Médicas, Porto Alegre.

GEENBERGER, D. e PADESKY, C. A. (1999). *A mente vencendo o humor*. Porto Alegre, Artes Médicas.

KNAPP, P. (org.). (2004). *Terapia cognitivo-comportamental na prática psiquiátrica*. Porto Alegre, Artes Médicas.

KNAPP, P. e BALDISSEROTTO, G. (2001). "Terapia cognitivo-comportamental no tratamento da dependência química". In: RANGÉ, Bernard. (org.). *Psicoterapias cognitivo-comportamentais: um diálogo com a psiquiatria*. Porto Alegre, Artes Médicas, pp. 332-350.

KNAPP, P. e RHODE, L. A. (2002). *Terapia cognitivo-comportamental no transtorno de déficit de atenção/hiperatividade: manual do terapeuta*. Porto Alegre, Artmed.

LEAHY, R. L. e HOLLAND, S. J. (2000). *Treatment plans and interventions for depression and anxiety*. New York, Guilford.

RANGÉ, B. et al. (1998). "Glossário de técnicas". In: RANGÉ, Bernard. (org.). *Psicoterapia comportamental e cognitiva dos transtornos psiquiátricos*. Campinas, Editorial Psy, pp. 282-298.

WELLS, A. (1997). *Cognitive therapy of anxiety disorders: a practice manual and conceptual guide*. Chichester, Wiley.

WHITE, J. e FREEMAN, A. (2003). *Terapia cognitivo-comportamental em grupo para populações e problemas específicos*. São Paulo, Roca.

YOUNG, J. E. (2003). *Terapia cognitiva para transtornos de personalidade: uma abordagem focada nos esquemas*. Porto Alegre, Artes Médicas, 2003.

CAPÍTULO 8

GRUPOTERAPIA COGNITIVO-COMPORTAMENTAL: PRINCÍPIOS E APLICAÇÕES

Renato Caminha
Cátula Pelisoli

A terapia cognitiva é uma psicoterapia breve, estruturada, orientada para o presente, que tem por finalidade a resolução de problemas atuais e a modificação de pensamentos e comportamentos disfuncionais. (Beck, 1997) Segundo Beck, ela não é apenas um sistema de psicoterapia, mas inclui uma teoria da personalidade e de psicopatologia. Este sistema foi proposto inicialmente a pacientes com depressão, mas logo se estendeu aos mais variados transtornos psicológicos e, obtendo sucesso, tornou-se uma das principais abordagens psicoterápicas da atualidade.

A terapia cognitiva contempla um paradigma integrativo, que permite a incorporação de técnicas clínicas de outras abordagens, tais como as comportamentais (Beck e Alford, 2002). Sendo coerentes com a perspectiva cognitiva, que postula a existência de uma realidade objetiva e uma realidade pessoal, subjetiva, fenomenológica, e tendo resultados efetivos comprovados, outras técnicas e dinâmicas podem ser facilmente introduzidas no trabalho do terapeuta cognitivo. Em conjunto com técnicas comportamentais, a clínica cognitiva ganhou ênfase e fortaleceu seu campo de atuação. No entanto, cuidados devem ser tomados para que a aplicação destas técnicas não se dê de forma isolada, mas que estejam a serviço de uma estratégia clínica global consistente com os axiomas da terapia cognitiva (Beck e Alford, 2002).

Estudos verificaram que a terapia cognitiva mostrou-se eficaz para pacientes com diferentes níveis de educação, renda, *background* e de quaisquer idades (Beck, 1997). Além disso, ela é utilizada no tratamento de casais, famílias e grupos. O objetivo deste capítulo é, em primeiro lugar, apresentar os princípios da terapia cognitivo-comportamental de grupos e, posteriormente, apresentar modelos de aplicações desta modalidade de tratamento psicológico e seus resultados.

A grupoterapia, de um modo geral, vem sendo utilizada por profissionais de diversas áreas e com inúmeras populações. Hospitais, enfermarias, clínicas, ambulatórios, oficinas protegidas, clínicas particulares, instituições e escolas em geral já foram sede dessa modalidade de tratamento. A Psicologia considera que o ser humano somente existe em função de seus inter-relacionamentos grupais (Zimerman, 1997). Para Luchins (1964), a própria personalidade de um indivíduo pode ser considerada como a conseqüência dos vários grupos pelos quais este passou. Zimerman (1997) relembra que, desde o nascimento, o indivíduo participa de diferentes grupos, passando, então, a maior parte do tempo de sua vida convivendo e interagindo com estes. Os grupos terapêuticos costumam reproduzir as características sócio-econômico-políticas e a dinâmica psicológica dos grandes grupos. Segundo este autor, os grupos com objetivos terapêuticos caracterizam-se por constituir-se como uma nova entidade, reunir integrantes face a face em torno de uma tarefa e de um objetivo comuns, ocorrer em um setting em que há combinações a serem cumpridas e comportar-se como uma totalidade, preservando as identidades de cada indivíduo.

Segundo Zimerman (1998), os grupos terapêuticos visam fundamentalmente a uma melhoria de alguma situação de patologia dos indivíduos, seja fisiológica, psíquica ou ambas. Esse autor, referindo-se aos grupos de auto-ajuda, expõe que fatores como a homogeneidade dos membros, a aceitação da sua condição, o envolvimento comunitário interativo, os novos modelos de identificação, a socialização, o teste de realidade, a continência, o estímulo às capacidades positivas e o reasseguramento de que os participantes não estão sozinhos constituem mecanismos de ação terapêutica.

Particularmente, a grupoterapia cognitivo-comportamental tem sido eficaz no tratamento de diversos transtornos e dificuldades psicológicas. Historicamente, alguns adeptos da terapia behaviorista iniciaram sua aplicação em grupos de pessoas com problemas semelhantes, ensinando aos pacientes comportamentos concretos, reforçados de várias formas dentro do grupo (Rose apud Kaplan e Sadock, 1996). O treinamento assertivo grupal e a aplicação da terapia comportamental a grupos de crianças começaram a ser explorados na década de 1970. No início da década de 1980, a terapia comportamental de grupo passou a ser chamada terapia cognitivo-behaviorista de grupo por incluir, em seus procedimentos, técnicas como a reestruturação cognitiva, o treinamento de habilidades de enfrentamento e relaxamento, exposição e modelação. O treinamento de habilidades sociais, a resolução de problemas e a administração do stress e da raiva foram os principais temas destas grupoterapias. (Rose em Kaplan e Sadock, 1996) A partir de 1985, ampliou-se a aplicação dos procedimentos grupais, obtendo-se sucesso em muitas delas. Atualmente, o foco dos trabalhos tem se centrado sobre os diversos transtornos: fobia social, depressão, transtorno de déficit de atenção/hiperatividade, abuso sexual infantil, transtorno obsessivo-compulsivo são alguns exemplos de problemas que já foram foco de estudos sobre este tema e que apresentaram resultados considerados positivos.

Em qualquer abordagem teórica, a grupoterapia apresenta muitas vantagens em relação à psicoterapia individual. A troca de experiências entre os pacientes, o apoio mútuo, a identificação, o comprometimento público, o encorajamento pelo sucesso de outros participantes (Sank e Shaffer, 1984 em Picon e Knijinik, 2005) são citados como exemplos destas vantagens, fortalecendo a proposta desta modalidade de trabalho. Ainda como um forte incentivo à formação de grupos terapêuticos temos o fato de que é economicamente viável, no que diz respeito ao número de pacientes que o profissional pode atender ao mesmo tempo, o que é ideal para instituições públicas e com grande demanda. Outros fatores positivos dizem respeito à oportunidade que a grupoterapia possibilita de instigar ou adquirir esperança quanto à melhora; de desenvolvimento do altruísmo e do desejo de ajudar outras pessoas; de diferentes tipos de aprendizagem proporcionados pela observação do comportamento de outras pessoas; de questionar crenças fixas e sobrevalorizadas quando da interação com outros pacientes com crenças diferentes; de perceber a universalidade dos problemas, percebendo que outras pessoas têm problemas similares; de aprender estratégias bem-sucedidas; de trocar informações, sugestões e experiências e de aumentar o comprometimento com o tratamento (Cordioli et al., 2002). Em especial para a terapia cognitiva, o grupo possibilita aos pacientes a aprendizagem e a prática de muitos comportamentos e cognições, proporciona que os membros ofereçam feedback e aconselhamento uns aos outros e, além disso, reforcem-se mutuamente (Rose apud Kaplan e Sadock, 1996).

Vinogradov e Yalom (1992) apóiam-se em evidências clínicas de diversos estudos para afirmar que a psicoterapia de grupo é tão efetiva quanto à psicoterapia individual, dado este confirmado recentemente pelo estudo de Morrison (2001). Além das vantagens relacionadas ao uso eficiente dos recursos (tempo, espaço, pessoal) e à relação custo-benefício, esses autores atentam para o setting de grupo, que consideram como um instrumento terapêutico de grande valia. As interações com outras pessoas significativas constituem a personalidade e os padrões de comportamento dos indivíduos, sendo a psicopatologia entendida como distorções destas interações e suas percepções pelos sujeitos, que devem ser corrigidas em um contexto de tratamento. A psicoterapia de grupo possibilita a participação colaborativa do indivíduo com outras pessoas e a obtenção de satisfação a partir destas relações. Segundo Vinogradov e Yalom (1992), cada pessoa no grupo interage com os outros membros, do mesmo modo como interage com pessoas de fora do grupo, transformando a experiência do grupo em um laboratório nas quais as qualidades e fraquezas pessoais revelam-se. É nesse contexto que se dá a aprendizagem interpessoal através de mecanismos de feedback, auto-observação, identificação e mudança de comportamentos interpessoais mal-adaptados. Estes autores afirmam que a grupoterapia oferece esta diversidade de fatores de mudança e cada membro beneficia-se de alguns deles, que melhor servem às suas necessidades e problemas.

A grupoterapia cognitivo-comportamental aplica princípios e técnicas da terapia cognitivo-comportamental a grupos, combinando suposições e procedimentos da terapia cognitivo-comportamental individual com processos encontrados na terapia de grupo (Wessler apud Caballo, 1996). Para Wessler, um grupo consiste em duas ou mais pessoas empenhadas em tentativas de modificar cognições e comportamentos, verificando seus sistemas de crenças, principalmente aquelas que concernem à suas relações interpessoais, praticando novos comportamentos em um ambiente resguardado e aprendendo novas interações. Para isso, lança-se mão de procedimentos empiricamente validados, cujos resultados serão avaliados com o objetivo de verificar a influência sobre os sujeitos.

Alguns atributos são citados como condições para os grupoterapeutas, tais como gostar de grupo e do seu grupo, ser verdadeiro, ter empatia, funcionar como continente, saber comunicar, ter senso de humor, ter capacidade de juízo crítico, discriminação, respeitar a maneira de ser de cada um, capacidade de síntese e integração (Zimerman, 1997a). Cordioli et al. (2002) cita como atributos a cordialidade, a confidencialidade, o respeito, a discrição com o que é discutido, o entusiasmo e uma união pessoal com cada um dos participantes. Ser sensível e bom ouvinte também aparecem como características positivas para um coordenador de grupos (Rose, 1996).

Rose (1996) identifica 9 categorias em que se inserem as atividades de um terapeuta na coordenação de grupos: a) a organização do grupo, que inclui a decisão sobre o tipo de grupo a ser oferecido, a duração, o número de terapeutas, a localização dos encontros, os honorários; b) orientação aos membros, em que o terapeuta informa os pacientes sobre os objetivos do grupo, seu conteúdo e as responsabilidades dos pacientes; c) construção da coesão do grupo, que objetiva o aumento da atração dos membros do grupo uns pelos outros, pelo terapeuta e pelo conteúdo do programa; d) monitoramento, na qual comportamentos, situações e pensamentos são registrados e avaliados sistematicamente; e) avaliação do progresso do tratamento, na qual o grau em que as metas estão sendo alcançadas é avaliado; f) planejar procedimentos específicos de mudança e g) implementá-los; h) modificar os atributos grupais (coesão, distribuição dos participantes, concordância com certas normas, status de vários membros do grupo, dominação de um determinado membro sobre os outros do grupo) para intensificar o processo de tratamento e i) estabelecer programas de transferência (generalização) e manutenção para mudanças comportamentais e cognitivas que estejam ocorrendo no grupo, nas quais busca-se aplicar estratégias adquiridas no tratamento fora deste, ou seja, no mundo real do paciente e sua manutenção por um longo tempo após o fim do procedimento terapêutico.

Segundo Sank e Shaffer (em Lima e Derdyck, 2001), a proposta de terapia cognitivo-comportamental de grupo integra procedimentos educacionais e psicológicos. Entre os procedimentos educacionais estão as tarefas, os exercícios, a aprendizagem sobre o modelo cognitivo e sobre o transtorno do paciente. Entre os procedimentos psicológicos estão incluídas as diversas técnicas tais como o monitoramento, modelação, resolução de problemas, treinamento de habilidades sociais, auto-instrução, reestruturação cognitiva, role-play etc.

Lima e Derdyck (2001) afirmam que o grupo permite interações não só entre terapeuta e paciente, como na terapia individual, mas também entre os próprios membros. Estes membros obterão progressos em diferentes momentos do processo terapêutico e presenciar e observar esta melhora possibilita que o paciente sinta-se esperançoso quanto ao seu próprio progresso. O grupo possibilita ainda um sentimento de pertencimento a um conjunto de pessoas com algumas semelhanças, permitindo que o paciente observe que não é o único a ter determinado problema.

Cada membro do grupo deve estabelecer seus próprios objetivos, que serão avaliados no transcorrer do grupo em conjunto com o terapeuta e com os outros membros. Os problemas são analisados e estratégias de mudança são planejadas, de forma que a melhora possa ser objetivamente observada.

O terapeuta pode optar por ter um número de sessões limitado ou não e se será um grupo aberto ou fechado. Ele deverá planejar cada uma das sessões e escolher técnicas pertinentes aos problemas que forem surgindo, não perdendo o foco do objetivo maior do tratamento, que é o transtorno psicológico. Outro fator que deve ser criteriosamente observado é a seleção dos participantes. Os diagnósticos dos transtornos psicológicos apresentam classificações e comorbidades que podem influenciar de forma negativa nos resultados da grupoterapia. Um exemplo disso é o caso do transtorno de déficit de atenção / hiperatividade. Grupos de crianças com esse diagnóstico, além de apresentarem subtipos diferentes do transtorno (predominantemente desatento, predominantemente hiperativo ou misto) podem, adicionalmente, apresentar depressão, transtorno desafiador opositivo, transtornos de ansiedade ou outras co-morbidades. O transtorno desafiador opositivo, em especial, deve ser um critério de exclusão em grupos de crianças com TDAH pelo fato de minimizar seus possíveis resultados positivos.

Um co-terapeuta pode atuar em conjunto com o terapeuta, auxiliando-o no planejamento das sessões e em sua condução, bem como na divisão das tarefas (Lima e Derdyck, 2001). Um observador também constitui um recurso importante. Esse pode, além de realizar os registros, estar atento a tudo o que acontece no grupo e discutir com o coordenador o processo terapêutico em suas particularidades.

Avaliações objetivas antes e depois do processo grupoterápico são largamente utilizadas (Cordioli et al., 2002; Belle et al., 2004; Pelisoli et al., 2005; Santos et al., 2005). Questionários e inventários são utilizados para aferir quantitativamente a melhora ou piora do transtorno (Lima e Derdyck, 2001). Para grupos de pacientes deprimidos, podem ser utilizadas as Escalas Beck ou as Escalas Hamilton. Em alguns grupos de crianças com TDAH é utilizado um protocolo que inclui a Escala de Stress Infantil – ESI, escalas de velocidade de processamento e resistência da distração do WISC-III, Escala Childhood Attention Disorder – CAP, Escala para Transtorno de Déficit de Atenção/Hiperatividade, Children Behaviour Checklist – CBCL. No caso do transtorno obsessivo-compulsivo, pode ser utilizada a Escala Y-BOCS, juntamente com entrevistas estruturadas como o MINI e as Escalas Hamilton (Cordioli et al., 2002). Na avaliação inicial é importante, ainda, verificar se o paciente possui o perfil para participar do grupo, bem como considerar como critério de seleção as semelhanças entre os participantes, já que esta facilita sua coesão.

O terapeuta deve formar um conjunto de objetivos que possam ser atingidos dentro do tempo previsto para a duração do grupo. O local onde ocorrerão os encontros deve ter tamanho adequado, assentos confortáveis e proporcionar privacidade e liberdade, sem intervenções (Vinogradov e Yalom, 1992). Segundo Vinogradov e Yalom, o tamanho ideal de um grupo é de 7 ou 8 membros, já que possibilita interações interpessoais satisfatórias. A duração das reuniões deve ficar entre 60 e 120 minutos.

Segundo Lima e Derdyck (2001), fatores como a ausência, o abandono, crises agudas, formação de subgrupos, conflitos e algumas características específicas dos pacientes (pessoas que procuram atrair a atenção para si em todos os momentos, que desqualificam o que os outros membros falam etc.) podem prejudicar o desenvolvimento do grupo. Fatores como o desligamento de pacientes do grupo e o ingresso de novos membros também são considerados momentos críticos do processo grupal (Vinogradov e Yalom, 1992).

Para a terapia cognitiva, é a modificação dos pensamentos disfuncionais e das crenças mal adaptativas que possibilitam a melhora do paciente. Esses processos cognitivos (pensamentos e crenças), juntamente com processos afetivos e motivacionais, são determinados pelas estruturas ou esquemas (estruturas de cognição atribuidoras de significado), elementos básicos da personalidade.

Um estudo de Heimberg et al. (1998) procurou comparar resultados de grupoterapia cognitivo-comportamental (CBGT), farmacoterapia efeito placebo e uma grupoterapia de suporte educacional (ES) em pacientes com fobia social. Os resultados do estudo demonstraram a superioridade da CBGT e da farmacoterapia em relação às outras duas intervenções. No entanto, essas duas modalidades de tratamento não diferiram entre si, tendo produzido melhoras equivalentes. O modelo de grupoterapia cognitivo-comportamental de Heimberg et all (1998) inclui treinamento na identificação de cognições negativas (pensamentos automáticos – PA), observação da relação entre PA's e ansiedade, desafio aos erros nos PA's, formulação de respostas racionais alternativas, tarefas comportamentais de exposição e confrontação de situações temidas (terapia de exposição e prevenção de respostas). Segundo DeRubeis e Crits-Christoph (1998) e Heimberg (2001) (citados em Stangier et al., 2002), a grupoterapia cognitivo-comportamental é o tratamento de escolha para a fobia social.

Neste sentido, o treinamento de habilidades sociais (THS) também é utilizado em procedimentos terapêuticos grupais. Falcone (1998) propõe um modelo para o aprendizado e desenvolvimento dessas capacidades a partir da situação de grupo, que inclui as etapas de avaliação das dificuldades de cada membro do grupo, de preparação dos clientes para o THS em grupo, da intervenção em grupo e da avaliação dos resultados. Num primeiro momento, as habilidades sociais de cada indivíduo são avaliadas em termos de déficits individuais, contextos específicos em que ocorre o comportamento problemático, que competências são necessárias, o exame dos antecedentes e conseqüências do problema, que apontarão para as estratégias que deverão ser utilizadas pelo terapeuta. A partir de uma abordagem de orientação com relação aos comportamentos apropriados, os participantes são preparados pelo terapeuta para iniciarem o THS em grupo. A intervenção propriamente dita e a avaliação de seus resultados completam este protocolo grupoterápico.

Lima e Derdyck (2001) propõem um modelo de grupoterapia para pessoas com depressão. O modelo dessas autoras inclui, nas sessões inicias, o estabelecimento de regras para o funcionamento do grupo e a socialização a respeito do modelo da TCC. As sessões intermediárias são compostas por sínteses dos principais pontos abordados, estabelecimento do roteiro da sessão (incluindo temas e exercícios), atualização e verificação do humor através de escalas e inventários, revisões da tarefa de casa, discussão de tópicos do roteiro, estabelecimento de tarefas de casa, resumo da sessão e feedback. As sessões finais incluem a avaliação das habilidades adquiridas por cada um dos participantes, a medição da depressão a partir de inventários ou escalas, o agendamento dos pacientes para sessões de *follow up*. Furlon e Oei (2002) obtiveram reduções significativas em pensamentos automáticos e atitudes disfuncionais ao final de um programa de tratamento cognitivo-comportamental em um grupo de pacientes diagnosticados com depressão maior ou distimia.

Ito (apud Schreiner, 2005) indica a grupoterapia também a pacientes com transtorno de estresse pós-traumático, já que esta possibilita a reintegração social, o apoio mútuo e a aliança com os outros integrantes. Segundo Schreiner (2005), a grupoterapia cognitivo-comportamental reduz os sintomas gerados pelo trauma através das mesmas técnicas utilizadas individualmente, tais como a psico-educação, exposição, técnicas de manejo da ansiedade e reestruturação cognitiva. O modelo proposto por Habigzang e Caminha (2004) apresentou 83% de eficácia na redução da sintomatologia do TEPT.

Grupos de intervenção na crise permitiram que Courchaine e Dowd (1995) pudessem afirmar que a grupoterapia cognitivo-comportamental contribui para o alívio da angústia aguda, para a aprendizagem de formas diferentes de lidar com crises, para o compartilhamento de estratégias e recursos de enfrentamento, para o auxílio mútuo na identificação dos pensamentos automáticos disfuncionais e para a elaboração de respostas alternativas às situações problemáticas. O limite de tempo é visto por esses autores como um incentivo para a mudança. Propondo um modelo cognitivo-comportamental de grupo para a intervenção na crise, Courchaine e Dowd (1995) afirmam que o paciente em crise precisa de respostas rápidas e intervenções terapêuticas imediatas para o alívio de sua angústia grave. Ao passar por uma situação de intenso estresse, esquemas cognitivos são ativados e influenciam na forma como o indivíduo irá resolvê-lo. A terapia cognitiva proporciona informações para a solução de problemas e a criação de estratégias para lidar de forma mais adequada com eventuais problemas futuros. O desafio às auto-afirmações negativas e as visões distorcidas da realidade são elementos usados na terapia cognitiva da crise. A terapia de grupo também proporciona que os pacientes pensem sobre a vida dos outros membros, reduzindo sua atenção em pensamentos negativos e em sentimentos de isolamento.

Para estes autores, as sessões de grupoterapia devem ser estruturadas a partir de prioridades estabelecidas pelos membros do grupo no início de cada sessão. A revisão da sessão anterior bem como da tarefa de casa e a descrição do estado de humor e de acontecimentos importantes devem fazer parte da agenda. A discussão do progresso na terapia e da experiência de cada indivíduo também devem ser incluídos como importantes fatores a ser considerados, principalmente ao término do tratamento, a fim de subsidiar o procedimento de alta.

Siddle, Jones e Awenat (2003) exploraram a exeqüibilidade da terapia cognitivo-comportamental em grupos de pacientes com problemas relacionados ao controle da raiva, que geralmente levam os indivíduos a terem problemas de relacionamento no trabalho, além de problemas legais. A abordagem do controle da raiva é baseada geralmente na inoculação de estresse, incluindo o monitoramento dos episódios de raiva e identificação das relações entre eventos e pensamentos. O programa dos autores constituiu-se de 6 sessões semanais de uma hora de duração, coordenada por dois terapeutas. A grupoterapia foi estruturada e desenvolvida seguindo os princípios básicos da grupoterapia cognitivo-comportamental, envolvendo o foco nas cognições e na descoberta guiada. Os participantes aprenderam a identificar, desafiar e modificar suas cognições negativas e pressuposições associadas com sua raiva excessiva. O protocolo incluía a apresentação do modelo cognitivo da raiva; a descrição das vantagens e desvantagens da mudança (com o objetivo de motivar); ênfase na responsabilidade individual; estabelecimento de regras comportamentais para o grupo; automonitoramento em diários de raiva; materiais para leitura com conteúdos sobre distorções cognitivas sobre raiva; identificação de situações de risco através de descoberta guiada; questionamento socrático; flecha descendente para a identificação do sistema de crenças. Na última sessão, os participantes foram encorajados a elaborar cognições e comportamentos alternativos e estratégias de manutenção foram discutidas.

Morrison (apud Nordahl, 2005) concluiu em seu trabalho que a terapia cognitiva de grupo tem eficácia semelhante à psicoterapia individual em transtornos de ansiedade e depressão. Nordahl et al. (2005) avaliaram a eficácia da grupoterapia cognitivo-comportamental, comparando este tratamento com uma situação de lista de espera. Trinta e dois pacientes com diversos diagnósticos psiquiátricos não-psicóticos participaram de 8 semanas de grupoterapia cognitivo-comportamental, sendo 2 sessões semanais, com duração de 90 minutos. O programa incluía socialização com a terapia cognitiva em que, a partir do modelo ABC, os membros do grupo aprendiam a identificar pensamentos, sentimentos e comportamentos em situações específicas e, além disso, aprendiam técnicas de modificação destes, como o automonitoramento fora das sessões. Na segunda parte do programa, os pacientes começaram a modificar seus pensamentos automáticos e crenças irracionais a partir de role play, exposições ao vivo, reestruturação cognitiva, além de experimentos comportamentais que os participantes praticavam com os outros membros do grupo. Na última parte do programa, o foco era o término da grupoterapia. Os terapeutas preparavam os participantes e estes tentaram desenvolver estratégias para enfrentar possíveis situações de vulnerabilidade. Os resultados deste estudo demonstraram reduções significativas da depressão e da ansiedade nos participantes da grupoterapia quando comparados com as pessoas que estavam na lista de espera, demonstrando a efetividade da grupoterapia cognitivo-comportamental no tratamento de estados co-mórbidos de depressão e ansiedade.

Modelos de grupoterapia cognitivo-comportamental também foram desenvolvidos para o esbatimento de sintomas negativos da esquizofrenia (Johns et al., 2002), síndrome da fadiga crônica (Wittkowski et all, 2004), abandono do cigarro (Sardinha et al., 2005), crianças com transtorno de déficit de atenção/hiperatividade (Bellé et al., 2005; Pelisoli et al., 2005), meninas abusadas sexualmente (Habigzang e Caminha, 2004), entre outros.

Diversos modelos de grupoterapia cognitivo-comportamental foram elaborados e adaptados a várias populações. Mesmo que cada um tenha, em suas particularidades, diferentes objetivos já que se direcionam a problemas e transtornos de diversas ordens, o processo grupoterápico deve resguardar o paradigma da terapia cognitiva. Criações e adaptações podem e devem ser feitas, criativamente, mas há que se preservar os princípios gerais da TCC. A TCC tem um escopo de técnicas bastante amplo que permite sua aplicação em diferentes âmbitos e a populações diversas. Para Vinogradov e Yalom (1992, p. 208), "o poder da terapia de grupo reside na sua adaptabilidade: ela é um modo flexível e eficiente de psicoterapia que pode incluir uma ampla faixa de settings, objetivos e pacientes".

Referências bibliográficas

BECK, Aaron e ALFORD, J. (2002). *O poder integrador da Terapia Cognitiva*. Porto Alegre, ArtMed.

BECK, Judith S. (1997). *Terapia Cognitiva – Teoria e prática.* Porto Alegre, ArtMed.

CABALLO, Vicente E. (1996). *Manual de técnicas de terapia e modificação do comportamento*. São Paulo, Santos Livraria Editora.

CORDIOLI, Aristides Volpato; HELDT, Elizeth; BOCHI, Daniela B.; MARGIS, Regina; SOUSA, Marcelo B.; TONELLO, Juliano F. e

TERUCHKIN, BETINA e KAPCZINSKI, Flávio. (2002). "Cognitive-Behavioral Group Therapy in Obsessive-Compulsive Disorder: a Clinical Trial". *Revista Brasileira de Psiquiatria*, 24 (3), pp. 113-20.

BELLÉ, Andressa; BECK, Vanessa e CAMINHA, Renato. (2004). "A Terapia Cognitivo-comportamental no tratamento do transtorno de déficit de atenção/hiperatividade: avaliando os resultados de uma intervenção grupoterápica". In: *V Congresso da Associação Latino-Americana de Psicoterapias Cognitivas*, Porto Alegre.

COURCHAINE, Karen E. e DOWE, E. Thomas. (1995). "Abordagens de grupo". In: DATTILIO, Frank M. e FREEMAN, Arthur (orgs.). *Estratégias cognitivo-comportamentais para intervenções em crises*, v. 2, Tópicos Especiais, São Paulo, Editorial Psy.

FALCONE, Eliane Mary de Oliveira. (1998). "Grupos". In: RANGE, Bernard (org.). *Psicoterapia comportamental e cognitiva – Pesquisa, prática, aplicações e problemas*. São Paulo, Editorial Psy.

FURLONG, Michele e OEI, Tian P. S. (2002). "Changes to automatic thoughts and dysfunctional attitudes in Group CBT for depression". *Behavioural and Cognitive Psychotherapy*, 30, pp. 351-360.

HABIGZANG, Luiza e CAMINHA, Renato. (2004). *Abuso sexual contra a criança e o adolescente: conceituação e intervenção clínica*. São Paulo, Casa do Psicólogo.

HEIMBERG, Richard G.; LIEBOWITZ, Michael R.; HOPE, Debra A.; SCHNEIER, Franklin R.; HOLT, Craig S.; WELKOWITZ, Lawrence A.; JUSTER, Harlan R.; CAMPEAS, Raphael; BRUCH, Monroe A.; CLOITRE, Marylene; FALLON, BRIAN e KLEIN, Donald F. (1998). "Cognitive Behavioral Group Therapy vs Phenelzine Therapy for Social Phobia". *Arch gen psychiatry*, v. 55, pp. 1.133-1.141.

JOHNS, Louise C.; SELLWOOD, Williame; McGOVERN, John e HADDOCK, Gillian. (2002). "Battling boredom: group cognitive behaviour therapy for negative symptoms of schizophrenia". *Behavioural and cognitive psychotherapy*, 30, pp. 341-346.

LIMA, Cristiana Valliar de Oliveira e DERDICK, Priscila Rosemann. (2001). "Terapia Cognitivo-Comportamental em Grupo para Pessoas com Depressão". In: RANGE, Bernard (org.). *Psicoterapias cognitivo-comportamentais – Um diálogo com a psiquiatria*. Porto Alegre, ArtMed.

LUCHINS, Abraham S. (1964). *Psicoterapia de grupo – Um guia*. São Paulo, Cultrix.

MORRISON, Norma. (2001). *Group Cognitive Therapy: Treatment of Choice or Sub-Optimal Option? Behavioural and Cognitive Psychotherapy*, 29, pp. 311-332.

NORDAHL, Roger Hagen and Hans; KRISTIANSEN, Lena e MORKEN, Gunnar. (2005). "A randomized trial of cognitive group therapy vs. waiting list for patients with co-morbid psychiatric disorders: effect of cognitive group therapy after treatment and six and twelve months follow-up". *Behavioural and cognitive psychotherapy,* 33, pp. 33-44.

PELISOLI, Cátula; BIRCK, Mariana e CAMINHA, Renato. (2005). "Terapia Cognitivo-Comportamental em um Grupo de Meninos com Transtorno de Déficit de Atenção / Hiperatividade". In: *Congresso da Sociedade Brasileira de Terapias Cognitivas – SBTC,* Rio de Janeiro.

PICON, Patrícia e KNIJINIK, Daniela Zippin. (2004). "Fobia social". In: KNAPP, Paulo e cols. *Terapia cognitivo-comportamental na prática psiquiátrica.* Porto Alegre, ArtMed.

ROSE, Sheldon D. (1996). "Psicoterapia cognitivo-comportamental de grupo". In: KAPLAN, Harold I. e SADOCK, Benjamin J. (orgs.). *Compêndio de psicoterapia de grupo.* 3 ed. Porto Alegre, ArtMed.

SANTOS, Ana Karina Fuelber; STORCK, Isabel e CAMINHA, Renato. (2005). "Depressão e a grupoterapia cognitivo-comportamental: Relato de uma intervenção". In: *Congresso da Sociedade Brasileira de Terapias Cognitivas – SBTC,* Rio de Janeiro.

SARDINHA, Aline; OLIVA, Ângela Donato; D'AUGUSTIN, Juliana; Ribeiro, Flaviany e FALCONE, Eliane. (2005). "Intervenção cognitivo-comportamental em grupos para o abandono do cigarro". In: *Congresso da Sociedade Brasileira de Terapias Cognitivas – SBTC,* Rio de Janeiro.

SCHREINER, Simone. (2005). Técnicas psicoterápicas para o transtorno de estresse pós-traumático. In: CAMINHA, Renato Maiato (orgs.). São Paulo, Casa do Psicólogo.

STANGIER, U.; HEIDENREICH, T.; PEITZ, M.; LAUTERBACH, W. e CLARK, D. M.

(2003). "Cognitive therapy for social phobia: individual versus group treatment". *Behaviour research and therapy,* 41, pp. 991-1.007.

VINOGRADOV, Sophia e YALOM, Irving D. (1992). *Manual de psicoterapia de grupo.* Porto Alegre, Artes Médicas.

WITTKOWSKI, Anja; TOYE, Karla e RICHARDS, Helen L. (2004). "A cognitive behaviour therapy group for patients with chronic fatigue syndrome: a preliminary investigation". *Behavioural and cognitive psychotherapy*, 32 (1), pp. 107-112.

ZIMERMAN, David E. (1997). "Fundamentos teóricos'. In: ZIMERMAN, David E. e OSÓRIO, Luiz Carlos. *Como trabalhamos com grupos*. Porto Alegre, ArtMed.

_____. (1997a). "Como agem os grupos terapêuticos". In: ZIMERMAN, David E. e OSÓRIO, Luiz Carlos. *Como trabalhamos com grupos.* Porto Alegre, ArtMed.

_____. (1998). "Psicoterapias de grupo". In: CORDIOLI, Arístides Volpato. Psicoterapias – Abordagens Atuais. Porto Alegre: ArtMed, 1998.

Capítulo 9

Psicoterapia Psicanalítica de Crianças

Vera Regina Röhnelt Ramires

> *"Na Praça Saint-Sulpice, dando a mão à minha tia Marguerite, que não tinha muito jeito para falar comigo, imaginei subitamente: 'Como será que ela me vê?' e experimentei um agudo sentimento de superioridade: eu conhecia meu fundo íntimo, e ela o ignorava. Enganada pelas aparências, não suspeitava, vendo meu corpo inacabado, que nada faltava dentro de mim; prometi a mim mesma não esquecer, quando crescesse, que com cinco anos já se é um indivíduo completo".*
> Simone de Beauvoir, em
> *Memórias de uma moça bem comportada*

Ao inaugurar a Psicanálise, construindo os alicerces e erigindo um edifício teórico que revolucionou o conhecimento acerca da subjetividade, Freud resgatou do subterrâneo a figura da mulher e da criança, abrindo um canal para que lhes fossem dadas voz e consideração, como indivíduos com profundos sentimentos e anseios pessoais, e como sujeitos de desejo, com direito de serem ouvidas, reconhecidas e respeitadas. Para muitos, Freud foi o primeiro psicanalista de crianças, ao analisar e buscar compreender a fobia de cavalos vivida por um menino de cinco anos, que ficou conhecido como "o pequeno Hans". Essa análise foi empreendida em 1908, valendo-se da intermediação do pai do menino, e lançou as bases para o trabalho psicanalítico com crianças, desenvolvido a partir de então.

Neste capítulo, abordaremos a psicoterapia psicanalítica de crianças, tal como é desenvolvida em nossa clínica-escola. Faremos uma breve retrospectiva histórica, focalizando as vertentes principais que deram origem ao trabalho psicanalítico com crianças, para então discutir contribuições de autores contemporâneos, que fundamentam nosso trabalho nos dias de hoje.

Duas correntes teóricas se destacariam nas primeiras décadas do século passado, dedicadas à psicanálise de crianças. Ambas foram desdobramentos das contribuições formuladas por Freud, e ainda que tenham se desenvolvido seguindo pressupostos que se chocavam, em alguma medida hoje podem ser integradas no exercício clínico com a criança.

Considerada a pioneira no desenvolvimento e aprofundamento da técnica psicanalítica com crianças, Melanie Klein iniciou o atendimento do seu primeiro caso em 1919. Antes dela, a doutora Hug-Hellmut, desde 1917, realizava atendimento de crianças em psicoterapia, utilizando desenhos e ocasionalmente o brinquedo, porém, segundo Bleichmar e Bleichmar (1992), implementava o jogo com um critério didático e de reeducação, principalmente.

Assim, seria Melanie Klein a primeira psicanalista a empreender com crianças o tratamento psicanalítico propriamente dito. Como analisou crianças desde tenra idade (2 anos) teve oportunidade de observar processos psicológicos primitivos, os quais, na análise de adultos, somente podiam ser inferidos a partir da reconstituição possibilitada pelas lembranças e pela transferência do paciente. Isso levou Klein a teorizar sobre a constituição precoce do aparelho psíquico e sua dinâmica, e concluir que a análise de crianças é completamente análoga a de adultos. Em ambas se desenvolve uma neurose de transferência, variando apenas a forma de sua expressão. Com crianças, o jogo será o canal privilegiado para essa comunicação, sendo a função primordial do analista interpretar, em profundidade, o conteúdo desse jogo, assim como analisar a transferência positiva e a negativa, a angústia e os sentimentos de culpa da criança.

O jogo, para Klein (1980), equivalia à associação livre do adulto, e ela pôde compreender que a criança expressa suas fantasias e ansiedades principalmente ao brincar. A interpretação do significado do jogo possibilitava o surgimento de material adicional. Dois princípios fundamentais de Freud guiaram o trabalho psicanalítico com crianças de Melanie Klein: o de que a investigação do inconsciente é a principal tarefa do método psicanalítico, e o princípio de que a análise da transferência é o meio para se alcançar esse objetivo.

Era parte da técnica kleiniana não exercer influência educativa ou moral sobre a criança, sendo contra-indicadas atitudes de orientação e/ou diretivas. Além disso, como partia do pressuposto de que processos psicóticos iniciais faziam parte do desenvolvimento emocional de todo indivíduo, era desejável que todas as crianças fossem, na medida do possível, psicanalisadas, dado o caráter preventivo, além do terapêutico, que tal dispositivo poderia lhes oferecer.

Em contrapartida, Anna Freud seguiria um caminho distinto na concepção do processo psicanalítico com a criança. Por acreditar que a transferência não se estabelecia da mesma forma na análise da criança, uma vez que ela mantinha laços de dependência emocional importantes e atuais com seus pais, o método proposto por Anna Freud envolvia uma fase preliminar ou "preparatória", na qual o analista "conquistava" a criança para a análise (Glenn, 1996). Após essa fase inicial, o trabalho analítico se concentrava sobre uma interpretação cuidadosa das defesas e, à medida que o material reprimido se tornava consciente, sobre a interpretação das pulsões.

Nesse enfoque, considerava-se que "a criança idealmente tratável deve ser capaz eventualmente de entrar em diálogo com o terapeuta" (Sandler, 1982, p. 108). O jogo não tinha a mesma importância que recebera na técnica kleiniana, e Anna Freud pensava que o papel do brinquedo como instrumento de análise era supervalorizado. Para ela, qualquer coisa que se fornecesse seria apenas um adjunto à situação de tratamento, sendo que o que realmente importava era o que o paciente e o analista dizem e como se relacionam um com o outro.

Os psicoterapeutas situados na vertente kleiniana procuram minimizar o contato com os pais e desta forma evitar a interferência resultante no desenvolvimento da transferência. Por outro lado, os seguidores de Anna Freud vêem os pais com regularidade, no intuito de obter informações sobre a criança. Tanto numa como noutra Escola, analisavam-se crianças desde os 2 anos de idade, incluindo-se situações clínicas neuróticas, limítrofes e psicóticas. Em ambas, as sessões tinham 50 minutos de duração, e as crianças eram vistas por seus analistas cinco vezes por semana.

Psicanálise ou psicoterapia psicanalítica de crianças?

Pensamos que seja importante, antes de discutir o trabalho psicanalítico com crianças nos dias atuais, refletir sobre o significado daquilo que se chama psicanálise de crianças e psicoterapia psicanalítica de crianças. Muito já foi discutido e escrito a respeito das semelhanças e diferenças, das convergências e divergências, das fronteiras entre psicanálise e psicoterapia psicanalítica. Mas a polêmica e as controvérsias permanecem vigentes.

O que aqui chamamos de psicoterapia psicanalítica é um processo sistemático de intervenção baseado nos conhecimentos oferecidos pela Psicanálise, enquanto teoria da mente, enquanto método de investigação e enquanto método de intervenção. Tal processo busca, através do insight, do autoconhecimento, promover transformações e mudanças consoantes aos desejos, verdades e necessidades do indivíduo, redimensionando o significado das suas experiências e modo de existir no mundo, assim como do seu sofrimento emocional, quando for o caso. Seu método de trabalho está baseado na relação interpessoal que se estabelece entre o psicoterapeuta e aquele que busca a psicoterapia. Também está baseado em todas as vicissitudes e complexidades inerentes a esse campo.

Para muitos, trata-se de duas modalidades de intervenção distintas, pelo menos no tocante aos seus objetivos e ao método utilizado. Wallerstein (1989) assinala que os estudiosos das convergências e das divergências entre psicanálise e psicoterapia podem ser divididos em três grupos O grupo dos que consideram a existência de diferenças claras e radicais e defendem a necessidade de uma nítida delimitação entre ambas. O autor situa autores como Stone, Gill, Bibring e Rangell nesse grupo. Há também autores como Alexander, Fromm, Reichmann, French, entre outros, que acreditam que a diferença entre psicanálise e psicoterapia é mais de natureza quantitativa do que qualitativa, e que há uma interpenetração entre ambas. Um terceiro grupo consideraria que existe um contínuo de processos, indicações, contra-indicações, metas e técnicas, no qual os extremos seriam bem diferenciados, havendo entretanto muitos pontos que se tangenciam, superpõem ou mesmo se confundem. Zimerman (1999) se coloca neste grupo e questiona se na psicanálise contemporânea existe uma técnica analítica única ou se devemos considerar que os princípios técnicos básicos como setting, transferência, resistência e interpretação se instrumentalizam de modos distintos de acordo com a estrutura e as circunstâncias específicas de cada paciente.

Para Zimerman (1999: 33) os "elementos de psicanálise" conforme formulados por Bion "são virtualmente os mesmos em todas terapias analíticas. No entanto, as múltiplas combinações entre tais elementos determinam as inúmeras e diferentes formas no campo analítico". Devemos salientar que as diferentes composições entre esses elementos ocorrem no seio da própria psicanálise e da psicoterapia psicanalítica, e não na fronteira entre as duas modalidades.

Os critérios apontados para diferenciar psicanálise e psicoterapia psicanalítica baseiam-se, muitas vezes, em fatores externos tais como um número mínimo de sessões semanais, o uso indispensável do divã, a utilização exclusiva da interpretação transferencial do paciente com o analista (Zimerman, 2005). Porém, como já salientamos antes, (2000) o que define um processo analítico não é o nome utilizado para designá-lo, mas sim a dupla, a relação que se desenvolve e como isso acontece. Claro está que um dos integrantes dessa dupla será alguém que já se analisou o suficiente (seja através de psicanálise ou de psicoterapia psicanalítica) para continuar sua auto-análise que a clínica requer, alguém que estudou e estuda psicanálise, e que supervisiona sua prática clínica para ter suporte da transferência, aprimorar sua formação e capacidade de raciocínio clínico.

Visto dessa perspectiva, o setting não demarca territórios; é um instrumento nas mãos do psicoterapeuta ou do analista e não o contrário. O *setting* não é dado pelo lugar físico, o uso do divã ou da poltrona, o número de sessões, e sua configuração está na mente do analista ou do psicoterapeuta. As fronteiras do analisável serão definidas no interior do processo analítico, por cada dupla em particular. Assim, podemos ter uma psicoterapia de orientação psicanalítica profundamente analítica, e uma psicanálise que não foi além de um trabalho puramente de apoio, suportivo. Joyce McDougall já afirmara, conforme referido por Zimerman (1999), que alguns pacientes comparecem ao consultório do psicanalista por muitos anos, várias vezes por semana, mas não fazem mais do que uma psicoterapia de apoio deitados no divã.

No caso do trabalho com crianças, a distinção é ainda mais tênue, uma vez que o *setting* e todos aqueles fatores externos apontados como indicadores para diferenciar psicanálise e psicoterapia psicanalítica costumam ser empregados da mesma forma. O uso do brinquedo, o foco sobre as fantasias inconscientes da criança e sobre a sua relação com o psicoterapeuta, incluindo a dimensão transferencial, a inserção do psicoterapeuta no campo, sua interação com a criança, desde que pautada pela abstinência da ação (no sentido de que o único veículo de comunicação é a palavra – verbal e não-verbal) e pela abstinência da sugestão (no sentido de que o trabalho analítico focalizará o material fornecido pelo paciente, sem pretender impor, direta ou indiretamente, modelos e normas de ação ou de pensamento, mantendo-se reserva sobre as opiniões e reações do psicoterapeuta) tornam muito difícil ou até mesmo impossível a distinção entre psicoterapia psicanalítica e psicanálise de crianças.

Se considerarmos as características das várias situações clínicas com as quais o profissional, seja ele psicanalista ou psicoterapeuta de orientação psicanalítica irão se deparar, a tentativa de estabelecer alguma distinção se torna ainda mais remota. A clínica contemporânea com crianças lida não apenas com as perturbações resultantes da repressão; ela se depara muitas vezes com os efeitos da supressão de funções mentais, com a identificação projetiva, a cisão, com as experiências que não puderam ser vividas nem representadas. Depara-se também com as situações clínicas resultantes de traumas como violência física, psicológica, rupturas, separações, abandonos. Situações que irão demandar uma intervenção que vai além da análise e da interpretação da transferência, na medida em que existem experiências emocionais que precisam ser significadas, representadas, nomeadas. O que nos remete para as considerações que passamos a fazer, acerca da psicoterapia psicanalítica nos dias atuais.

O termo psicoterapia psicanalítica de crianças, portanto, é utilizado neste capítulo como equivalente à psicanálise de crianças, sendo que as diferenças possíveis de serem estabelecidas o são no interior de cada processo em particular, seja ele chamado de psicanálise ou de psicoterapia psicanalítica.

A psicoterapia psicanalítica de crianças nos dias atuais

Atualmente pode-se afirmar que, de modo geral, e independentemente da vertente teórica de que se trate, há uma tendência a valorizar os aspectos intersubjetivos e interacionais, tanto na compreensão dos fenômenos psíquicos como na sua abordagem psicoterapêutica. De uma ênfase dada prioritariamente à dimensão intrapsíquica, que marcou uma primeira fase dos desenvolvimentos da teoria psicanalítica, assistiu-se a uma ampliação desse foco, em vários dos desdobramentos pós-freudianos da teoria.

Melanie Klein inaugurou uma Escola do pensamento psicanalítico que, embora tivesse seus alicerces fundamentais plantados sobre a teoria freudiana, avançou numa nova direção, abrindo também caminho para psicanalistas que seguiriam suas idéias e trariam novas contribuições. Como vimos acima, uma vez que teve oportunidade de analisar crianças muito pequenas, teorizou sobre os processos psíquicos mais primitivos, aqueles que estão na origem da constituição do aparelho psíquico. Para essa autora, esse processo acontece numa relação intersubjetiva, aquela que o bebê experimenta com a mãe ou seu principal cuidador, razão pela qual sua teoria ficou conhecida como teoria das relações objetais. Sem pretender fazer uma apresentação exaustiva dessa teoria aqui, o que extrapolaria os objetivos deste capítulo, é importante salientar que ela lançou as bases para desdobramentos importantes, que fundamentam em grande medida o trabalho psicanalítico com crianças desenvolvido em nossa clínica-escola.

Nesse sentido, um dos teóricos pós-kleinianos mais importantes, cujas contribuições tiveram implicações relevantes para a prática clínica, foi Bion. Wilfred Bion teorizou sobre grupos, sobre os estados psicóticos da mente, sobre o conhecimento (funções do pensamento, da percepção, da linguagem, das verdades e das falsificações). Para Zimerman (2005) sua contribuição mais importante consiste na ênfase que ele deu ao campo analítico, à influência mútua e permanente que o paciente exerce no analista e vice-versa, com destaque para os tipos de vínculos que os unem ou desunem.

Para Bion, toda análise é um processo de natureza vincular entre duas pessoas que vão enfrentar muitas angústias diante das descobertas que farão. É necessária, por parte do psicoterapeuta, uma capacidade de ser continente e que sua mente possa exercer a "função-alfa", de dar um significado e uma nomeação para as vivências emocionais que estavam acumuladas no psiquismo do paciente sob uma forma que foi chamada por Bion de "terror sem nome" (Zimerman, 1999).

De acordo com essa concepção, como mostra Ferro (1995), a análise é uma operação afetivo-emocional, que constrói, na relação, através das operações de "rêverie", um modelo de relação mental que o paciente possa introjetar, um "aparelho para pensar os pensamentos". Não se trata de algo a descobrir ou interpretar, mas algo a ser construído na relação, o que permitirá uma expansão da mente e da possibilidade de pensar. Bion procurou compreender a natureza e a função dos processos de pensar, de conhecer, da linguagem e da comunicação. Seus estudos o levaram a enfatizar a capacidade de "pensar" as emoções contidas nos pensamentos, e a capacidade respectiva de formação de símbolos, para que as primitivas sensações e emoções não fossem evacuadas sob a forma de actings ou de somatizações ou de impulsividade.

Esse processo seria um equivalente, na situação analítica, da função continente que a mãe exerce com seu bebê, também caracterizado por operações de "rêverie", por sucessivas transformações que irão garantir o desenvolvimento emocional do bebê e a constituição do seu "aparelho para pensar os pensamentos".

Bion ampliou de maneira radical a compreensão do conceito de identificação projetiva formulado inicialmente por Melanie Klein (Ferro, 1995; Zimerman, 1999). Para ele, a identificação projetiva é a atividade basal da mente humana para comunicar emoções. Seu uso pode ser estruturante, quando ele a denominava de "realista", ou pode ser patológico, quando então a denominava "excessiva". Esse excesso tanto pode se dar tanto em termos quantitativos como pela qualidade de onipotência. Tais identificações projetivas cumprem o importantíssimo papel de uma comunicação primitiva, sendo esperado que a mente do analista possa exercer a "função-alfa", no sentido de dar um significado, um nome para as vivências emocionais que estavam acumuladas na mente do paciente.

Antonino Ferro (1995) concorda com autores que como Money-Kyrle e Meltzer propõem distinguir três modelos fundamentais para a psicanálise de adultos: o freudiano, o kleiniano e o modelo inspirado em Bion. Ferro acredita que tais modelos sirvam também para a análise de crianças e descarta que exista uma especificidade da análise de crianças. Esse autor discute os modelos de escuta analítica, lembrando que existem diversas portas através das quais os personagens de uma sessão podem "entrar" na sessão, e serem pensados e compreendidos.

No modelo freudiano de escuta, os personagens são compreendidos predominantemente como se fossem "nós" de uma rede de relações históricas. Os fatos narrados, sentimentos, as estratégias emocionais são remontadas ao passado e entendidas como se atualizando na dinâmica intrapsíquica do presente. Nesse modelo, Ferro (1995) destaca um alto índice de referenciabilidade histórica, sendo que os personagens adquirem uma existência própria.

No modelo kleiniano de escuta, os personagens são considerados "nós" de uma rede de relações intrapsíquicas. Nesse modelo, os fatos narrados são um disfarce comunicável da realidade interna do paciente, considerada como já dada, a espera de uma interpretação que esclareça o seu funcionamento, cujas raízes serão encontradas nas fantasias inconscientes.

Já no modelo bioniano de escuta, os personagens são "nós" de uma rede narrativa interpessoal ou intergrupal, que nascem como um reflexo ao vivo da inter-relação emocional atual analista-paciente. Ferro (1995) assevera que na sessão estarão em jogo emoções e estados muito primitivos que não tiveram ainda acesso à possibilidade de serem pensados, e que estão aguardando que o analista e o paciente, usando todos os meios disponíveis, saibam recolhê-los e consigam narrá-los um ao outro, não permanecendo neles submersos.

> "No fundo, o par analítico (e as grupalidades que ativa) está substancialmente buscando comunicar (verbalmente, mas não só verbalmente) as emoções que o invadem: freqüentemente os personagens são "criados" ali, no encontro e do encontro das mentes; são um dos meios possíveis – os personagens – de compartilhar, narrar, transformar, graças às funções psicanalíticas da mente do analista, estes estados primitivos da mente" (Ferro, 1995, pp. 16-17).

Em Freud, portanto, existe a idéia de um núcleo histórico de verdade pertencente ao paciente, verdade esta que pode ser reconhecida, sendo este fato considerado como um fator de cura. Para Melanie Klein o acento estará colocado no mundo interno do paciente, nos fatos psíquicos que nele se passam, na atividade fantasmática. As fantasias inconscientes e as defesas a elas conectadas serão o foco das interpretações. Já em Bion, encontraremos a inclusão da experiência do analista no campo, com um valor totalmente diferente atribuído à vida mental do analista durante a sessão. Esse, para Ferro (1995), seria um divisor importante da obra de Bion, para quem o analista está presente com todo peso atual da sua vida mental. Portanto, as identificações projetivas não são somente as evacuativas e perturbadoras do paciente em direção ao analista, mas sim recíprocas e cruzadas, uma vez que são uma modalidade normal da mente dos humanos para comunicar.

Tem especial relevo a inter-relação continente/contido, a qual implica a centralidade da relação com o outro, como lugar onde toma vida o próprio aparelho para pensar os pensamentos. Esta operação deverá comportar uma introjeção exitosa da relação com a outra mente, que abre as portas à própria pensabilidade. Isso se tornará possível através da repetida experiência comunicativa do jogo entre identificações projetivas e operações de "rêverie".

A transferência, em cada um destes modelos, assume diferentes significados. Em Freud, ela pode ser considerada a repetição daquilo que não pode ser lembrado. Em Klein, seria a projeção para o exterior de fantasmas atuais. Em Bion, por outro lado, como já vimos, o acento estará colocado sobre a identificação projetiva: "Acredito que o paciente faça algo ao analista e que o analista faça algo ao paciente". Nesse enfoque, a história que se desenrolará será absolutamente nova e específica daquele par, tanto nas evoluções criativas quanto nas mutilações. Aqui o que conta não será tanto a interpretação decodificadora, mas a real operação de transformação das identificações projetivas do paciente.

Nessa perspectiva temos uma ampliação da concepção do processo analítico, através do conceito de campo, mais amplo que o de relação, incluindo toda a situação analítica, o setting, as regras etc. Temos uma diminuição da ênfase na hermenêutica e um relevo dado ao campo bipessoal. Entre analista e paciente se constitui um campo relacional e emocional no interior do qual também se criam áreas de resistência da dupla.

Várias dimensões estarão presentes nesse campo, como mostra Ferro (1995). Tanto a transferencial, enquanto repetição e exteriorização, como a dimensão da relação, enquanto re-escrita dos fatos emocionais pelas duas mentes juntas. Aqui é importante assinalar o contraste assinalado por Ferro entre a interpretação decodificadora (decodificadora de significados prontos, já dados) e a interpretação insaturada (construtora de sentidos, criativa).

Ferro (1995) propõe que nossa escuta na sessão psicanalítica com a criança deva oscilar, portanto, entre três vértices: o vértice histórico, dotado de maior referencial externo (inspirado no modelo freudiano); o vértice fantasmático, dotado de maior atenção para o mundo interno (inspirado no modelo kleiniano), e uma escuta do campo relacional e emocional que se constitui entre paciente e analista. Nossa escuta deve oscilar entre a história de vida do paciente, o seu mundo interior e as suas fantasmatizações e a escuta do que o paciente diz (ou não diz) como algo que narra o que acontece entre as duas mentes juntas na sessão.

Isso implica numa alternância entre um olhar ampliado e um olhar focalizado. Ferro postula, inspirado em Bion, que será tarefa do psicoterapeuta transformar os "elementos beta" do paciente, assumindo-os, digerindo-os, narrando-os e permitindo uma simbolização (1995). O paciente traz uma série de micro-histórias que ali estão à espera de pensabilidade, e por isso passíveis de contínuos remanejamentos e transformações.

A história na sessão entra em oscilação com a "Relação" e, de acordo com Ferro (1995), devemos respeitar as cisões do paciente, os seus deslocamentos no tempo, sempre conscientes de que existem somente sentimentos do presente, e que se pode saber somente sobre eles, o que implica na relação atual analista/paciente.

As contribuições de Winnicott corroboram muitas das idéias discutidas acima e contribuem para nossa compreensão do processo psicanalítico com a criança. Zimerman (1999) assinala a sua predileção pelo atendimento de pacientes psicóticos, bordelines e adolescentes com conduta anti-social. E destaca como uma das suas contribuições mais relevantes uma maior humanização da atitude do analista no trato com seus pacientes, principalmente os mais regressivos (Zimerman, 2005).

De certa forma, Édipo cede lugar a Narciso, e o tipo predominante de paciente que hoje nos procura são pessoas, adultos e crianças, que não mais apresentam sintomas psiconeuróticos definidos, mas queixas vagas e difusas, por vezes uma impossibilidade de sentir, um vazio na existência, um desconhecimento de si mesmo, um empobrecimento nas relações afetivas, uma ausência de vínculos significativos (Vilete, 1994). Winnicott se preocupou com os pacientes que teriam carecido de uma boa provisão ambiental, característica bastante comum entre as crianças que são atendidas nas clínicas-escolas, por uma série de fatores. Esses pacientes, segundo Winnicott, necessitam do analista não como uma réplica ou uma repetição de cuidados maternos, mas como uma nova edição, "como a oportunidade e a esperança de uma relação que em sua vida não chegaram a experimentar" (Vilete, 199, p. 40). O setting e a relação estabelecida com o analista, nesses casos, constituem-se como a intervenção fundamental, capaz de colocar alguma ordem no caos interno do paciente.

Winnicott (1978) acreditava que quando as falhas ambientais precoces são repetitivas, há um "congelamento da situação de fracasso". A análise, ao reunir as condições de um *holding* (sustentação) promoveria a regressão a essa situação de fracasso ambiental que fora vivida na primeira infância. O processo analítico retomaria o desenvolvimento do sujeito, do ponto em que ficou congelado, em conseqüência da falha no meio ambiente.

A criança, seus pais e a psicoterapia psicanalítica

Uma criança não vem sozinha para realizar uma psicoterapia psicanalítica. O trabalho com ela envolve necessariamente seus pais ou responsáveis, que deverão estar de acordo com a psicoterapia e assumir um contrato de trabalho no qual também terão um papel importante. No início deste capítulo, pontuamos duas formas de participação dos pais na análise da criança, de acordo com as concepções acerca do processo analítico em Melanie Klein e em Anna Freud. É possível afirmar que, entre essas duas concepções que polarizam posições distintas e até contraditórias a respeito da participação dos pais, podemos pensar em posições intermediárias, sem uma regra rígida a ser seguida indistintamente, mas levando-se em conta as peculiaridades de cada caso em particular.

Dificilmente, na atualidade, realizaremos intervenções nas quais trabalharemos com a criança cinco vezes por semana. Nas clínicas-escolas, em geral, as crianças são vistas uma vez por semana, às vezes duas, e com muito menor freqüência três vezes. Além disso, as situações clínicas mais freqüentes não têm sido as perturbações de natureza psiconeurótica, mas aquelas que nos remetem para os conflitos pré-edípicos, e para perturbações que terão reflexos, e muitas vezes origem também, no próprio ambiente da criança. Assim sendo, não há como empreender-se a psicoterapia psicanalítica, sem interagir ou às vezes intervir de alguma forma sobre o seu entorno. O que não significa, de forma nenhuma, qualquer ação sugestiva, diretiva ou de orientação.

Mannoni (1980, 1983) entende que o campo em que o analista de crianças opera é o campo da linguagem, e que o discurso que se processa engloba os pais, a criança e o analista. Trata-se de um discurso coletivo que se constitui em torno do sintoma da criança: "a criança tem por missão reparar o malogro dos pais, realizar-lhes os sonhos perdidos. As queixas dos pais a respeito de sua descendência nos conduzem assim, antes de tudo, à problemática própria do adulto" (Mannoni, 1983, p. 9). Porém não adianta, para essa autora, simplesmente remeter os pais a uma análise própria. Muitas vezes, é no processo analítico da criança que o discurso dos pais terá que ser ouvido e compreendido. Quando os pais consultam em nome do filho, o analista deve apurar o sentido do sofrimento e da perturbação da criança na própria história dos pais. Muitas vezes essa escuta deverá se dar numa perspectiva transgeracional. Só assim será possível termos acesso ao lugar que a criança ocupa no fantasma parental. Verificar isso no início da psicoterapia é importante para que os pais possam aceitar que o filho alcance o seu destino e conquiste sua autonomia.

Além da dimensão dos fantasmas inconscientes dos pais, acreditamos que seja importante conhecer o mundo em que vive a criança, como é o seu ambiente, a sua vida, suas interações, da perspectiva daqueles que com ela convivem. Nossa prática clínica nos ensina que esse diálogo não representa nenhuma ameaça ao vínculo estabelecido com a criança, desde que haja confiança no mesmo, e que ele possibilita integrações e benefícios que são percebidos pela criança de uma maneira nítida e sensível.

A compreensão da psicopatologia nos dias atuais, das formas contemporâneas do mal-estar e do sofrimento psíquico, passa por uma escuta do discurso dos pais e/ou das pessoas significativas na vida e nos cuidados da criança. A psicanálise já mostrou, de formas diferentes conforme a vertente teórica, mas que correspondem ao fim e ao cabo, que, para uma criança crescer e se desenvolver de forma saudável, para nascer psicologicamente, ou para que se constitua como sujeito, e como sujeito sexuado, ela precisa ser: 1º) desejada, reconhecida, aceita, amada (e reconhecida como distinta); e 2º) castrada (simbolicamente), precisa receber limites para obter um mínimo de parâmetros, éticos inclusive.

Na clínica contemporânea com crianças, constatamos tropeços às vezes no primeiro desses marcos, outras vezes no segundo, o que leva a distintas constelações psicopatológicas. Algumas vezes a dificuldade irá incidir sobre a possibilidade de enxergar a alteridade da criança, de percebê-la como um outro, um ser distinto do eu, com as suas características, potencialidades, limites. Em outras, o tropeço se dará na possibilidade de operar a castração simbólica, de organização do desenvolvimento psicossexual da criança, e da sua capacidade de aceitar a lei, os limites, as regras de uma convivência social construtiva, criativa e autônoma.

Constatamos, por vezes, que os pais não sustentam a sua autoridade diante da criança, não a frustram (por medo de errar, por querer se recuperar narcisicamente à custa de seus filhos, que se tornam sua esperança de imortalidade e perfeição). Kehl (2001) assinala que, por não querer "bancar o pólo careta" da relação, os pais, algumas vezes, perdem a crença na autoridade legítima, não diferenciando os lugares e papéis e gerando confusão, insegurança, indiscriminação.

As crianças são então altamente investidas narcisicamente pelos pais, tornando-se sua esperança de realização de desejos, de perfeição, de imortalidade. Tornam-se o meio de realização de desejos através do qual os pais irão lidar com o desamparo fundamental da condição humana.

Constatamos também situações nas quais, por não ter vivido determinadas experiências, não existe representação mental das mesmas, lacuna que virá acompanhada pela supressão de determinadas funções mentais das quais falávamos acima, o que impossibilita aos pais exercerem tais funções junto aos seus filhos (*rêverie*, função-alfa, transformação dos elementos beta).

Todos esses fenômenos terão que ser acolhidos no *setting* terapêutico, escutados, compreendidos, transformados, reescritos, tanto com a criança como junto a seus pais.

Psicoterapia psicanalítica de crianças e interdisciplinaridade

A psicoterapia psicanalítica de crianças requer, muitas vezes, o contato com outros profissionais da área da saúde e da educação. O contato com neurologistas, pediatras, professores, orientadores educacionais, fonoaudiólogos, psicopedagogas pode se fazer necessário em alguns momentos do processo psicoterapêutico na clínica-escola, pois, além de favorecer integrações na compreensão da criança e na intervenção realizada, possibilita um exercício importante de participação em equipe interdisciplinar para o profissional em formação.

Trata-se de obter uma escuta e uma compreensão sobre o ambiente da criança, sobre a sua inserção na escola, sobre a sua dimensão cognitiva, neurológica, psicomotora, dimensões estas que também integram a sua subjetividade. Tal complexidade somente poderá ser contemplada a partir do diálogo com as demais ciências humanas e da saúde. O profissional que alcançar o confronto construtivo entre as várias disciplinas afins contribuirá para o enriquecimento do campo da psicanálise de crianças.

Pensamos que os desafios para a psicoterapia psicanalítica contemporânea desdobram-se em vários níveis: no nível epistemológico, no teórico, técnico, no nível da clínica, no nível do ensino e da investigação. Fiorini (1981) propõe algumas diretrizes e direções, que vão no sentido, em primeiro lugar, de compreender o campo da psicoterapia psicanalítica como um campo em pleno desenvolvimento. Também entende como necessário construir teoria, conceitos e modelos de processos. O que só pode ser alcançado por meio da pesquisa em psicoterapia psicanalítica. Destaca ainda esse autor a importância de inscrever toda teoria psicológica e psicopatológica no quadro mais amplo de uma concepção antropológica totalizadora do homem. A necessidade de uma descrição profunda da totalidade da experiência terapêutica, de conhecer mais de uma técnica psicoterapêutica, para evitar posições fechadas, "religiosas" e excludentes, de superar a ênfase exclusiva na linguagem, compreendendo-a em suas relações com o corpo e com a ação. Destaca também os benefícios de se colocar a psicoterapia sob uma rigorosa crítica epistemológica, questionando suas premissas sobre saúde e doença, suas bases ideológicas, sociais, culturais, políticas, inserindo-a no contexto social mais amplo.

Segundo Fiorini, "o futuro das psicoterapias consistirá em se negarem dialeticamente como terapias, para levarem suas aquisições e desenvolvimentos aos campos da prevenção e da educação" (1981, p. 18).

Temos convicção de que o campo da clínica-escola implica num espaço extremamente fecundo nesse sentido, porque busca continuamente uma integração das dimensões do ensino, da pesquisa e da extensão, e porque está comprometido com uma das funções precípuas da universidade, que é a de construir conhecimento.

Referência bibliográficas

BLEICHMAR e BLEICHMAR. (1992). *A psicanálise depois de Freud. Teoria e clínica*. Porto Alegre, Artes Médicas.

FERRO, Antonino. (2005). *A técnica na psicanálise infantil*. Rio de Janeiro, Imago.

FIORINI, Hector. (1981). *Teoria e técnicas de psicoterapias*. Rio de Janeiro, Francisco Alves.

GLENN, Jules (org.). (1996). *Psicanálise e psicoterapia de crianças*. Porto Alegre, Artes Médicas.

KEHL, Maria Rita. (2001). "A família atual e o psiquismo infantil. Lugares do feminino e do masculino na família". In: COMPARATO, Maria Cecília e MONTEIRO, Denise de Sousa (orgs.). *A criança na contemporaneidade e a psicanálise*. São Paulo, Casa do Psicólogo.

KLEIN, Melanie; HEIMANN, Paula e MONEY-KYRLE, R. E. (orgs.). (1980). *Novas tendências na psicanálise*. Rio de Janeiro, Zahar.

MANNONI, Maud. (1980). *A primeira entrevista em psicanálise*. Rio de Janeiro, Campus.

_____. (1983). *A criança, sua "doença" e os outros*. Rio de Janeiro, Zahar.

RAMIRES, Vera Regina. (2002). "A psicoterapia psicanalítica no contexto da extensão universitária: a experiência no PIPAS". In: BEMVENUTI, Vera Lúcia. *Cadernos de Extensão II*. São Leopoldo, UNISINOS.

SANDLER, Joseph e col. (1982). *Técnica da psicanálise infantil*. Porto Alegre, Artes Médicas.

VILETE, Edna Pereira. (1994). "Psicanálise, seu futuro uma ilusão?" *Revista de Psicanálise da Sociedade Psicanalítica de Porto Alegre*, v. 1, n. 3, pp. 33-44.

ZIMERMAN, David. (1999). *Fundamentos psicanalíticos. Teoria, técnica e clínica*. Porto Alegre, Artmed.

_____. (2005). *Psicanálise em perguntas e respostas: verdades, mitos e tabus*. Porto Alegre, Artmed.

WALLERSTEIN, Roberto. (1989). "Psicoanalisis y psicoterapia: una perspectiva histórica". *Libro Anual de psicoanálisis*.

WINNICOTT, Donald. (1978). *Textos selecionados: da pediatria à psicanálise*. Rio de Janeiro: Francisco Alves.

Capítulo 10

Psicoterapia Psicanalítica na Adolescência

Silvia Pereira da Cruz Benetti
Rosana Cecchini de Castro

> *Sim, o caminho é longo,*
> *Mas, enquanto isto,*
> *Antes de você atravessar a rua*
> *Pegue minha mão*
> *A vida é o que lhe acontece*
> *Enquanto você está ocupado fazendo outros planos.*
> John Lennon

Crise, transformações corporais e psicológicas, inquietação, revolta, estranheza são algumas das palavras utilizadas na literatura para descrever o momento evolutivo da adolescência. Estas características referem-se ao movimento de entrada do jovem no mundo adulto, tanto sob o prisma das mudanças que ocorrem no adolescente como do impacto destas mudanças no processo relacional do adolescente com seu mundo imediato – família, escola, sociedade. Entretanto, como observa Matheus (2003), ao perguntarmos sobre a adolescência, estamos na verdade perguntando sobre a nossa própria cultura. O adolescente comporta-se e responde às questões que lhe foram transmitidas através das gerações. Portanto, no contraste dessas gerações e em todos os questionamentos e diferenças gerados neste processo estão incluídas questões que atingem a todo um grupo.

Muitas das manifestações da adolescência compreendem um processo de busca de uma identidade, num contexto social complexo e pleno de desafios. Outras se traduzem por processos psicológicos que carregam um significado maior de sofrimento que podem ter implicações importantes no desenvolvimento do adolescente, necessitando de um olhar mais atento.

As características e peculiaridades deste momento também se refletem na *abordagem técnica* do trabalho psicoterapêutico na adolescência. No caso das abordagens baseadas no enfoque psicanalítico, mesmo mantendo-se as bases fundamentais do processo psicoterápico, algumas reflexões próprias ao momento de transformações do adolescente são necessárias. É importante, pois, que se reflita sobre o processo terapêutico na adolescência em relação às peculiaridades deste momento da vida.

Pretende-se, neste capítulo, revisar alguns aspectos fundamentais do processo de desenvolvimento da adolescência e discutir questões referentes ao trabalho terapêutico de base psicanalítica na abordagem individual.

A fase da adolescência

Ainda que questionamentos sobre a universalidade da adolescência apontem implicações sociais e culturais na própria definição deste período evolutivo; as modificações que ocorrem nos jovens, a partir das mudanças corporais, nas dimensões psicológicas e interpessoais, são marcos importantes na trajetória do processo de aquisição de autonomia do indivíduo.

Até o início do século XX, não havia uma preocupação sistematizada sobre o período da adolescência, e as variações culturais e históricas dos comportamentos dos jovens indicavam diferenças nas manifestações e características das transformações neste período evolutivo (Martins, 2003). Sem dúvida, o contexto social, cultural e político de uma comunidade irão determinar os caminhos pelos quais essas transformações ocorrerão e encontrarão respaldo para sua consolidação. Isto é, as características num determinado coletivo do processo de inserção produtiva e desenvolvimento de maturidade social e ética de seus jovens serão influenciadas por questões particulares e de contexto próprio. Entretanto, as modificações corporais e psicológicas que distinguem a criança do jovem são marcos evolutivos importantes e complexos que merecem uma maior atenção investigativa.

As transformações contemporâneas e seu impacto nos processos de subjetivação trazem à tona manifestações de comportamento que refletem o próprio modo com que os indivíduos processam suas demandas e constituem sua individualidade. Nas sociedades urbanas contemporâneas, as modificações do sentido do corpo adolescente surgem, como Alberti (2002) destaca, tanto nos ritos envolvendo o próprio corpo – *piercing* e tatuagem, como no corpo "social" – grafite. A inscrição no mundo social se dá em velocidade imediata – o mundo virtual do computador e dos grupos de *chat*. Entretanto, ainda que o contato seja veloz e atinja dimensões geográficas transcontinentais, o adolescente permanece protegido no interior de seu ambiente, indicando o caráter exploratório e afirmativo do processo de comunicação nesse momento da vida.

Fundamentalmente, a adolescência é um período evolutivo caracterizado pelo processo de definição pessoal e social que se fundamenta na capacidade do jovem em alcançar uma segunda individuação, uma tarefa que, por sua vez, mobiliza processos de exploração do contexto, diferenciação do sistema familiar e busca de um sentimento de pertença e sentido pessoal de vida. Dessa forma, a tarefa do adolescente consiste em consolidar uma identidade pessoal autônoma que se baseia na capacidade de tornar-se mais independente da relação com os pais, de desenvolver habilidades de escolhas pessoais, de estabelecer projetos de vida e de engajar-se em relacionamentos com outros indivíduos adultos em relações interpessoais satisfatórias caracterizadas por maior grau de intimidade.

A fase da *adolescência inicial* (10-13 anos) se caracteriza pelas importantes mudanças corporais decorrentes das alterações físicas de crescimento e amadurecimento dos órgãos reprodutivos. A sexualidade assume um caráter prioritário, no sentido da exploração do corpo e no interesse por jovens de outro sexo. As flutuações emocionais são significativas e resultam das profundas modificações nas relações familiares que devem passar a levar em conta a maior autonomia do jovem. Na *adolescência média* (14-16 anos) a diferenciação do grupo familiar aumenta, assim como a capacidade do jovem em determinar-se e estabelecer relações autônomas, expandir o círculo de amigos, interessar-se por questões sociais, questionar posições e valores vigentes e iniciar o processo de escolha profissional. Finalmente, *a adolescência tardia* (17-19 anos) organiza-se sob o aspecto de busca e afirmação dos projetos de vida, reestruturação das relações familiares, capacidade de cuidado pessoal e mútuo, estabelecimento de relações afetivas e capacidade de independência em relação aos pais.

As áreas de maior dificuldade na adolescência incluem as oscilações de humor, o engajamento em comportamentos de risco e os conflitos intensos nas relações familiares (Cicchetti e Rogosh, 2002). Em termos clínicos, na adolescência são freqüentes as situações envolvendo principalmente os transtornos externalizantes e internalizantes. No primeiro caso, os transtornos externalizantes envolvem características de agressividade, comportamento delinqüente, abandono da escola, ansiedade e hiperatividade. Com relação aos transtornos internalizantes, observa-se a presença de depressão, isolamento social, baixa auto-estima e ansiedade. Outros transtornos importantes são aqueles envolvendo as desordens alimentares, o envolvimento com as drogas – adição química – e as psicoses (Kernberg, 2002).

Ainda que se constitua como um período evolutivo marcado pela baixa prevalência dos índices de morbidade e mortalidade, a questão da saúde mental na adolescência tem sido pouco considerada, razão pela qual tornou-se um tópico prioritário segundo a Organização Mundial de Saúde (OMS, 2003). Esta orientação estratégica de destaque dos aspectos de saúde mental nesta faixa etária, encontra respaldo no aumento dos índices de suicídio entre jovens (OMS, 2001). A morte por suicídio tem aumentado nesta faixa etária em diferentes regiões do mundo, indicando a necessidade da identificação e da compreensão dos fatores relacionados a esse fato. Além da saúde mental, dados epidemiológicos também indicam um significante aumento de episódios de vitimização por violência (homicídios, drogas e envolvimento com a lei), principalmente entre jovens em situação de vulnerabilidade social e econômica da região das Américas, associados ao desenvolvimento de quadros depressivos, agressividade, desordens de conduta e estresse pós-traumático.

Em função destas questões, os aspectos psicológicos se constituem numa dimensão importante e se caracterizam como uma área de intervenção fundamental em razão das sérias implicações no desenvolvimento humano decorrentes da saúde mental dos jovens. Dentre as intervenções para a promoção de saúde, as psicoterapias destacam-se como estratégias prioritárias nas questões de saúde mental.

O processo terapêutico na adolescência

As próprias transformações psicológicas do período e suas manifestações na conduta e nas relações interpessoais dos jovens são apontadas como dificuldades tanto no estabelecimento de diagnósticos como no estabelecimento do processo terapêutico propriamente dito. Essas transformações, que inicialmente se organizam em torno das modificações fisiológicas da puberdade, ocasionam importantes modificações psíquicas que podem ser sumarizadas em torno dos aspectos pulsionais, das relações objetais internas, do amadurecimento das funções egóicas e das alterações do *self* daí decorrentes.

Pestalozzi (2003) considera que a intensidade das alterações psicológicas na adolescência faz com que o período seja um dos que mais colocam exigências sobre o funcionamento das estruturas psíquicas, ao demandar uma adaptação às novas exigências pulsionais num corpo sexualmente maduro e potencialmente destrutivo. Aberastury (1986) destacou neste processo a elaboração dos lutos referentes às perdas do corpo infantil, dos pais da infância e do papel e identidade infantil como premissas centrais no movimento entre uma posição narcisista, ainda caracterizada por uma orientação bissexual, para uma posição de relação objetal heterossexual. Esse movimento reflete os quatro modos complementares que modificam a imagem da latência (Rassial, 1999) a modificação do corpo em si e do funcionamento deste corpo; a transformação em um corpo similar ao adulto genitor do mesmo sexo e o olhar do outro.

Freud (1905) já salientara que uma das importantes modificações da puberdade era a transformação dos fins sexuais que se tornavam, naquele período, orientados para o fim da sexualidade genital. Como resultado, também haveria um deslocamento da escolha objetal baseada nas representações parentais infantis para uma escolha objetal orientada para fins sexuais. A intensificação das atividades masturbatórias, além de serem fonte de experiências sexuais autoeróticas, são preparatórias para a atividade sexual genital. Sentimentos de vergonha, repugnância e negação do corpo, que predominavam na latência, passam a dar lugar à curiosidade pelo corpo e interesse sexual. Essa transição, entretanto, se dá gradualmente, através do incremento dos impulsos sexuais, de uma relação mais permissiva com as representações superegóicas, e do próprio amadurecimento cognitivo.

As representações parentais infantis, que sustentavam a centralidade da vida da criança, são gradualmente substituídas por investimentos no grupo de iguais. O ingresso no mundo social adquire uma significância especial. A etapa de segunda individuação requer que o adolescente *des-idealize* os pais da infância e re-encontre substitutos para a perda narcisista. Dessa maneira, o grupo de iguais funciona como um momento similar ao "treinamento infantil" de separação na primeira infância, só que na adolescência estão em jogo a individuação e autonomia psíquica e a identidade sexual. Neste momento, as oscilações afetivas, regressões, sentimentos de desvalia e abandono alternam-se sucessivamente até o gradual estabelecimento de uma representação objetal des-idealizada dos pais, processo fundamental para o estabelecimento de relações afetivas e íntimas com outros indivíduos (Tyson e Tyson, 1990).

O *self* adolescente refletirá todas estas mudanças internas pulsionais e de relações de objeto. Sua auto-imagem e auto-estima farão parte dos processos afetivos subjacentes, marcados por momentos mais depreciativos e carregados de agressão e outros de maior aceitação, criatividade e expansão de interesses. Manifestações de intensa projeção, idealização, onipotência, grandiosidade, distorções da imagem corporal e difusão de identidade nos grupos de pares são experiências comuns na adolescência e fazem parte da trajetória de diferenciação e construção da identidade.

As transformações psíquicas também se aliam às importantes transformações cognitivas, no processo de aquisição do pensamento formal, fundamentado no desenvolvimento da capacidade de abstração do pensamento e de complexidade de simbolização. Aquisições que colocam pela primeira vez o indivíduo face a uma compreensão das palavras e do pensamento sob a perspectiva da relatividade dos significados (Pestalozzi, 2003).

Portanto, as tarefas desenvolvimentais implicadas no processo de aquisição de uma identidade pessoal e autônoma na adolescência envolvem transformações psíquicas importantes, consolidadas nesta etapa do desenvolvimento. Esse processo de modificações psicológicas muitas vezes se caracteriza por experiências afetivas intensas que afetam o contexto familiar e num sentido mais amplo, o contexto social. A turbulência e criatividade dos jovens marcam o conflito das gerações que certamente são identificados e construídos nos contextos sociais dos grupos. Da mesma forma, no processo terapêutico também se fazem sentir estas percepções de dificuldades nas relações com os adolescentes.

Nesse sentido, alguns aspectos se destacam como exigindo uma abordagem adequada às modificações do período, tais como a manutenção da técnica, o estabelecimento de um diagnóstico e a questão do processo terapêutico em si. Além disso, a característica do adolescente de dependência dos pais, que se contrasta com seu esforço por autonomia, as questões familiares e a interferência de outras dimensões importantes que fazem parte da vida do jovem como, por exemplo, a escola, surgem como situações éticas que merecem atenção.

Desta maneira, considerando-se as premissas básicas do método psicanalítico, a saber, neutralidade técnica, interpretação e análise da transferência, verifica-se que as dificuldades no processo terapêutico se revestem em manter este enquadre ao mesmo tempo em que se flexibilizem estes critérios para a manutenção do trabalho (Kernberg, 2001). São justamente essas situações que tornam o trabalho com o adolescente uma tarefa por vezes considerada complexa.

A questão técnica

Zavaschi e colaboradores (1998) consideram o processo terapêutico na adolescência, do ponto de vista de sua peculiaridade, resultante das transformações corporais e psicológicas às quais o terapeuta deve estar atento, tendo em vista o objetivo de estabelecimento de uma relação terapêutica. O *setting* terapêutico, a interferência de outros sistemas (familiar, escolar), as resistências iniciais são questões particularmente importantes no estabelecimento da relação terapêutica nesse período e são de grande importância na fase inicial de contato com o jovem.

A etapa de avaliação inicial é um momento fundamental de qualquer processo terapêutico. Na adolescência, este período se caracteriza por um momento importante do processo, visto que o adolescente ainda possui uma importante dependência parental, ao mesmo tempo em que necessita ser escutado na sua singularidade e respeitado no seu esforço por diferenciação. Essa particularidade da adolescência faz com que seja necessária uma escuta clínica permeável às características deste momento evolutivo. Portanto, Kalina (1983) considera que as condutas do terapeuta nas entrevistas iniciais devem ser guiadas por parâmetros, isto é, orientações que podem ser adaptadas durante o estabelecimento dos contatos iniciais, dependendo da situação.

Em termos de *setting* terapêutico observa-se que muitos adolescentes utilizam material lúdico similar ao da psicoterapia de crianças. É interessante, então, que nesta etapa, as sessões de atendimento ocorram num ambiente que não restrinja este interesse, principalmente daqueles adolescentes na fase inicial ou puberdade. Pode-se dispor de jogos, brinquedos e espaço para atividades lúdicas se o adolescente optar por utilizá-los. Muitas vezes, podem ocorrer oscilações entre momentos de maior utilização de diálogo entre o adolescente e o terapeuta e momentos de atividades lúdicas, como jogos ou desenhos. Esse envolvimento lúdico auxilia grandemente a expressão de conteúdos que são percebidos como difíceis de serem verbalizados e compreendidos. Já adolescentes mais velhos não se interessam por atividades lúdicas concretas e engajam-se com maior facilidade no relato verbal de suas experiências.

Partindo da noção de Winnicott (1975) que o processo terapêutico envolve duas pessoas que estão "brincando juntas", Brent e Kolko (1998) consideram que no tratamento de crianças e adolescentes, além da ênfase dos aspectos da relação terapêutica e dos processos afetivos e cognitivos do paciente, há também uma grande influência do contexto desenvolvimental e social. Assim como na infância, as relações familiares, a escola e situações externas surgem freqüentemente como foco de atenção no trabalho terapêutico nestas faixas etárias e, muitas vezes, dependendo da situação diagnóstica na qual a demanda por psicoterapia se apresenta, não podem ser dimensões ignoradas. Entretanto, as combinações de sigilo são mantidas com o adolescente que é informado e participa de todas as decisões tomadas referentes a contatos extraterapêuticos ou a entrevistas familiares. É claro que em situações de risco (homicídios, suicídios) ou situações envolvendo maus-tratos, conforme o Estatuto da Criança e do Adolescente (1990), têm seu contrato de sigilo quebrado.

Principalmente na adolescência inicial a solicitação ou demanda de atendimento ocorre através dos pais, seja por contato telefônico para a marcação da consulta ou por procura direta em instituições ou clínicas. Ainda assim, não se deve perder de vista a importância do estabelecimento do vínculo com o jovem (Levisky; 1998; Knobel, 1983) e fundamentalmente, da sua participação efetiva nas combinações e contrato.

A participação dos pais em entrevistas iniciais conjuntas com o adolescente podem ser um recurso técnico importante para a obtenção de informações sobre as relações familiares e descrição da demanda da procura de atendimento. Da mesma maneira, são possíveis contatos familiares sem a presença do adolescente, principalmente na fase da adolescência inicial, quando se fazem necessários esclarecimentos e combinações de contrato com os pais. Entretanto, mesmo que nestas combinações ocorra o envolvimento parental direto, não se pode deslocar o papel do adolescente para o segundo plano. Isto é, ainda que dependente dos pais, ele/ela deve ter conhecimento e opinar sobre as situações da terapia, como pagamento, horário, feriados etc.

Em suma, o contato com os pais se faz necessário para obtenção de informações e é necessário sob o aspecto legal de dependência do jovem. Porém, deve-se ter em mente que o objetivo também é estabelecer uma relação autônoma com o adolescente, a qual deve ocupar o primeiro plano no processo. Já adolescentes mais velhos têm ainda maior autonomia decisória e, muitas vezes, o contato com os pais é mais reduzido e restringe-se às etapas iniciais.

Kalina (1983), porém, alerta que a participação dos pais se faz importante nas situações graves. Ou seja, nos casos em que há alguma forma de risco envolvendo a demanda de atendimento e nas situações do próprio processo terapêutico caracterizadas por maior regressão do jovem. Nestas situações, durante o processo terapêutico, podem ocorrer momentos transitórios de maior intensificação de situações conflitivas ou de estados emocionais mais intensos. Os pais podem receber acompanhamento, se necessário, ou serem encaminhados para terapia, se o processo exigir continuidade de trabalho.

Muitas vezes, por não identificar a demanda pelo atendimento como sendo parte de seu próprio desejo, os adolescentes muitas manifestam resistências ao tratamento. É interessante que estas resistências iniciais sejam trabalhadas nos primeiros contatos com o adolescente orientadas por alguns vértices de escuta.

Shapiro (2002) considera que uma atitude empática direta e objetiva focalizando o esclarecimento: a) da situação de demanda pelo atendimento, b) do envolvimento dos pais ou de outra instituição e c) o estabelecimento de um criterioso contrato de sigilo entre o adolescente e o terapeuta são passos fundamentais no processo terapêutico.

O esclarecimento da situação da demanda pelo atendimento é um aspecto que facilita o estabelecimento da relação terapêutica ao trabalhar as resistências iniciais, identificando os motivos referidos ao encaminhamento. Como, muitas vezes, o dispositivo que incita a demanda por psicoterapia é localizado externamente e o adolescente não se percebe como parte desse processo, é importante que já de início claramente se discrimine essa situação. É interessante que se possibilite ao adolescente a oportunidade de refletir sobre a demanda percebida por ele como provinda (imposta) pelos demais e a compreensão de sua própria situação pessoal e de suas vivências da realidade interna. Este passo, como será discutido adiante, também é um modo de se realizar uma avaliação diagnóstica das condições psicológicas do adolescente.

Referindo-se também às dificuldades iniciais, ainda que enfocando as resistências internas por excelência, Klein (1932) considerava que o risco de rompimento do trabalho terapêutico era maior se não fosse oferecido, já de início, interpretações dirigidas aos temores e resistências associadas à situação terapêutica. Esta posição pode ser atualmente entendida como a capacidade do terapeuta em reconhecer e ser empático com estas vivências iniciais, traduzindo gradualmente esses conteúdos e fantasias para o adolescente. É importante que as angústias sejam apontadas e refletidas, pois nem sempre é fácil para o adolescente conseguir expressar-se de forma mais reflexiva sobre seus estados internos. Além do que, o próprio impulso para o rompimento simbiótico com as figuras parentais dificulta o estabelecimento de intimidade e confiança nos adultos, bem como são atuantes as questões ligadas à sexualidade emergente.

Freqüentemente, o adolescente não concorda ou simplesmente ignora as verbalizações sobre seus estados internos, parecendo estar numa posição de invulnerabilidade e onipotência frente aos acontecimentos ou aos estados afetivos do momento. Entretanto, ainda assim, é necessário este exercício reflexivo, pois é justamente no processo relacional fundamentado na capacidade do terapeuta em escutar e em colocar em palavras o que pode estar ocorrendo, na sua atenção e função continente que se formarão as bases da relação terapêutica. Shapiro (2002) entende que durante este processo estão se construindo as bases observacionais do ego que permitirão ao adolescente gradualmente engajar-se em maior diálogo e desenvolver condições de tolerar a des-idealização de si mesmo e dos demais.

É relevante destacar que a ênfase nas capacidades empáticas do terapeuta e no engajamento em uma relação terapêutica que privilegia aspectos interpessoais de comunicação deve ser compreendida a partir do vértice do diálogo terapêutico. Há uma distinção entre empatia e apoio, por um lado, e comportamento de companheirismo, por outro. O terapeuta é o adulto na relação e não um companheiro da mesma faixa etária. E esta diferença não deve ser diminuída no intuito de uma maior aproximação com o jovem. Ao contrário, o adolescente deve ter a experiência de estabelecer uma relação com um adulto e deve elaborar toda a implicação que isto possa ter no seu caso específico.

O estabelecimento de um diagnóstico é outro aspecto importante das entrevistas iniciais, mesmo que se estabeleça sobre bases provisórias de compreensão. Kernberg (1995) sugere que a própria situação de entrevista e a capacidade do adolescente de expressar-se sobre a interação terapêutica sejam utilizadas para o fornecimento de informações importantes sobre as representações do *self* e do objeto, as cognições, os estado afetivo e a capacidade reflexiva e empática. Essa capacidade de expressar-se e de colocar seus desejos e percepções internas, suas representações de si mesmo e dos demais, preocupações e dificuldades e indicação de uma sintonia com seus afetos poderão determinar eixos mais ou menos estruturados, indicativos de situações neuróticas, borderlines ou psicóticas.

Vários aspectos do próprio momento evolutivo da adolescência, como rebeldia, comportamento mais agressivo, oscilação de humor, dificuldades nas relações familiares, dificuldades escolares e envolvimento com condutas consideradas de risco podem ocorrer sem necessariamente indicar uma situação mais crítica. Porém, uma avaliação cuidadosa se faz necessária e nisso se inclui a investigação de tendências suicidas (Zavaschi e cols., 1998). Quadros depressivos ou outros transtornos podem estar mascarados por condutas entendidas como parte do quadro adolescente e serem minimizadas.

Alguns critérios podem ser de auxílio na avaliação e identificação dos casos que requerem mais atenção e se referem às características e persistências de situações ou padrões de desenvolvimento. Assim, Levisky (1998) salienta que a história de vida, as trajetórias de desenvolvimento e as relações familiares devem ser detalhadamente investigadas, trazendo elementos para o diagnóstico descritivo e estrutural. Essa abordagem permite uma diferenciação mais clara dos aspectos do desenvolvimento, já que muitos sintomas similares podem ter origem em várias estruturas e, da mesma forma, distintos sintomas podem fazer parte da mesma estruturação.

Seguindo os vértices principais de transformações da personalidade no adolescente, busca de novos objetos de investimento libidinal, o luto pelas perdas infantis, transformações do narcisismo, ruptura entre aspectos discriminados dos não- discriminados, estabelecimento de um sentido de self (ou falso self), e as transformações cognitivas, Levisky também incorpora a análise desenvolvimental através do perfil metapsicológico proposto por Anna Freud (1982).

Os aspectos principais do perfil incluem a observação do desenvolvimento pulsional (evolução, fixação, regressão); aspectos do narcisismo e relações objetais; desenvolvimento do ego e superego, relação com agressividade e capacidade de frustração; identificação dos mecanismos de defesa e das ansiedades (catastrófica, persecutória, difusa, localizada); identidade sexual e global; fantasias conscientes e inconscientes (nível e conteúdo; capacidade reflexiva – aparelho de pensar). A análise desses aspectos aliada à investigação da trajetória pessoal e familiar permite uma abordagem mais complexa e dinâmica do que a obtida com a análise exclusiva do sintoma.

Nesse sentido, Kernberg (2002) alerta que o diagnóstico de crianças e adolescentes deve levar em conta aspectos dos padrões comportamentais e das características estruturais, visando a identificação de transtornos de personalidade que podem começar a organizar-se já na infância. A análise dos comportamentos e sintomas permite um diagnóstico descritivo, enquanto que características da personalidade como identidade e representação do *self* irão complementar a compreensão estrutural. Cada estrutura, neurótica, borderline ou psicótica, apresenta-se com características básicas de organização que se manifestam nos aspectos cognitivos, afetivos, de auto-representação, de representação de objeto, capacidade de reflexão e empatia.

Nas organizações neuróticas predominam, sinteticamente, *ao nível cognitivo* – capacidade de relato lógico, objetivo e detalhado; *ao nível do afeto* – adequação da experiência afetiva ao conteúdo, ainda que limitada em termos de modulação e amplitude; *ao nível da auto-representação* – capacidade de referir-se a si próprio em toda a sua complexidade, ainda que limitado em sua capacidade de reconhecimento de aspectos contraditórios sobre si mesmo e de modificações de seu autoconceito; *ao nível da representação objetal* – representações distintas e dinâmicas que incluem traços físicos e psicológicos dos indivíduos; *ao nível da capacidade de reflexão* – possibilidade de referência e avaliação de seu comportamento e estado afetivo ao longo do tempo e no momento atual; *ao nível da empatia* – percepção da posição dos demais e do entrevistador, ainda que limitada em alguns aspectos.

Nas organizações borderlines, as características se organizam, *ao nível cognitivo* – presença de relato com contradições, tom bidimensional, rígido; podendo ser descontínuo e superficial, entretanto, reconhece estes aspectos com maior ou menor dificuldade quando apontado; *ao nível do afeto* – pode ser adequado ao conteúdo, mas não à interação, oscilando entre uma posição de envolvimento ou distanciamento; *ao nível da auto-representação*, – representação contraditória, preocupação com a opinião alheia, dificuldade em descrever sua experiência subjetiva, preocupando-se mais com a visão externa dos demais; *ao nível da representação objetal* – representações baseadas nas funções que o vínculo tem para o indivíduo, representações superficiais dos demais; ao *nível da capacidade de reflexão* – pouca referência e avaliação de seu comportamento e estado afetivo ao longo do tempo e no momento atual; *ao nível da empatia* – oscilação significativa entre a capacidade de percepção da posição dos demais e a do entrevistador e momentos de total desconexão com as necessidades e estados afetivos dos demais. Por último, nas organizações psicóticas encontram-se, *ao nível cognitivo* – o relato pode apresentar-se confuso, ilógico, referência a estados internos como externos, utilização de terceira pessoa para referir-se a si mesmo; *ao nível do afeto* – inadequado ao que está sendo apresentado ou à interação, explosões afetivas, indiferenciação dos estados internos, rigidez; *ao nível da auto-representação* – representação constrita sobre si próprio, apresenta também variações nesta representação; *ao nível da representação objetal* – objetos fundidos e representações confusas e bizarras dos demais; *ao nível da capacidade de reflexão* – mínima capacidade ou total ausência de referências aos comportamentos e estado afetivos; *ao nível da empatia* – não há reconhecimento das motivações ou estados afetivos (Kernberg, 2002).

    Tanto os aspectos evolutivos da adolescência como as características diagnósticas descritas irão refletir-se nas questões transferenciais e interpretativas no trabalho psicoterápico com o adolescente. Ao longo do desenvolvimento, no período entre a puberdade e a adolescência final, os processos afetivos e cognitivos se modificam. As características mais narcisistas da adolescência inicial e a dificuldade de abstração são indicativas da opção por uma postura terapêutica que utilize intervenções claras e objetivas e por uma atitude predominantemente de empatia, no sentido do terapeuta de questionar, de demonstrar interesse pelas atividades do adolescente, ao mesmo tempo em que confronta contradições. Todo o esforço psicoterápico deve ser dirigido à ampliação da capacidade de simbolização da experiência afetiva. Isto se torna ainda mais importante nas situações que envolvem atuações, um sinal da dificuldade de lidar com as transformações corporais e sexuais sem ser de forma impulsiva. Porém, conforme a etapa da adolescência, as situações transferenciais assemelham-se ao trabalho com adultos. Outro ponto a ser considerado é que as características transferenciais refletem também as organizações estruturais identificadas no adolescente, que vão influir na maneira em que são construídas as representações de si, dos demais e das características do vínculo, devendo estes ser aspectos importantes no tratamento.

Alia-se a isso o fato de que as respostas contratransferenciais no trabalho com adolescentes são descritas freqüentemente como situações difíceis justamente pelos aspectos mobilizadores, originados tanto pela conduta adolescente (riscos e atuações) como por estados afetivos (explosões, desafios e distanciamentos). Levisky (1998) considera que os estados internos do terapeuta são úteis para o trabalho terapêutico e se tornam as bases para o desenvolvimento do vínculo. Mesmo que as vivências do adolescente se caracterizem por partes primitivas de amor e ódio projetadas no terapeuta e acionem ansiedades catastróficas no trabalho terapêutico, pode-se compreender esse movimento como uma tentativa do jovem em fazer com que o terapeuta carregue aspectos seus que se tornaram intoleráveis.

As ênfases contemporâneas (Gabbard e Westen, 2003) nos aspectos interativos do trabalho terapêutico e na qualidade da relação estabelecida entre terapeuta-paciente vão de encontro às necessidades do trabalho com adolescentes. Destacam-se nesta aproximação o papel exercido pela relação terapêutica como experiência emocional corretiva, interiorização da função de auto-regulação e estratégias reflexivas, e internalização de atitudes afetivas do terapeuta. Ao estabelecer uma relação terapêutica com um adulto, o adolescente tem oportunidade de ter uma experiência diferenciada que lhe permitirá a expressão de temores e dificuldades. Nesse encontro, os padrões relacionais desenvolvidos serão gradualmente internalizados, originando-se maneiras alternativas de procedimento e representação, tanto de si mesmo como dos demais. Isto se torna possível na medida em que as atitudes afetivas do terapeuta de acolhimento e escuta ajam sobre representações superegóicas rígidas. Conteúdos ou situações percebidos como altamente críticos passam a ser abordados de forma mais espontânea e objetiva, diminuindo a ansiedade. Este exercício possibilitará o desenvolvimento de uma função auto-reflexiva, fazendo com que o próprio paciente exercite sua capacidade de compreensão dos fatos e sentimentos.

Considerações finais

Neste capítulo foram abordados os principais aspectos do trabalho psicoterápico de orientação psicanalítica com adolescentes, destacando-se as características da faixa etária, as transformações psicológicas e as implicações do trabalho terapêutico propriamente dito. Todos os conceitos e as técnicas mencionadas devem ser compreendidos como vetores de orientação do trabalho e analisados à luz de cada caso apresentado. Da mesma forma, a compreensão teórica incluiu os aspectos básicos das diferentes conceituações utilizadas, sendo interessante que se ampliem essas abordagens teóricas para uma maior reflexão sobre os tópicos discutidos.

Também é importante ressaltar que outras técnicas de intervenções são de grande valia no trabalho psicoterapêutico nessa faixa etária, que não foram discutidas neste trabalho. Tal é o caso do trabalho em grupo com adolescentes, da terapia familiar, da psicoterapia de casos graves e de intervenções ambientais. Essas abordagens são igualmente eficazes no trabalho psicoterápico e podem ser opções alternativas para as situações diagnósticas que exijam intervenções complementares que incluam outras esferas de ação.

Finalmente, espera-se que os conceitos e as questões discutidos neste trabalho tenham contribuído para uma aproximação e um interesse pelo trabalho psicoterápico nessa faixa etária. Não tendo intenção de minimizar as peculiaridades das modificações psicológicas do período e as exigências que são colocadas ao psicoterapeuta, é importante salientar que o adolescente, acima de tudo, quer *conhecer e compreender aquilo que se configura como o mundo adulto*, ainda que desafie essa posição através de diferentes atitudes e comportamentos. Deve-se ter como meta respeitar e escutar aquilo que o adolescente deseja expressar sobre si mesmo, sobre suas relações familiares e sobre sua percepção sobre o contexto que o cerca. Fazer parte do processo de transformação e inserção do jovem de uma posição de dependência para um lugar de ação criativa, responsável e transformadora, não deixa de ser um privilégio.

Referências bibliográficas

ABERASTURY, A. (1986). *Adolescência*. Porto Alegre, Artmed.

ALBERTI, Sonia. (2002). "O adolescente e seu pathos". *Psicologia USP,* 13 (2), pp. 183-202.

BRENT, D. A. e KOLKO, D. J. (1998). "Psychotherapy: definitions, mechanisms of action, and relationship to etiological models". *Journal of Abnormal Child Psychology,* 26 (1), pp. 17-25.

CICCHETTI, D. e ROGOSCH, F. A. (2002). "A developmental psychopathology perspective on adolescence". *Journal of Consulting and Clinical Psychology*, 70, 1, pp. 6-20.

ESTATUTO DA CRIANÇA E DO ADOLESCENTE. Lei federal n. 8.069/1990. Porto Alegre: *Conselho Estadual dos Direitos da Criança e do Adolescente*, 2003.

FREUD, Sigmund (1973/1905). "Tres ensayos para una teoria sexual". *Obras completas*, Madrid, Biblioteca Nova, v. II.

FREUD, Anna. (1982). *Infância normal e patológica*. Rio de Janeiro, Zahar Ed.

GABBARD, G. O. e WESTEN, D. (2003). "Repensando a ação terapêutica". *Revista de Psiquiatria do Rio Grande do Sul,* 25 (2), pp. 257-273.

KALINA, E. (1983). "O processo diagnóstico na adolescência". In: ABERASTURY, Arminda. *Adolescência*. Porto Alegre, Artmed, pp. 93-110.

KERNBERG, P. F.; WEINER, A. S.; BARDENSTEIN, K. K. (2002). *Transtornos de personalidade em crianças e adolescentes*. Porto Alegre, Artmed.

KERNBERG, O. (1995). *Transtornos graves de personalidade*. Artmed, Porto Alegre.

KLEIN (1981/1932). *Psicanálise da criança*. São Paulo, Mestre Jou.

KNOBEL, M. (1983). "A adolescência e o tratamento psicanalítico de adolescentes". In: ABERASTURY, Arminda. *Adolescência*. Porto Alegre: Artmed, pp. 111-142.

LEVISKY, D. L. (1998). *Adolescência: Reflexões psicanalíticas*. São Paulo, Casa do Psicólogo.

MATHEUS, T. C. (2003). "O discurso adolescente numa sociedade na virada do século". *Psicologia USP*, 14 (1).

MARTINS, P. O.; TRINDADE, Z. A.; ALMEIDA, A. M. O. (2003). "O ter e o ser: representações sociais da adolescência entre adolescentes de inserção, urbana e rural". *Psicologia: Reflexão e Crítica*, 16 (3), pp. 555-568.

OMS/World Health Organization (2003). *Caring for children and adolescents with mental disorders. Setting WHO Directions*. Geneva.

OMS/World Health Organization (2001). Choosing to die: A growing epidemic among the young. *Bulletin of the World Health Organization*, 79 (12), pp. 175- 178.

PESTALOZZI, J. (2003). "The symbolic and concrete: psychotic adolescents in psychoanalytic psychothherapy". *International Journal of Psychoanalysis*, 84, pp. 733-753.

RASSIAL, J. (1999). *O adolescente e o psicanalista*. Rio de Janeiro, Companhia de Freud.

SHAPIRO, T. (2002). "Psychoanalysis and dynamic psychotherapy in adolescence". *Adolescent Psychiatry*. Disponível em: http// www.adolpsych.org. Capturado em 30/03/2005.

TYSON, P. e TYSON, R. (1993). *Teorias psicanalíticas do desenvolvimento*. Porto Alegre, Artes Médicas.

WINNICOTT, D. W. (1975). *O brincar & a realidade*. Rio de Janeiro, Imago.

ZAVASCHI, M. L.; MALTZ, F. F.; OLIVEIRA, M. G.; SANTIS, M. B. e SALLE, E. (1998). In: CORDIOLI, A. V. (org.). *Psicoterapias: Abordagens atuais*. 2ª ed. Porto Alegre, Artes Médicas.

CAPÍTULO 11

PSICOTERAPIA PSICANALÍTICA COM ADULTOS

Rosana Cecchini de Castro
Silvia Benetti

> *"A gente se acostuma*
> *para não se ralar na aspereza,*
> *para preservar a pele.*
> *Se acostuma*
> *para evitar feridas, sangramentos,*
> *para esquivar-se da faca e da baioneta,*
> *para poupar o peito.*
> *A gente se acostuma*
> *para poupar a vida que aos poucos se gasta e,*
> *que gasta, de tanto acostumar,*
> *se perde de si mesma."*
> Marina Colasanti

Mas, afinal, quem são os adultos?

Quando pensamos em nos tornar adultos, acompanha-nos a sensação de que os conflitos, angústias e inquietudes da juventude haverão terminado. No entanto, ao atingirmos esta idade, nos damos conta de que esta promessa de "paz interior" não se cumpre. Em nosso contexto, nos é veiculada a idéia de que ser adulto é ancorar em um período de tranqüilidade, de emoções pouco intensas e, por isso mesmo, menos perturbadoras. Os próprios termos utilizados para descrever o estado emocional "desejável" desta etapa de vida, como maturidade, plenitude e equilíbrio, significam estagnação, ausência de oscilação ou desvios, plenitude, completude e invariabilidade. Mas é muito provável que não conheçamos nenhum adulto que possa ser definido por estes termos, embora muito da literatura ainda aponte nesta direção. (Papalia e Olds, 2000)

Constatamos que ainda é escasso o material teórico disponível que nos auxilie a compreender as dúvidas, incertezas, angústias, desequilíbrios e até mesmo o psiquismo depois dos vinte anos. É certo que vamos avançando nessa direção; contudo, ainda há muito que pesquisar e conhecer. É muito mais fácil encontrarmos conteúdos sobre crianças e adolescentes – deparamo-nos com uma vasta bibliografia a esse respeito. Inclusive os idosos, atualmente, contam com maior espaço de estudo e compreensão, uma vez que o envelhecimento geral da população é algo inquestionável e provoca a necessidade de busca de conhecimento.

Assim, ficam os adultos com menos possibilidades de terem suas emoções identificadas e compreendidas, dificultando aos profissionais de saúde no auxílio na compreensão dos diferentes momentos vividos nessa etapa. Essas emoções, contudo, não devem deixar de ser tomadas em sua singularidade, pois não advogamos em favor de um estudo desenvolvimentista que caracterize ou trace um perfil de padrões rígidos e normativos. Preferimos antes plagiar Lacan quando diz que "a mulher não existe" e dizer – o adulto não existe – entendendo desse modo que não podemos deixar escapar, em nenhum momento e sob nenhuma circunstância, o sujeito diante do qual estamos.

A vida adulta tem sido muito estudada em termos de suas patologias, mas ainda são poucas as referências que consideram a presença de um psiquismo dinâmico, de mudanças contínuas e até em certo sentido esperadas nestes anos da vida (Sheehy, 1989).

O objetivo deste capítulo é abordar a psicoterapia psicanalítica com adultos. Para tanto, consideramos que as inquietudes dessa etapa, as situações vivenciadas e o eventual aparecimento de patologias são condições para demandas de tratamento. Por uma ou outra situação, ou pela interação entre elas, o sujeito é mobilizado em suas emoções, cognições e condutas, podendo acarretar desde intenso sofrimento psíquico até a grave situação de desconexão com a realidade, incluídas as conseqüências daí advindas, tanto para o próprio paciente como para o contexto ao qual pertence. Tendo em conta estes elementos, a psicoterapia psicanalítica oferece amplas possibilidades e recursos de tratamento. Mas, para isso, é preciso considerar que também os adultos, até mesmo aqueles com idade mais avançada, podem experimentar mudanças internas, ressignificações e reorganizações que lhes permitam alternativas diferentes daquelas que até então haviam utilizado. Osório (2001) assinala que nessa etapa de vida revelam-se as conseqüências saudáveis ou patogênicas das etapas anteriores e as raízes ou bases do *continuum* saúde/doença das etapas futuras, tanto no campo da saúde mental como da saúde física, portanto nada estático e imutável. Py (2004) complementa dizendo que o ser humano sofre perdas desde o nascimento e que tais perdas sempre dinamizaram as possibilidades de novas aquisições, segundo uma trajetória de elaboração psíquica a partir do que foi perdido. Isso quer dizer que as perdas, apesar de irreversíveis, podem sempre gerar aquisições.

Mudanças na vida adulta

De acordo com Bee (1997), entre os 18 e os 50 anos, experimentamos o centro de nossas vidas. Ousaríamos dizer que, para os dias de hoje, também a década dos 60 poderia incluir esta etapa. Ocasião de muitas oportunidades e em geral de máxima capacidade pessoal, mas também de muitas exigências tais como ser produtivo, ter sucesso e manter-se nele. Encontrar um parceiro, constituir relacionamentos sólidos e estáveis além de muitas outras tarefas as quais desejamos poder cumprir, mas que em geral nos exigem muito empenho, esforço e sacrifícios.

No início destes anos, diríamos entre os 20 e os 40, desejamos nos firmar no dito universo adulto, buscando encontrar nosso lugar neste mundo. Também é possível que estejamos querendo situar nossa família de origem em um plano diferente, que estejamos querendo morar em outra casa ou, ao menos, buscando dentro de nós mesmos que nossos pais ocupem outro lugar em nossas vidas. Almejamos uma maior autonomia, desejando poder pensar e afirmar aquilo que pensamos sem nos deixar turvar por idéias alheias. Provavelmente também pretendemos desenvolver nossa capacidade de intimidade sem, contudo, perder a constância da identidade (Erikson, 1976). E, também de acordo com as premissas de Freud (1937), é provável que estejamos tentando atingir a capacidade de amar e trabalhar, tornando-nos sujeitos com ênfase na produtividade geral no trabalho sem, contudo, perder o direito e/ou capacidade de ser uma criatura sexual e amorosa.

No entanto, constatamos que estas tarefas nos remetem a muitas dificuldades. Além disso, já não contamos com tanta compreensão e tolerância para com nossos erros, pois o ensaio adolescente deverá ter terminado. É hora da estréia, platéia lotada e as críticas estarão em todos os jornais de amanhã. E mais, é uma estréia peculiar, pois, por mais que tenhamos feito ensaios, não nos é possível ter um roteiro para ser absolutamente reproduzido. O palco é a realidade da vida. O desafio é apresentar-se com convicção de que muito terá que ser improvisado. A tarefa é gigantesca e não raras vezes assustadora. E, em momento algum, se consolida a idéia de que deixaríamos de nos sentir angustiados, desafiados ou sem conflitos. Afinal, seguimos vivos e essas emoções constituem a vida. Aos poucos, com o avanço dos anos, nos deparamos com muito mais, descobrimos que somos finitos e, ao nos depararmos com essa realidade, não poucas vezes reavaliamos nossa trajetória, com vistas a descobrir de que jeito queremos seguir. Freqüentemente seguimos em "linha reta", porém não raras vezes alteramos de forma radical nossa estrutura de vida. Sinal de nosso momento, no qual um conjunto básico de mudanças do desenvolvimento está sobreposto aos traços consistentes da personalidade (Bee 1997).

Dos 40 anos em diante, nos damos conta de que muitas das exigências do ideal do ego não se concretizarão, pois o futuro já chegou e acabou com nossa ilusão de que tais exigências ainda se concretizariam. Decorre daí a depressão, relativamente freqüente nessa etapa, ou seja, nos é produzida uma ferida narcísica por não podermos alcançar aquilo o que o ideal do ego exigia. Torna-se bastante provável, como diz Freud em *O mal-estar na civilização* (1930[1929]), que tenhamos agora a tarefa de nos darmos conta de que a felicidade humana consiste em poder tolerar a perda do narcisismo (onipotência), aceitando nossas limitações e fazendo com elas o melhor possível. Viver o momento presente longe da compulsão à repetição (eterna manutenção da vigência do passado), acrescentando-se a isso a capacidade de entender a permanente insatisfação estrutural que o desejo provoca, pois jamais se satisfaz, mas de que é justamente assim que se constitui a vida.

O conhecido filme *American Beauty* (1999) nos mostra que não é só a meia-idade que é uma passagem difícil, mas sim que a própria vida é uma passagem difícil. De acordo com Telles (2000), Lester, personagem principal, ao ver a filha adolescente insegura e com medo, tenta dizer-lhe que "é da idade", que depois "isso passa". Mas desiste. Desiste porque não é verdade que "isso passa". Crescemos, viramos adultos e continuamos inseguros e com medo. Cabe a cada um achar a forma de conviver com isso.

Com relação às mudanças psicológicas, Jaques (1990) considera que haveria um padrão geral nesse estágio da vida: com a consciência do início da última metade da vida, despertariam ansiedades depressivas inconscientes, requisitando a repetição e a continuação da elaboração da posição depressiva infantil. Desse modo, quando houvesse um predomínio do ódio sobre o amor, e não havendo a integração desses impulsos, ocorreria um transbordamento de destrutividade, que contaminaria o mundo interno e externo, não ocorrendo a mitigação do ódio pelo amor. Assim, a "crise da meia-idade" seria um período de perturbação emocional e de colapso depressivo, o que se refletiria em empobrecimento da vida emocional e no comprometimento da capacidade criativa. Quando, ao contrário, houvesse o predomínio do amor sobre o ódio, este poderia ser por aquele mitigado, abrindo caminho ao processo de reparação, que promoveria a recuperação dos aspectos amorosos e positivos das experiências previamente vivenciadas. O saldo amoroso e construtivo conduziria a uma integração das limitações e inevitabilidade da morte, tornando-as toleráveis, e fazendo com que o crescimento e amadurecimento pessoal viessem a se refletir em processos criativos. Contudo, o autor afirma que essas condições mais equilibradas não pressuporiam uma passagem fácil pela chamada "crise da meia-idade", compreendendo as dificuldades para elaborar o luto pelas perdas, incluindo-se a infância e juventude já passadas. Neste processo, o sentido de continuidade da vida poderia ser fortalecido e o ganho encontrar-se-ia no aprofundamento da consciência, da compreensão e da auto-realização.

Kernberg (1989), apontou que a meia-idade traz consigo algumas tarefas que ele chamou de desenvolvimentais. Com a descrição da "crise da meia-idade" e as tarefas próprias a esse período do desenvolvimento, ficam pontuadas características marcantes às quais homens e mulheres devem fazer face na medida em que atingem o ponto médio da vida, vivenciando pessoalmente essas dificuldades em maior ou menor grau. Assim, de modo resumido, temos que:

– A relação com os pais se atualiza na relação com os filhos jovens e adolescentes, mas com papéis invertidos. O autor considera que existem mudanças na perspectiva cronológica: emergem os afetos ligados às identificações do passado e há a reativação de angústias e culpas edipianas, nos cuidados com os pais idosos.
– Conflitos edipianos: nova reativação do complexo de Édipo, seja pelo crescimento dos filhos, pelas experiências concretas na vida social e grupal ou pelas vivências com os pais enfraquecidos rumo à morte. Este enfrentamento promove numerosas tarefas psicológicas, quando interagem todos os fatores do passado pessoal, com as mudanças da meia-idade e a elaboração de um novo patamar psíquico, fruto da perda real dos pais e integração definitiva, normal, de conflitos edipianos na personalidade. A elaboração inconsciente da ambivalência de sentimentos promove uma renovada superação do complexo de Édipo, emer-

gindo o desejo e a capacidade para partilhar amorosamente seu passado com a geração mais jovem, continuando e reforçando vínculos e identificações.
- Os pais envelhecem rapidamente e desaparecem, enquanto os filhos crescem rapidamente. A maturidade apresenta um ritmo diverso, sentindo a ameaça da estabilidade. Aparece o luto pela consciência da natureza efêmera da vida humana.
- Ocorre uma percepção dos próprios limites do passado e a restrição para as realizações no futuro. Algumas pessoas provavelmente ultrapassarão essas limitações, colocando em pauta a questão do amor e do ódio para consigo e para com os outros.
- A vivência e o conhecimento da meia-idade com suas limitações próprias consolida a identidade do ego, diferentemente do passado. Aceitar a si mesmo é aspecto importante da maturidade emocional, com reflexos em todos os relacionamentos.
- Aceitação do fato de que a responsabilidade final é para consigo mesmo.
- Perda, luto e morte: o enfrentamento da perda dos pais, irmãos, parentes e amigos somam-se às próprias manifestações de envelhecimento, reforçando a consciência do possível adoecer e morte pessoal. A aceitação de perdas e fracassos pessoais deve permitir a sensação de contar com recursos suficientes para a aceitação de si mesmo e a reconstrução de uma vida significativa, tendo por base o narcisismo normal.

O autor analisou também o narcisismo patológico na meia-idade, basicamente considerado à luz das perturbações que podem advir do enfrentamento e realização das tarefas do desenvolvimento esperadas nesse período e que acabam de ser citadas de modo resumido.

Considerando a existência de modificações pertinentes a essa etapa de vida, e da ausência de um narcisismo patológico, Pye e Trein (2002) resgatam a teoria freudiana, assinalando que Freud aponta que não existe qualquer forma de superação do desamparo e que o ser humano percorre a existência cunhado pela precariedade e pelo inacabamento. Nas suas interpelações mais solitárias e tensas, carrega a marca da busca, na ilusão de que é capaz de dominar-se e dominar os perigos, construindo tentativas mágicas de proteção. Frustrando-se, porém, surpreende-se, a cada vez, em estado de desamparo que, nessas circunstâncias, prescreve uma ação do sujeito, no sentido de redirecionar-se para a invenção de novas formas de existir, novos destinos que lhes possibilitem viver e obter prazer.

O processo terapêutico

Marraccini (1999) comenta que as pessoas "leigas" geralmente pensam que alguém "muda" quando passa a ser "outro", ou seja, quando deixa de ser o que sempre foi. Pensam que mudança implica numa subtração ou numa substituição do que somos por coisas novas. A idéia é como se tirássemos aquilo que não serve, que não é bom e, em seu lugar, colocássemos coisas novas, boas, úteis... Com isso, a pessoa se tornaria "melhor do que era antes".

O que acontece no processo terapêutico, que se poderia chamar de mudança, consiste numa operação diferente em que não há lugar para subtrações, mas sim para acréscimos, somas àquilo que já somos. Não podemos tirar ou substituir nada do que já vivemos, do que aprendemos, do que experimentamos. Não podemos apagar o que passou, esquecer fatos acontecidos e muito menos fazer de conta que o que passou, passou.

Através da experiência cotidiana na clínica, identificamos o quanto é difícil para uma pessoa mudar, ainda que ela diga que é isso o que ela quer. Se uma pessoa sempre se percebeu de um determinado modo, com determinadas características que ela identifica como "propriedades suas", quando se dá conta que talvez esteja equivocada em relação aos atributos que ela identifica como sendo "seus", um estado de ansiedade começa a se manifestar nela. Ela está em vias de se perceber de maneira nova, sob outro ângulo que até então não conhecia. É como se "ela estivesse prestes a deixar de ser ela". E isso lhe parece de certo modo perigoso, assustador... Sente medo, resiste. Muitas vezes volta atrás, nega essa nova forma de se perceber e de perceber o seu mundo.

Num processo terapêutico que esteja evoluindo bem, no qual haja um clima de alta confiança, de aceitação, de compreensão, de sinceridade, há o favorecimento de uma diminuição desse temor de tornar-se diferente. O paciente vivencia, através da ação do terapeuta, que os aspectos interpretativos e relacionais tornam-se mecanismos essenciais de mudança, que possibilitam que ele tenha coragem de enfrentar as conseqüências de suas novas percepções e descobertas a respeito de si mesmo si mesmo (Gabbard e Westen, 2003).

A mudança acontece, portanto, quando podemos ver o nosso mundo interior e exterior por ângulos novos, sem desprezar os outros ângulos pelos quais estamos acostumados a vê-los. Mudança é soma, e não subtração. Joseph e Anne-Marie Sandler (apud Gabbard e Westen, 2003) sugerem que o analista, através de suas interpretações e do modo como elas são elaboradas, é essencial nesse sentido. O profissional necessita criar uma atmosfera de tolerância ao infantil, ao perverso e ao ridículo, facilitando ao paciente o respeito a si próprio e a possibilidade de internalizar o entendimento sobre si mesmo que tem alcançado em seu trabalho conjunto com o analista.

Na verdadeira mudança, por começarmos a ter novas formas de perceber nossa realidade, nossas ações também acabam sendo realizadas de modos novos. Pensando assim, a mudança é possível para qualquer pessoa, de qualquer idade. Portanto, nosso passado, nossa experiência pessoal, que são nosso patrimônio mais valioso, não precisam ser descartados, mas sim utilizados em nosso favor.

Quanto às relações entre psicoterapia e idade, devemos considerar o desenvolvimento psicológico em suas diversas etapas da vida, recebendo estímulos e lidando globalmente com possibilidades, limitações e frustrações. Freud, no seu trabalho de 1920, *A psicogênese de um caso de homossexualismo feminino,* diz que a situação ideal para análise ocorre quando alguém está sofrendo de um conflito íntimo e é incapaz de resolvê-lo sozinho, de modo que traz sua dificuldade para o analista e pede sua ajuda. Este trabalha de mãos dadas com uma parte da personalidade do paciente patologicamente comprometida contra a outra parte em conflito. Essa seria uma situação ideal de melhor prognóstico; no entanto, muitas são as variáveis que interferem no processo.

Psicoterapia psicanalítica

A psicoterapia psicanalítica surgiu fundamentalmente orientada para o trabalho terapêutico com adultos, ainda que muitos dos pacientes de Freud pudessem ser considerados adolescentes. Desde então, a ampliação dos trabalhos de Freud se deu de forma que vários de seus conceitos foram ampliados e enfatizados, resultando em escolas psicanalíticas organizadas sob elementos comuns de leitura clínica. A proliferação de teorias, entretanto, não significa que os conceitos que as sustentam não estejam interligados por matrizes básicas que formam a noção fundamental da psicanálise – a análise da transferência, a neutralidade do terapeuta e a utilização da interpretação (Kernberg, 2001).

Bleichmar e Bleichmar (1992) consideram que os conceitos freudianos modificaram-se ao longo de três destinos. Alguns deles permanecem como um núcleo fundamental e incluem as noções de inconsciente, transferência, sexualidade infantil, complexo de Édipo, além daqueles que fundamentam a técnica psicanalítica, associação livre, neutralidade e interpretação. Outros conceitos, como o narcisismo, foram acrescidos de contribuições específicas e foram reelaborados. Finalmente, conceitos como pulsão de morte, sexualidade feminina e o modelo clássico defesa *versus* pulsão não têm sido tão enfatizados.

Kernberg (2003) agrupa as principais escolas psicanalíticas em Psicologia do Ego, a Kleiniana, a Britânica Independente, a Francesa e uma corrente americana emergente que ele descreve como Intersubjetiva/Interpessoal. Ainda que aspectos conceituais sejam distintos em alguns pontos na fundamentação do pensamento nessas escolas, todas permanecem fundamentadas na noção de técnica sustentada nos pilares da análise da transferência, a interpretação e a neutralidade técnica.

Além da distinção entre as escolas e suas respectivas ênfases teóricas, Kernberg (2003) considera ser importante uma clarificação entre as diversas modalidades de intervenção psicanalítica – a psicanálise, a psicoterapia de orientação psicanalítica e a psicoterapia de apoio como forma de também clarificar a proliferação de intervenções. Propõe que para uma melhor análise de cada proposta terapêutica é interessante que se discuta cada uma delas seguindo os aspectos referentes aos objetivos e as técnicas utilizadas em cada uma delas. Salienta que a fundamentação nessas intervenções dos pressupostos teóricos psicanalíticos são essencialmente os mesmos, centrando-se "a teoria das pulsões, na teoria das relações objetais e a organização estrutural" (p. 28).

Os objetivos das intervenções diferem entre a psicanálise, a psicoterapia de orientação psicanalítica e a psicoterapia de apoio. Na psicanálise, o objetivo principal é a mudança estrutural e integração da conflitiva reprimida. Na psicoterapia psicanalítica, o objetivo se traduz numa reorganização parcial da estrutura psíquica e uma mudança sintomática significativa. O objetivo da psicoterapia de apoio centra-se na melhora sintomática por excelência, propiciando um equilíbrio entre defesa e impulso, reforçando os aspectos adaptativos. Essas intervenções, entretanto, não são totalmente diferenciadas pelos seus objetivos e sim pelas abordagens técnicas. As mudanças que ocorrem como resultado das intervenções podem ir além dos objetivos, já que mudanças estruturais ocorrem mesmo em intervenções psicoterápicas psicanalíticas.

A questão técnica aliada à interação que ocorre no encontro terapêutico amplia a compreensão das distinções entre as modalidades terapêuticas. A neurose de transferência inclui as vivências regressivas das configurações patológicas entre impulsos e defesas, influenciadas pelas imagens das relações objetais precoces e envolvendo os impulsos libidinais e agressivos e a sexualidade infantil. A análise dessas vivências transferenciais é o foco principal da interpretação durante o processo terapêutico. Como técnica, a interpretação compreende intervenções de clarificação, de confrontação e a interpretação propriamente dita.

No processo analítico clássico, a análise sistemática da transferência é uma característica fundamental do trabalho, englobando os desenvolvimentos inconscientes entre paciente e terapeuta, utilizando-se das vivências de contratransferência na elaboração do trabalho analítico. A neutralidade técnica complementa o trabalho da intervenção interpretativa, pois coloca o terapeuta como objetivamente capaz de intervir de forma eqüidistante em relação ao ego, ao id e ao superego. O *setting* terapêutico inclui o uso de divã e a freqüência maior de sessões por semana (Kernberg, 2003, p. 32).

A psicoterapia psicanalítica utiliza-se da mesma técnica de trabalho da análise, sendo as variações de ordem mais qualitativa. Utilizam-se menos interpretações, principalmente com pacientes mais regressivos, e mais freqüentemente intervenções de clarificação e confrontação. A interpretação da transferência também é mais focalizada, mas incluem os aspectos da realidade externa e as vivências transferenciais com o paciente. A neutralidade técnica também é fundamental. Algumas situações no atendimento de pacientes graves implicam no uso de demandas maiores de limites, o que pode intervir numa atitude de total neutralidade. Entretanto, qualquer situação que envolva abandono da neutralidade deve ser trabalhada e analisada em suas implicações.

A psicoterapia de apoio centra-se na melhora sintomática por excelência, sendo esse seu objetivo principal. Com isto visa propiciar um equilíbrio entre defesa e impulso, reforçando os aspectos adaptativos. As características da psicoterapia de apoio incluem a não utilização de interpretação e, predominantemente, intervenções de clarificação e confrontação que focalizam apoio emocional e cognitivo das ações do paciente. A transferência não é interpretada, mas, segundo Kernberg (2003), também não é ignorada. Pode ser utilizada como forma de compreensão do paciente e levemente trabalhada nos aspectos que se referem ao comportamento do paciente. A neutralidade técnica praticamente é substituída por uma atitude ativa do paciente nas intervenções, reforçando aspectos egóicos ou superegóicos do paciente.

Outros autores, como Fiorini (1981), salientam que na psicoterapia psicanalítica o objetivo se traduz numa reorganização parcial da estrutura psíquica e numa mudança sintomática significativa. As psicoterapias psicanalíticas, de acordo com Fiorini, nasceram do esforço de analistas e outros terapeutas para buscar avanços na cura. Quando comparadas entre si, estas experiências pioneiras podem ser divididas em três grandes grupos. O primeiro corresponde ao conjunto dos trabalhos de Melanie Klein com crianças; de Federn, Rosen, Frieda Fromm Reichman e outros, com psicóticos adultos, e de Wilhelm Reich com neuróticos caracteriais. O segundo é formado pelos ensaios de aplicação de conceitos psicanalíticos à pedagogia (Pfister, Vera Schmid, Aichorn) e a psiquiatria institucional (psicoterapia institucional francesa; comunidades terapêuticas anglo-americanas). Finalmente, o terceiro grupo constituiu-se a partir do tratamento psicanalítico de grupos, cujo protótipo clínico-teórico são os trabalhos de Bion.

Trata-se de uma psicoterapia que busca, através do insight, do autoconhecimento, promover transformações e mudanças consoantes aos desejos, verdades e necessidades do indivíduo, redimensionando o significado das suas experiências e modo de existir no mundo, assim como do seu sofrimento emocional, quando for o caso. Seu método de trabalho está baseado na relação interpessoal que se estabelece entre o psicoterapeuta e aquele que busca a psicoterapia, assim como em todas as vicissitudes e complexidades inerentes a esse campo.

O *setting*, segundo o autor (1981), não demarca territórios; é um instrumento nas mãos do psicoterapeuta e não o contrário. Não é dado pelo lugar físico, pelo uso do divã ou poltrona, pelo número de sessões. Sua configuração essencial está na mente do psicoterapeuta. Haverá diferenças entre cada dupla e cada momento ou etapa do processo, a partir da demanda inicial, e, talvez, da sua transformação ou aprofundamento.

O processo da psicoterapia desdobra-se num campo relacional e emocional entre o paciente e o psicoterapeuta. Esse encontro dará origem a uma nova história, que talvez seja capaz de reorganizar e reescrever velhas histórias (e atuais), fantasmas, experiências, traumas, frustrações, à espera de "pensabilidade" e de ressignificações. Trata-se de uma construção que se faz no vínculo, muitas vezes muito mais com narrativa e descrição do que com interpretação. Construção de sentidos, mais do que decodificação de significados (como na interpretação).

Zimermann (1999), com relação à psicanálise a psicoterapia psicanalítica, move-se numa margem de maior flexibilidade, no sentido de que, face à demanda que se lhe apresentar, poderá se afastar do método da associação livre, da atenção flutuante, análise da transferência e uso da interpretação, não deixando, por isso, de ser psicoterapia psicanalítica.

Essas intervenções, entretanto, não são totalmente diferenciadas pelos seus objetivos e sim pelas abordagens técnicas. As mudanças que ocorrem como resultado das intervenções podem ir além dos objetivos, já que mudanças estruturais ocorrem mesmo em intervenções psicoterápicas psicanalíticas ou até em estratégias de apoio, conforme mencionam Gabbard e Westen (2003), referindo-se a um estudo realizado por Wallestein com 42 pacientes cujos tratamentos de apoio resultaram em mudanças estruturais tão duráveis quanto aquelas produzidas por enfoques interpretativos.

A questão técnica aliada à interação que ocorre no encontro terapêutico amplia a compreensão das distinções entre as modalidades terapêuticas. A neurose de transferência inclui as vivências regressivas das configurações patológicas entre impulsos e defesas, influenciadas pelas imagens das relações objetais precoces e envolvendo os impulsos libidinais e agressivos e a sexualidade infantil. A análise dessas vivências transferenciais é o foco principal da interpretação durante o processo terapêutico. Como técnica, a interpretação compreende intervenções de clarificação, de confrontação e a interpretação propriamente dita.

Pine (1998) identifica, a partir da psicanálise, o desenvolvimento de quatro perspectivas conceituais distintas a respeito do funcionamento da mente humana e sobre o processo terapêutico, com suas respectivas implicações clínicas. O autor refere-se às quatro psicologias da psicanálise, que são a psicologia das pulsões, a psicologia do ego, a psicologia das relações de objeto e a psicologia da experiência do *self*.

A psicologia das pulsões organiza-se em torno das experiências individuais formadas ao longo do desenvolvimento, tomando como base os estágios psicossexuais e os conflitos pulsionais e defesas. A dinâmica do funcionamento movimenta-se nas questões do desejo e defesas contra os conflitos. Nessa perspectiva, a atenção flutuante do terapeuta orienta-se pela escuta do desejo e sua relação com a consciência – "Que desejo está sendo expresso? Como se organizam as defesas e formações de compromisso?". A transferência refere-se às pressões exercidas pela energia pulsional direcionada para a relação terapêutica, sendo as resistências originadas nas forças que impedem a consciência desses desejos. Com respeito aos fatores mutativos, considera que a tarefa do terapeuta é a interpretação, tornando o inconsciente consciente. O objetivo é de produzir gradualmente modificações no conflito, no superego e nos modos rígidos de defesa. Além disso, considera que em momentos de paralisação do processo analítico o conflito inconsciente deve ser interpretado, favorecendo para diante o movimento do processo.

A psicologia das relações objetais toma como foco central as representações estabelecidas pelos vínculos iniciais ou objetos primários que se tornam as bases para futuras experiências pessoais nos diversos âmbitos de vida do indivíduo. "O que fica na memória e se repete é a forma como a relação de objeto é vivenciada pela criança" (Pine, 1998, p. 341). No que se refere aos aspectos mutativos relacionados à psicologia das relações de objeto, o autor compreende que a transferência também pode ser conceituada como uma tendência a repetir antigas relações objetais internalizadas. Nesse sentido, a interpretação possibilita uma imediata mudança na perspectiva do que está se passando na análise, o que impulsiona para que o processo vá adiante. Com a interpretação, também o aparato cognitivo do paciente permite que ele identifique e modifique modos habituais de funcionamento. Contudo, as modificações não ocorrem facilmente;

para tanto, é preciso um movimento contínuo de descobertas, redescobertas e elaborações, além do fato de que isso deva ocorrer dentro de um poderoso relacionamento propiciado pela situação de análise.

A partir da psicologia do *self*, o autor considera como eixo de compreensão dos processos mentais individuais a questão dos estados subjetivos (limites, continuidades e estima pessoal). A experiência do *self* dá ao sujeito um sentido pessoal distinto ou não dos demais e caracteriza a percepção de si mesmo no tempo e no espaço. Estas características sustentam a escuta clínica do terapeuta que se orienta a questionar sobre as fronteiras do *self* do paciente, sua estabilidade ao longo de diferentes experiências, as situações de pânico, fusão ou perda de limites. Visam também identificar como os estados de onipotência, grandiosidade, vazio e desvalorização do outro configuram a experiência do paciente.

O potencial mutativo da interpretação dos aspectos repetitivos das relações objetais precoces internalizadas também se apóia na idéia de que hoje, tendo uma vida separada dos pais da infância, o paciente pode ser diferente. Entretanto, as interpretações fazem o paciente identificar deficiência na experiência subjetiva do *self*, o que lhe faz temer reviver a dor dessas situações e com isso pode eliminar a esperança de melhoria. Em áreas de deficiência primária, o autor preconiza o contexto abrangente de *holding* (Modell, 1984, apud Pine 1998) para auxiliar o paciente a se familiarizar com a dor desses estados internos, para que possam ser levados ao nível da verbalização com posterior compreensão e elaboração.

No que diz respeito às funções do ego, entendemos que existe, a partir do trabalho interpretativo, uma abrangência que envolve todo um conjunto de defesas rígidas, falhas, ineficazes e ultrapassadas. No entanto, interpretar a área do defeito do ego, que se constitui de ferramentas básicas de funcionamento, pode produzir desamparo, depressão ou mortificação narcísica. Reconstruir as origens de tais defeitos pode constituir um degrau positivo no tratamento, pois o paciente pode sentir-se reconhecido, entendido e não abandonado, sozinho com seu defeito, bem com poder aprender a lidar gradualmente com o mesmo.

Pine (1989) formula aspectos essenciais quanto à relação terapêutica, destacando algumas atitudes do terapeuta. Assim, a *ausência de crítica* do terapeuta, ao questionar os diversos aspectos conflitivos da vida do paciente, sua *capacidade de sobrevivência* aos aspectos agressivos ou difíceis da relação terapêutica, são situações que auxiliam na correção de representações superegóicas rígidas e proibitivas. Esta "nova relação" que se estabelece entre o paciente e o terapeuta produz uma vivência corretiva que modifica as representações objetais. A idealização do terapeuta permite ao paciente sentir-se compreendido e valorizado, o que auxilia o trabalho de compreensão de aspectos difíceis de sua personalidade. Finalmente, tornar simbólico, através das palavras, as experiências internas, é um trabalho altamente complexo que auxilia o desenvolvimento de funções egóicas importantes para o conhecimento interno.

Considerando as idéias descritas, verifica-se que Pine, citado por Gabbard e Westen (2003) sugere que não é mais útil procurar uma única maneira de ação terapêutica dentro da psicanálise e que os mecanismos de mudança deverão ser sempre individualizados, levando-se em conta as características do paciente e do analista.

Cassorla (2003) leva em conta critérios da técnica psicanalítica para uma proposta de diferenciação entre psicanálise e psicoterapia psicanalítica. Toma por base a "regra da abstinência", que prega a necessidade do terapeuta evitar gratificações substitutivas aos sintomas, procurando entender suas funções dentro do contexto psicanalítico. Porém, considera que existem situações em que a quebra da regra da abstinência pode ser tolerada, ou até mesmo indicada. Refere-se aos pacientes graves, prejudicados em suas funções egóicas (atenção, memória, raciocínio, juízo), com precário contato com a realidade.

O autor (2003) propõe que existe um *continuum* nos procedimentos efetuados pelo analista, cujos extremos são, de um lado, uma idealizada "abstinência total", e, do outro, uma "abstinência relativa". Quanto mais próximos da abstinência "total", estaremos no espaço da psicanálise. Quando o analista se defronta com situações que lhe exigem um afastamento maior da regra (ou opta por isso, de acordo com seu referencial teórico), estaremos no espaço da psicoterapia psicanalítica. A psicoterapia psicanalítica será determinada e determinará seus objetivos e indicações. A psicanálise visa a ampliação do mundo mental, o autoconhecimento, sendo indicada para pacientes cujo "funcionamento não-psicótico" é o predominante. A psicoterapia psicanalítica também visa a ampliar a capacidade de pensar, mas também necessita fortalecer as funções do ego e os modos de lidar com a realidade. Ela será indicada para pacientes mais graves, com "funcionamento psicótico" predominando sobre o "não-psicótico". Assim, poderão estar justificados na psicoterapia psicanalítica procedimentos tais como orientação, cuidados, sugestões, contatos com familiares, uso de tratamentos biológicos etc. Contudo, é necessário evitar satisfações substitutivas desnecessárias, assim como ações anti-éticas. Um exemplo extremo da necessidade de relativização da abstinência seria o do paciente com sofrimento intenso e ameaça à vida.

Cassorla (2003) considera que na medida em que os psicanalistas, mantendo seu método, sentem-se mais livres para experimentarem procedimentos, tanto em psicanálise como em psicoterapias psicanalíticas, é importante que se pesquisem em profundidade situações novas, que obviamente demandam validação.

Gabbard e Westen (2003) fornecem um panorama dos recentes progressos nas teorias psicanalíticas da ação terapêutica, delineando um modelo de trabalho da ação terapêutica que integra teorias e dados de dentro e de fora da psicanálise. Dessa forma, os autores sugerem princípios ou técnicas que preferem designar como *terapêuticos*, ao invés de defini-los como analíticos. Comentam, baseados naquilo que a maioria realiza quando pratica a psicanálise e a psicoterapia psicanalítica, que a psicanálise contemporânea está marcada por um pluralismo jamais experimentado em época anterior.

Com o objetivo de caracterizar tendências e controvérsias atuais, os autores destacam três temas: 1) O reconhecimento dos múltiplos modos da ação terapêutica e o enfraquecimento do debate "interpretação *versus* relacionamento"; 2) A mudança de ênfase da reconstrução para as interações aqui-e-agora entre analista e paciente e 3) Ajuste do clima terapêutico.

Os múltiplos modos de ação terapêutica ficam evidenciados pela inexistência de uma demarcação bem definida entre os aspectos interpretativos e relacionais da ação terapêutica. Os dois mecanismos de mudança operam de forma sinérgica na maioria dos casos, com maior ou menor ênfase de um ou outro componente, dependendo do paciente.

As interações aqui-e-agora entre analista e paciente permitem um *insight* da influência do passado do paciente sobre padrões de conflito e relações de objeto no presente. Atualmente, o *enactment* (jogo de papéis ou enredos compartilhados), é utilizado para a compreensão e elaboração do material terapêutico. O analista é literalmente puxado para dentro da "dança" recriada no consultório sendo que, através do trabalho terapêutico, o paciente pode ter, finalmente, seus objetos substituídos por sujeitos considerados como tendo um mundo interno separado de si mesmo.

O ajuste do clima terapêutico refere-se à crescente flexibilidade e a um reconhecimento do valor do processo de negociação que ocorre em cada díade analítica. É necessário evitar uma rigidez defensiva, sem que, contudo, prevaleça a idéia de que qualquer coisa serve. De acordo com Mitchel, (apud Gabbard e Westen, 2003) o espaço interpessoal deve ser confortável para ambos os participantes, considerando uma negociação e adaptação mútuas, não havendo solução ou técnica única, uma vez que cada resolução deve ser elaborada de acordo com cada paciente.

E para finalizar...

A partir dessas idéias, evidencia-se o quanto a prática clínica necessita das modificações e aprimoramentos enunciados pelos autores. Tornamo-nos adultos e os conflitos e inquietudes não terminam. Também somos suscetíveis, como em qualquer outra época da vida, a questões constitutivas internas, sofrendo com elas e, não raras vezes, adoecendo em conseqüência delas. Além disso, o modo de vida atual em muito contribui para deixarmos de lado nossa dimensão humana, de dignidade e de reconhecimento ético da alteridade. Isso também nos faz sofrer. São angústias profundas que revelam a falta de sentido da vida, os sentimentos de futilidade da existência, de vazio, as depressões, o pânico e a desesperança. Com ênfase em uma flexibilização séria e comprometida, nas técnicas utilizadas nos tratamentos, percebe-se a busca de alternativas que permitam à psicoterapia psicanalítica ser, cada vez mais, um recurso efetivo para o sofrimento que compromete a qualidade do viver e do sentir presentes nos seres humanos.

Referências bibliográficas

BION, W. R. (1962). *Aprendendo com a experiência.* Rio de Janeiro, Imago.

_____. (1967). "Uma teoria sobre o processo de pensar". In: *Estudos psicanalíticos revisados (Second Thoughts).* Rio de Janeiro, Imago, pp. 101-109.

BLEICHMAR, N. M. e BLEICHMAR, C. L. (1992). *A psicanálise depois de Freud: Teoria e clínica.* Porto Alegre, Artmed.

CASSORLA, R. M. S. (2003). "Procedimentos, colocação em cena da dupla ("Enactment") e validação clínica em psicoterapia psicanalítica e psicanálise". In: *Revista Psiquiatria.* Rio Grande do Sul, 25 (3), pp. 426-435, set./dez.

EIZIRIK, C. L.; KAPCZINSKI, F. e BASSOLS, A. M. S. (2001). *O ciclo da vida humana: uma perspectiva psicodinâmica.* Porto Alegre, Artmed.

ERIKSON, E.H. (1976). *Identidade, juventude e crise.* Rio de Janeiro, Zahar.

FIORINI, H. J. (1981). *Teoria e técnicas de psicoterapia.* Rio de Janeiro, Francisco Alves.

FREUD, S. (1976). *A psicogênese de um caso de homossexualismo feminino. (1920)* Edição Standard Brasileira das Obras Psicológicas Completas de Sigmund Freud, v. XVIII, Rio de Janeiro, Imago.

_____. (1976). *O Mal-Estar na Civilização.(1930[1929])* Edição Standard Brasileira das Obras Psicológicas Completas de Sigmund Freud, v. XXI, Rio de Janeiro, Imago.

FREUD, S. (1976). *Análise Terminável e Interminável (1937).* Edição Standard Brasileira das Obras Psicológicas Completas de Sigmund Freud, v. XXIII, Rio de Janeiro, Imago.

GABBARD, G. O. e WESTEN, D. (2003). "Repensando a ação terapêutica". *Revista Psiquiatria,* Rio Grande do Sul, 25 (2), pp. 257-273, mai./ago.

JAQUES, E. (1990). "Morte e crise da meia-idade". In: SPILLIUS, E. B. (org.). *Melanie Klein hoje: desenvolvimentos da teoria e da técnica.* Rio de Janeiro, Imago Editora, pp. 248-270.

KERNBERG, O. F. (1989). *Mundo interior e realidade exterior.* Rio de Janeiro, Imago Editora.

_____. (2003). "Psicanálise, psicoterapia psicanalítica e psicoterapia de apoio: controvérsias contemporâneas". In: GREEN, André (org.). *Psicanálise contemporânea: Revista Francesa de Psicanálise.* Rio de Janeiro, Imago.

MARRACCINI, E. M. *Mulher: significados no meio da vida.* São Paulo, Departamento de Psicologia Clínica, Pontifícia Universidade Católica de São Paulo, Dissertação de Mestrado, 1999.

PAPALIA, D. E. e OLDS, S. W. (2000). *Desenvolvimento humano.* Porto Alegre, Artmed.

PINE, F. (1998). "As quatro psicologias da psicanálise e seu lugar no trabalho clínico". *Revista de psicanálise,* (3), pp. 339-359.

PY, L. e TREIN, F. (2002). "Finitude e infinitude: dimensões do tempo na experiência do envelhecimento". In: FREITAS, Elizabete Viana et al. *Tratado de geriatria e gerontologia.* Rio de Janeiro, Guabara Koogan, p. 1.013-1.020.

PY, L. et al. (org.). (2004). *Tempo de envelhecer: percursos e dimensões psicossociais.* Rio de Janeiro, Nau Editora.

SHEEHY, G. (1989). *Passagens: crises previsíveis da vida adulta.* Rio de Janeiro, Francisco Alves.

TELLES, J. S. S. (2000). *Part of the International Journal of Psychiatry –* ISSN 1359 7620 – A trade mark of Priory Lodge Education Ltd. Psychiatry on-line Brazil (5). Disponível em http://www.polbr.med.br/arquivo/psi0300.htm Acessado em 19/04/05.

ZIMERMANN, D. E. (1999). *Fundamentos Psicanalíticos.* Porto Alegre, Artmed.

Capítulo 12

Psicoterapia Familiar e de Casal

Luciana Castoldi

Família – Conceituação e História

Família compreende todo o sistema emocional de, pelo menos, três gerações, que se movimenta, através do tempo, acompanhando as etapas do ciclo vital. Dentro da perspectiva sistêmica, entende-se que o ciclo de vida individual acontece dentro do ciclo de vida familiar, fazendo com que as etapas do ciclo vital se sobreponham. A partir da experiência clínica, verifica-se que o estresse familiar é maior nos pontos de transição de um estágio do ciclo vital para outro, que o sintoma é sinal de alguma disfunção e que o paciente identificado é apenas um representante de algum conflito que geralmente inclui outros familiares.

Historicamente, o termo família (do grego *fâmulus*) foi utilizado para designar todo o conjunto de pessoas subordinadas a um senhor, seus servos, escravos e seus descendentes de sangue, dentro da cultura patriarcal (Ariés, 1978). Com as revoluções comerciais e industriais e a valoração da privacidade, família passou a designar a comunidade constituída por pais e filhos naturalmente resultantes da união conjugal, com a finalidade de prover a educação física, psíquica, intelectual, moral, religiosa, econômica e social de sua prole (Carvalho, 1981). Esse padrão de família nuclear vigorou até o início desse século. Somente com o novo Código Civil, homologado em maio de 2003, o conceito de família sofreu alterações consideráveis.

Com os mesmos direitos do tradicional modelo com base no casamento civil – pai, mãe e filhos, outros grupos de pessoas que vivem juntas passam a ser consideradas "famílias". Isso vale, por exemplo, para casais que moram juntos sem papel passado e sem filhos, para uma avó que mora com dois netos ou ainda para três irmãs que dividem um apartamento. A partir da nova lei, essas famílias têm os mesmos direitos que todas as outras, podendo requerer benefícios do governo, como financiamento habitacional, bolsa-escola etc. Além disso, é consagrado o princípio da igualdade de direitos e deveres entre homem e mulher. Agora ambos são responsáveis pela educação, guarda e condução dos filhos, têm obrigação na manutenção da família e, em caso de separação, aquele que ganha mais pode ter que pagar pensão ao outro, independentemente do sexo (Código Civil, 2003).

Atualmente, trabalhamos com diferentes configurações familiares (Cerveny, 1994). Em termos gerais, podemos agrupar as famílias em três categorias:

Família Nuclear (aquela constituída pelo casal em primeira união e os filhos), Família Uniparental (aquela formada por um único cônjuge – pai ou mãe, e os filhos) e Família Reconstituída (quando um ou os dois cônjuges já se separaram da união anterior, com os filhos desta união ou dos relacionamentos anteriores). A estas categorias, agregamos a denominação Família Extensa, quando algum familiar (tio, primo, cunhado) reside na casa e denominamos Família Trigeracional, quando a família mora junto com algum dos avós. Também diferenciamos a Família Atual (aquela que reside hoje na casa) da Família de Origem.

Ainda assim, nem todas as configurações são contempladas. Em entrevista concedida em 1996, anterior, portanto, ao novo Código Civil, o terapeuta familiar italiano Maurizio Andolfi referia-se à necessidade de considerarmos as "famílias de uma pessoa só" ou de criarmos denominações para as pessoas sem vínculos consangüíneos que moram juntas.

Histórico da terapia de família

O início da terapia familiar data do final da década de 1950. Um dado pouco conhecido pelos terapeutas de família em nosso meio é que Bowlby (1949) teve participação direta no surgimento da terapia familiar, tendo sido um dos primeiros a incluir toda a família em tratamento. Byng-Hall (1991) refere-se a um artigo escrito por ele em 1949 no qual se referia à excitação de descobrir um novo e potente método de ajuda às famílias. Sempre que a terapia individual ou a relação da díade mostrava-se trancada, ele solicitava uma entrevista familiar, com o objetivo de reduzir a tensão e garantir a continuidade do processo terapêutico.

A primeira influência direta de Bowlby, na origem da terapia de família, veio de John Bell (1961), que, ao escutar que Bowlby trabalhava com famílias inteiras, formalizou este tipo de atendimento sem conhecer o fato de que Bowlby reunia a família apenas como uma abordagem adicional à terapia individual, quando o processo terapêutico trancava. O foco maior do interesse de Bowlby, entretanto, residia no estudo do apego da díade mãe-bebê, por ele considerado como básico para o estabelecimento das relações afetivas posteriores, bem como para o processo de separação.

Enquanto Bowlby e seus seguidores desenvolviam estudos sobre a relação diádica, dois movimentos paralelos nos Estados Unidos, no final da década de 1950, resultaram na formação de duas abordagens distintas em terapia familiar (Falicov, 1991). Um grupo foi liderado por Bowen, Ackerman e Whitaker, vinculado à universidade e ao *establishment* e originou as teorias psicodinâmicas, enquanto o outro grupo, constituído por "rebeldes e revolucionários" e encabeçado por lingüistas, teóricos da comunicação, filósofos e antropólogos, dentre eles, Bateson, originaram as teorias sistêmicas ou interacionais em terapia de família.

A teoria psicodinâmica foi influenciada por Freud, Sullivan, Adler, Erickson e Piaget. De acordo com Foley (1990), as raízes da terapia familiar podem ser remontadas a Freud, em 1909, em seu famoso atendimento ao paciente "pequeno Hans" através de seu pai. Apesar do sucesso desse caso, Freud optou por não seguir vendo as famílias de seus pacientes. Na psiquiatria, vai destacar-se, como forte influência, o trabalho de Harry Sullivan sobre o papel do interpessoal no desenvolvimento da personalidade, e o enfoque de Alfred Adler sobre a importância dos impulsos sociais na estruturação da personalidade.

Apesar dessas influências, a terapia familiar, tal como a conhecemos hoje, vai ganhar ímpeto apenas no final da década de 1950, início dos anos 60. Os estudos nessa área, nos Estados Unidos, tinham como objetivo o tratamento de esquizofrênicos e de crianças. Iniciaram-se com Murray Bowen e Lymann Wynne e com Carl Whitaker, interessados no atendimento dos familiares de seus pacientes esquizofrênicos, e com Nathan Ackermann, preocupado com as famílias de seus pacientes em psiquiatria infantil. Mais tarde, juntaram-se nomes como Bell, Fleck e Minuchin. Nesta abordagem, conforme destaca Foley (1990), continuavam presentes os conceitos evolutivos, a crença do passado influenciando o presente, a necessidade de superar etapas anteriores para chegar a etapas seguintes e a crença das emoções interferindo nos processos inconscientes ou involuntários.

Já a teoria sistêmica foi desenvolvida a partir das idéias de Bateson e do grupo de Palo Alto, Califórnia, inicialmente formado por Dom Jackson e Gregory Bateson, incluindo, posteriormente, Jay Haley, Weakland, Virgínia Satir, Watzlawick e Fish. O grupo configurava o ataque contra a verdade estabelecida, propunha a construção de um novo sistema de crenças baseado em questões sociais e elaborou uma nova linguagem terapêutica incluindo conceitos como homeostase, retro-alimentação e duplo-vínculo.

O movimento do grupo de Palo Alto inicia-se em 1959, quando Dom Jackson funda o *Mental Research Institute* (M.R.I.) com a colaboração da psicóloga Virgínia Satir. Em 1962, o grupo é ampliado, incluindo Paul Watzlawick, John Weackland e Jay Haley, este último diretor da revista *Family Process* e dedicado ao estudo das interações verbais do grupo familiar. Bateson, então, deixa o M.R.I.

e passa a dedicar-se ao estudo da comunicação animal. Com a morte de Dom Jackson, em 1968, Jay Haley também se separa do grupo, aliando-se a Salvador Minuchin, na Filadélfia.

Deste grupo derivou o trabalho de Mara Palazzoli, iniciado em 1968, em Milão, e de Maurizio Andolfi, em 1969, no *Family Therapy Institute of Rome*. O trabalho de Andolfi, atualmente, pode ser definido como uma escola própria, com características particulares, tais como: o enfoque trigeracional das interações familiares, a intervenção terapêutica sobre os padrões de comunicação da família, o uso de técnicas verbais (metáforas) e não-verbais e o seu trabalho constante de aproximação e distanciamento entre terapeuta e família.

No Rio Grande do Sul, o primeiro centro de formação em Terapia Familiar teve sua fundação em 1978, integrando o CEAPIA – Centro de Estudos, Atendimento e Pesquisa na Infância e Adolescência, sob coordenação dos psiquiatras Olga Falceto e José Ovídio Waldemar e, posteriormente, Alberto Stein. Novos profissionais foram integrando a equipe nos anos seguintes, entre eles as psicólogas Nair Teresinha Gonçalves, Rosa Lúcia Severino, Simone Castiel e o psiquiatra Luiz Carlos Prado. Em 1997, a equipe de família do CEAPIA separa-se da instituição, dando origem ao INFAPA – Instituto da Família de Porto Alegre.

Em um levantamento realizado em 2002 (Pinto, 2002), verifica-se a existência de seis entidades formadoras em Terapia Familiar independentes no Rio Grande do Sul (INFAPA, DOMUS, CEFI, NURF, CAIF e Clínica Ser), sendo algumas com filiais no interior do estado, além das duas instituições universitárias com Curso de Especialização (UFRGS e UNISINOS). Todos os centros formadores estão, de alguma forma, vinculados à AGATEF – Associação Gaúcha de Terapia Familiar, e à ABRATEF (Associação Brasileira de Terapia Familiar), as duas instituições regulamentadoras da especialidade em âmbito estadual e nacional, respectivamente.

As escolas de terapia familiar na perspectiva atual

Nichols e Schwartz (1998) identificam pelo menos sete sistemas de terapia familiar: o modelo estrutural, o psicanalítico, o experiencial, o comportamental, a terapia boweniana, a terapia familiar estratégica, e, por fim, os modelos emergentes dos anos 1990, tais como a terapia centrada na solução, as abordagens médicas e psico-educacional e as terapias construtivistas narrativas.

A *terapia estrutural* teve como maior representante Salvador Minuchin. Trata-se de uma teoria amplamente divulgada no contexto clínico, visto trabalhar com pressupostos teóricos claros e de fácil aplicabilidade, tais como as noções de estrutura, fronteiras e subsistemas. Por estrutura entende-se o conjunto de regras não explícitas que justificam as atitudes familiares; a estrutura só pode ser observada mediante a observação das interações entre os membros da família ao longo do tempo. Cada família também pode ser diferenciada por subsistemas; cada membro da família é um subsistema com funções definidas, e cada díade ou agrupamento familiar se reúne para dar conta de outras funções (subsistema conjugal, fraterno, subsistema masculino etc.). Cada subsistema, e a família como um todo, é demarcado por fronteiras, que são barreiras invisíveis que servem para proteger, regular e definir os relacionamentos. Para Minuchin (1982), o objetivo da terapia é resolver o problema apresentado reorganizando toda a estrutura da família, alterando as fronteiras e realinhando os subsistemas; é necessário, portanto, incluir todo o grupo familiar no contexto terapêutico. Após unir-se à família e realizar o diagnóstico desta, o terapeuta estrutural trabalha ativando estruturas "adormecidas", usando técnicas concretas tais como a reestruturação, a intensidade, a dramatização, a focalização, entre tantas outras.

A *terapia familiar psicanalítica* teve entre seus pioneiros Nathan Ackermann, Theodore Lidz, Murray Bowen e Carl Whitaker, teóricos que trocaram a compreensão psicodinâmica para a dinâmica dos sistemas. A teoria psicanalítica tem por essência reconhecer e interpretar os impulsos inconscientes, identificando as defesas utilizadas contra eles; os problemas são de natureza intrapsíquica, estão "dentro" das pessoas e os sintomas são entendidos como "sinais" da ansiedade decorrente da tentativa de enfrentar conflitos inconscientes, sempre relacionados a realidades do passado. Sob esta ótica, a terapia familiar tem como objetivo trabalhar os conflitos inconscientes de cada membro, de tal forma que a interação familiar seja mais satisfatória. De acordo com Nichols e Schwartz (1998), existem quatro técnicas básicas na terapia familiar psicanalítica, quais sejam, a escuta, a empatia, a interpretação e a neutralidade analítica, e, assim como na terapia individual, a mudança se dá quando ocorrem *insights*.

Derivada diretamente da teoria e da clínica psicanalítica está o modelo da *terapia familiar boweniana*. Segundo Nichols e Schwartz (1998), trata-se, sem dúvida, do modelo mais abrangente do comportamento e dos problemas humanos entre todas as abordagens de terapia familiar. O foco de Bowen (1979/1991) reside sempre no sistema familiar multigeracional; ele acredita que a maioria dos problemas da família tem a ver com a fusão emocional e, na terapia, ele busca a diferenciação do sujeito com sua família de origem. O autor trabalha com conceitos como a triangulação, padrões de repetição multigeracional e diferenciação do self. Utiliza a lógica do ciclo vital familiar, tema de estudo de Carter e McGoldrick (1995), e mapeia as relações familiares através do genograma trigeracional. Esses conceitos merecerão mais atenção ao longo do texto.

A *terapia familiar experiencial*, modelo derivado das terapias humanísticas, com forte influência das artes e do psicodrama, teve como maiores expoentes Carl Whitaker, Virgínia Satir e Peggy Papp. Aqui a família é vista como um todo integrado, e não uma soma de individualidades, e tanto mais saudável será o grupo familiar quanto mais flexibilidade, criatividade e afetividade puder expressar. O objetivo da terapia familiar experiencial, segundo Nichols e Schwartz (1998), é o crescimento, e não a estabilidade, e o esbatimento dos sintomas é considerado secundário à expansão da afetividade familiar. Muitas técnicas expressivas são utilizadas ao longo da terapia, tais como a escultura, o desenho da família, a dramatização, o uso da família de bonecos e o desenho do espaço de vida familiar. Convém destacar, no entanto, que nesta abordagem, muito mais do que técnica, importa quem são os terapeutas, o quanto de espontaneidade e criatividade eles próprios apresentam à família em tratamento, o quanto de sensibilidade e clareza tem o seu discurso. Por sua natureza essencialmente experiencial, esta abordagem seguidamente é caracterizada como ateórica, com poucos conceitos próprios da dinâmica familiar, os quais ela toma emprestado de outras abordagens.

Com pressupostos radicalmente opostos à terapia familiar psicanalítica, ou à terapia boweniana, a *terapia familiar comportamental,* descendente do trabalho laboratorial de Pavlov e Skinner, baseada na teoria da aprendizagem social, propõe a intervenção direta no sintoma. O comportamento visado está especificado em termos operacionais muito precisos; o terapeuta trabalha com a premissa de que o que mantém cada comportamento são suas conseqüências e não sua história pregressa, como ocorre na compreensão psicanalítica. Os objetivos da terapia, portanto, são absolutamente precisos e a terapia geralmente tem um tempo limitado. Não é necessário abordar todo o grupo familiar, apenas o(s) membro(s) sintomático(s), pois o sintoma é compreendido como uma resposta aprendida e reforçada involuntariamente. É uma abordagem muito utilizada no treinamento dos pais, na terapia conjugal, especialmente no tratamento de disfunções sexuais. Os comportamentalistas dificilmente abordam uma família inteira, visando apenas atender aqueles subsistemas que consideram estar implicados nas dificuldades em questão.

Outra abordagem centrada na resolução de problemas foi desenvolvida pelas *terapias familiares estratégica e sistêmica.* Derivada da hipnoterapia de Erickson e da cibernética de Bateson, teve, entre seus expoentes, os terapeutas Jay Haley e Cloe Madanes e o grupo Palo Alto, que incluía Paul Watzlawick, John Weakland e Richard Fish. O propósito da terapia estrutural é resolver os problemas familiares através da interação atual, sem preocupar-se com a vida intrapsíquica de cada indivíduo, ou com a capacidade de insight de cada um. Apesar de ser uma abordagem considerada "ultrapassada", convém destacar a movimentação desses terapeutas, tentando integrar a abordagem estratégica a outros modelos teóricos, tais como o estrutural de Minuchin ou como as abordagens narrativas, identificadas como pós-modernas.

Passadas quatro décadas desde o seu surgimento, muita coisa mudou no campo da Terapia Familiar. Além das abordagens tradicionais, tais como a sistêmica, a estratégica, a estrutural e a boweniana, outras possibilidades terapêuticas passam a marcar seu espaço. São as abordagens denominadas por Nichols e Schwartz (1998) de *Modelos emergentes dos anos noventa*. Destacam-se, entre esses, a terapia centrada na solução de Steve de Shazer; os modelos cooperativos e conversacionais de Harlene Anderson, Lynn Hoffman e Tom Andersen; o modelo da desconstrução, de Michael White; os modelos psico-educacionais e da terapia familiar médica de Carol Anderson; e o modelo dos sistemas familiares internos, desenvolvido por Richard Schwartz. Todas essas novas abordagens marcam uma mudança de postura dos terapeutas, que passam do papel de condutores da terapia para colaboradores, apostando no potencial que o grupo familiar tem de crescimento; a ênfase não está mais na patologia, mas no potencial e, ao invés de propor solução, o terapeuta, agora, ajuda as famílias a buscarem seus próprios recursos. De acordo com Minuchin (1998), muitas escolas atuais buscam proteger a família da "invasão" do terapeuta. Para o autor, o terapeuta deve ser respeitoso e conhecedor de si e da família, deve valorizar as experiências e a integridade da família, bem como as suas próprias limitações e potencialidades.

Sem abandonar as "velhas" teorias, o que se vê na prática, atualmente, é a integração de princípios e conceitos de diversas escolas. No item que segue, serão apresentados os princípios gerais da visão familiar sistêmica, que embora questionados quanto a sua forma de utilização, continuam a sustentar boa parte das intervenções clínicas com famílias.

A visão sistêmica

Com a mudança de foco do indivíduo para a família, foi necessário descrever e conceitualizar o sistema relacional da família. Bowen (1979/1991) destaca que o estudo da família oferece um ordenamento totalmente novo de modelos de teorização sobre o homem e sua relação com a natureza e o universo. Para ele, a família humana é um "sistema" que segue as leis dos sistemas naturais. O autor pensa que o funcionamento do sistema familiar depende do funcionamento de sistemas mais amplos, dos quais os indivíduos fazem parte, e de seus subsistemas. Bowen desenvolveu o conceito de família como um sistema, na medida em que uma mudança em uma parte do sistema é seguida de uma mudança compensatória nas demais partes desse sistema. Para Bowen, observar todos os membros da família juntos permite avaliar múltiplas facetas do fenômeno humano, pois os membros da família agem, atuam, interatuam e assumem posições com modalidades tão variadas que fica difícil ver a estrutura e a ordem.

Para Bowen (1979/1991), um dos aspectos mais importantes da disfunção familiar é a coexistência de uma disfunção e um excesso de funcionamento: é um mecanismo automático – um membro da família funciona mais para compensar o mau funcionamento de outro que está temporariamente enfermo. Ele acredita que existem estados crônicos em que o superfuncionamento ou a disfunção são fixos e não existe flexibilidade. Dentro dessa visão, os sintomas emocionais existem mais como prova de disfunção familiar do que como fenômeno intrapsíquico.

Patrícia Minuchin (1985) destaca as idéias de Bertalanffy (1968) como sendo seminais para a teoria dos sistemas, mas acredita que é do trabalho de Bateson (1972, 1979) e outros teóricos do campo familiar que vêm os princípios básicos da visão sistêmica aplicada à família, quais sejam: 1) Qualquer sistema é um todo organizado, e os elementos dentro do sistema são necessariamente interdependentes; 2) Os padrões no sistema são circulares, ao invés de lineares; 3) Os sistemas têm características homeostáticas que mantêm a estabilidade de seus padrões; 4) A evolução e a mudança são inerentes aos sistemas abertos; 5) Os sistemas complexos são compostos por subsistemas; 6) Os subsistemas dentro de um sistema maior são separados por fronteiras, e as interações através destes limites são governadas por regras e padrões implícitos.

Embora concorde que a teoria dos sistemas seja a pedra angular sobre a qual se baseia a terapia familiar, Papp (1992) chama a atenção sobre o uso excessivo da palavra "sistema", que, para a autora, perdeu muito do seu significado, pela generalização e elaboração acadêmica. Para a autora, os conceitos-chave do pensamento sistêmico têm a ver com a totalidade, a organização e a padronização. Para ela, interessam mais as conexões e relações do evento no contexto, do que os aspectos individuais do sujeito. Papp acredita que os comportamentos de cada família são governados por um sistema de crenças – preconceitos, convicções, expectativas, suposições – trazidos por cada um dos pais, de sua família de origem.

Para Minuchin e Fishman (1990), a família desenvolve padrões de interação específicos que constituem a estrutura familiar, os quais determinam o funcionamento dos membros da família, seu comportamento, suas interações. Para os autores, a família é um sistema complexo e, ao mesmo tempo, subsistema de unidades mais amplas, tais como a família extensa, a vizinhança e a sociedade. Uma forma viável de estrutura familiar é necessária para desempenhar suas tarefas essenciais e dar apoio para a individuação, ao mesmo tempo em que provê um sentido de pertinência.

Minuchin e Fishman (1990) ressaltam que a família possui subsistemas diferenciados. Cada membro é um subsistema individual, assim como cada díade (marido e mulher, por exemplo) e cada subgrupo, quer seja formado por geração (subsistema fraterno), por sexo (avô, pai e filho) ou por tarefa (subsistema parental). Esses subsistemas podem ser acessados conjunta ou separadamente ao longo do processo terapêutico. Em alguns casos, faz-se necessário identificar e trabalhar com os subsistemas masculino e feminino dentro do conjunto familiar. As pessoas precisam acomodar-se a esses vários subsistemas, o que, geralmente, exige papéis diferenciados e até paradoxais, simultâneos. Os autores acreditam que a família está constantemente sujeita às demandas para a mudança, vindas de dentro e de fora. Se um avô morre ou uma mãe é demitida do emprego, os subsistemas parental e conjugal devem ser modificados. Observar uma família requer, portanto, flexibilidade, flutuação, equilíbrio e desequilíbrio.

Andolfi e Angelo (1988) concordam que todo membro da família influencia e é influenciado pelos demais. Para eles, a patologia seria definida como uma incapacidade do grupo familiar em superar sozinho alguma etapa do seu desenvolvimento, e a terapia seria inspirada na crença de que a família, como sistema complexo e dinâmico que é, teria recursos para, mediante alguma intervenção externa, retomar seu desenvolvimento no ciclo de vida normal. Os autores têm a convicção de que a família possui recursos necessários que asseguram pertinência e autonomia progressiva aos seus membros. O terapeuta deve descobrir, ativar e canalizar estes recursos.

Para os teóricos da terapia familiar, a unidade de observação não é a díade, e sim, o triângulo (Bowen, 1979; Whitaker e Bumberry (1990), 1988; Haley, 1977; Minuchin, 1982; Andolfi e Angelo, 1988; Cerveny, 1994). A relação mãe – bebê é ampliada para o triângulo pai – mãe – filho, e para todas as relações que puderem ser estabelecidas entre familiares de até três gerações e pessoas sem vínculo consangüíneo, que funcionam como rede de apoio.

O trabalho desenvolvido pelos terapeutas familiares, considerando a família como um sistema organizado, e o indivíduo como um membro contribuinte, parte do processo, acabou determinando algumas tendências, dentro da psicologia do desenvolvimento. Observou-se um aumento da percepção da criança, como contribuinte ativo de sua própria socialização; um interesse nas seqüências de interações, nos efeitos bidirecionais e nos conceitos triádicos; um desenvolvimento dos modelos ecológicos; um aumento na pesquisa com pais e irmãos; e a exploração de métodos para descrever o estado do sistema interacional (Minuchin, 1985).

Pesquisadores do desenvolvimento, como Patrícia Minuchin (1985), sugerem que a teoria do apego, com sua ênfase na natureza recíproca das relações, representa a teoria do desenvolvimento infantil mais compatível com a teoria sistêmica. Minuchin acredita que a psicologia do desenvolvimento e a terapia familiar têm muitas coisas em comum, como o fato de ambas as disciplinas considerarem a família como o foco primário para a compreensão do comportamento humano.

No item que segue, serão abordadas algumas questões básicas da prática clínica com famílias, com destaque às entrevistas iniciais e às possibilidades de diagnóstico familiar, que possam ser norteadoras ao terapeuta que está iniciando o processo de avaliação e atendimento familiar.

Aspectos clínicos – a entrevista inicial com a família

A primeira entrevista familiar, assim como ocorre no atendimento individual, tem o objetivo de oportunizar uma escuta atenta e acolhedora, ao mesmo tempo em que busca identificar, entre o conteúdo manifesto e o conteúdo latente, qual o real motivo da consulta. Dentro da lógica sistêmica, no entanto, entende-se que a pessoa referida como sintomática é apenas o representante de alguma disfunção de todo o contexto familiar (paciente identificado) e que as dificuldades referidas (o "sintoma") nunca dizem respeito a uma única pessoa. Portanto, já na primeira escuta, tenta-se "compartilhar" as responsabilidades em relação ao problema apresentado, tentando avaliar quantas e quais as pessoas que se sentem implicadas com as mesmas.

É importante em uma primeira entrevista que todos os familiares presentes possam participar ativamente e ser escutados. Quando existem crianças, mesmo pequenas, estas podem ser priorizadas, podendo, inclusive, serem solicitadas a apresentar toda a família. O terapeuta deve estar atento à idade e à capacidade de cada membro da família, comunicando-se de tal forma que possa ser compreendido por todos eles.

Muitos padrões de interação podem ser observados em uma primeira entrevista, desde aspectos físicos (quem senta ao lado de quem), como as alianças (como cada um reage enquanto o outro fala) e as triangulações (quem apóia quem). Muitas vezes são movimentos sutis, quase imperceptíveis (um jeito de olhar, um suspiro), que o terapeuta atento e bem treinado começa a identificar.

Falceto (1989) divide a primeira entrevista em quatro momentos: 1) o encontro social; 2) a obtenção de informações sobre o problema; 3) a redefinição do problema, incluindo na formulação o funcionamento da família e 4) o contrato terapêutico. Para o estabelecimento do contrato, é necessário identificar quais as pessoas que pretendem se implicar no tratamento.

Em muitas entrevistas, quando se identifica o problema, já se inicia a construção da história familiar. Uma alternativa para organizar os dados da família nas primeiras entrevistas é a construção do genograma.

Identificando a família: o uso do genograma

O genograma é um instrumento originalmente desenvolvido pela medicina e biologia, mas que a partir da década de 1980 passou a configurar-se como um potente recurso de diagnóstico e avaliação da estrutura familiar (McGoldrick e Gerson, 1985). Trata-se da representação gráfica da composição familiar e dos relacionamentos básicos em, pelo menos, três gerações (Carter e McGoldrick, 1989/ 1995). O genograma pode ser construído pelo terapeuta a partir das informações oferecidas pela família, ou ser construído conjuntamente durante a sessão; quando existem crianças pequenas, os símbolos tradicionais – círculos, retas e quadrado (ver Figura 1) podem substituídos por bonecos ou figuras do interesse infantil. Além de visualizar quais são os membros que constituem a família, identificar a idade e ocupação (profissão/escolaridade) de cada pessoa, o genograma também retrata o lugar ocupado por cada um dentro da estrutura familiar.

De acordo com Castoldi e Sobreira Lopes (s/data), o genograma permite a rápida e clara identificação de quem faz parte da família atual do sujeito (paciente identificado), possibilita verificar a situação dos casais (se ocorreu separação, divórcio ou concubinato e há quanto tempo foi), bem como permite constatar a ocorrência de adoção, aborto, natimorto ou nascimento de gêmeos. Através do genograma, podem ser identificadas doenças, mortes e outras informações relevantes, tais como a procedência das pessoas, data de migração, a ocorrência de alcoolismo, obesidade, uso de drogas, encarceramento, aposentadoria, entre outros.

Apoiado na teoria de Bowen (1979/1991), a leitura do genograma familiar possibilita a verificação de padrões de repetição ao longo do ciclo vital da família (idade das mulheres quando da primeira gestação, escolha profissional, ocorrência repetida de suicídio, abortos etc.) Permite, ainda, identificar triangulações, alianças e conflitos entre os componentes.

Existem diversas maneiras de se retratar um genograma. Nas duas últimas décadas, no entanto, buscando padronizar a utilização deste instrumento em terapia familiar, Carter e McGoldrick (1995) oferecem um modelo bastante divulgado, conforme sintetiza a figura a seguir.

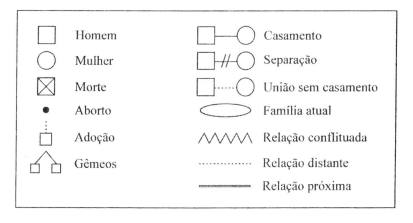

Figura 1 – Genograma

A avaliação familiar

Apesar da diversidade de escolas e pressupostos teóricos envolvendo a terapia familiar, o diagnóstico da família ainda é um tema em discussão. Falceto (1989) propõe um modelo de avaliação da estrutura e da dinâmica familiar envolvendo seis itens: 1) avaliação do nível socioeconômico e características etnoculturais; 2) estágio de desenvolvimento da família e crise situacional; 3) alianças e hierarquias; 4) capacidades de coesão e de adaptação da família; 5) função do sintoma e presença ou não de diagnóstico psiquiátrico positivo e 6) motivação para o tratamento.

Em relação ao estágio do desenvolvimento, encontra-se subsídio na teoria do ciclo vital, tema exaustivamente estudado por Carter e McGoldrick (1995), que o resumem em seis fases ao longo do desenvolvimento familiar:

1. Jovem saindo de casa: é o momento de buscar a diferenciação do eu em relação à família de origem (separação sem rupturas), de desenvolver relacionamentos íntimos, de estabelecer relações maduras com o trabalho, com vistas à independência financeira, enfim, de buscar o estabelecimento de objetivos pessoais;
2. A união das famílias no casamento – o novo casal: esta etapa caracteriza-se pelo comprometimento com um novo sistema (marital) e pelo realinhamento dos relacionamentos com as famílias ampliadas e os amigos para incluir o cônjuge;
3. Famílias com filhos pequenos: nesta etapa, afirmam Carter e McGoldrick (1995), é fundamental a justar o sistema conjugal para criar espaço para os filhos; é necessário que o casal se una na tarefa de educar os filhos e que busque o realinhamento dos relacionamentos com a família ampliada (tios, primos, avós);
4. Famílias com filhos adolescentes: agora é necessário modificar relacionamentos pais – filhos, permitindo ao adolescente movimentar-se para dentro e para fora do sistema familiar; nesta etapa ocorre um novo foco nas questões conjugais e profissionais do meio da vida;
5. Lançando os filhos e seguindo em frente: novamente o casal deve renegociar o sistema conjugal com um par; para as auto-

ras agora é necessário que se desenvolva um relacionamento de adulto para adulto entre os filhos crescidos e seus pais;
6. Famílias no estágio tardio da vida: esta é uma etapa de revisão e integração da vida, de preparação para a aposentadoria. O declínio fisiológico remete a questões de envelhecimento e perdas e mais uma vez é imprescindível reavaliar os interesses próprios e do casal.

Embora esta seja uma classificação ainda muito utilizada, deve-se considerar que as pesquisas de McGoldrick e Carter (1985) basearam-se na população de classe média norte-americana. É necessário adaptá-las às classes populares, quando muitas vezes o nascimento dos filhos acontece durante a adolescência, fazendo com que as gerações apresentem um intervalo de tempo menor do que a apresentada na classe média e alta.

Para avaliar a capacidade de coesão e adaptação da família, Falceto (1989) baseia-se no modelo diagnóstico proposto por Olson, Sprenkle e Russel (1979) o qual, para os autores, perpassa todas as escolas de terapia familiar. Trata-se de uma avaliação familiar em relação a dois parâmetros: a coesão, cujo eixo varia da aglutinação até a desagregação e o parâmetro da adaptação, cujo eixo varia da rigidez ao caos. Conforme ilustra a Figura 2, percebe-se que as famílias apresentam-se tanto mais funcionais quanto mais flexíveis mostrarem-se, colocando-se em um ponto intermediário, de equilíbrio em cada eixo; quanto mais próximas estiverem dos extremos, tanto mais disfuncionais (mais caóticas ou rígidas; mais aglutinadas ou desagregadas).

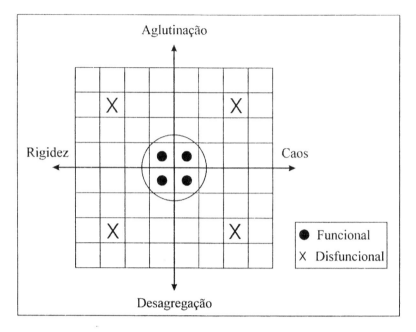

Figura 2

Falceto (1989) destaca que a família deve estar em constante reavaliação, pois seus padrões de funcionamento mudam quando se retiram os obstáculos, e o diagnóstico familiar deve ser um processo dinâmico e continuado, sempre com o cuidado de não rotular as pessoas. A autora recomenda a classificação diagnóstica proposta por Lewis (1981) como elemento orientador para a formulação do plano terapêutico.

Uma proposta de diagnóstico familiar

Lewis (1981) propõe uma classificação diagnóstica, utilizando os padrões de estrutura e funcionamento familiar, baseada em cinco categorias:
a) Famílias competentes: são as famílias saudáveis, aquelas em que o casal compartilha o poder, toma decisões conjuntas ou

respeita a competência de cada um e que são capazes de criar filhos autônomos e criativos. Os vínculos são fortes, baseados em relações de intimidade e autonomia, e existe respeito pelas diferenças individuais. A comunicação é clara e espontânea. Quando enfrentam problemas, como em todas as famílias, demonstram sentimentos e conseguem se ajudar nos momentos difíceis sem criar respostas disfuncionais.

b) Famílias competentes, mas sofridas: são famílias capazes de educar e promover o crescimento dos filhos, mas apresentam conflitos conjugais. Existem problemas de hierarquias, aparecem alianças dos cônjuges com os avós ou com outras pessoas, ou mesmo coligações com um dos filhos. O relacionamento sexual do casal não é satisfatório, mas a família tem um grande valor e, para manter sua integridade, o casal opta por continuar junto em função dos filhos.

c) Famílias conflituadas: nestas famílias aparecem conflitos importantes entre os cônjuges e entre estes e os filhos; a aliança de cada adulto com um dos filhos é explícita e muitas vezes hostil; o casal já não consegue dividir o poder, a vida sexual ou é tumultuada ou inexiste, as relações extra-conjugais tornam-se freqüentes e as colisões com os filhos tornam-se corriqueiras. Mesmo quando conseguem um razoável grau de autonomia, esses filhos costumam apresentar dificuldades com a intimidade. Nessas famílias são comuns os pacientes psiquiátricos, as crianças com distúrbios de conduta e os adultos deprimidos.

d) Famílias cronicamente conflituadas: a diferença da categoria anterior é que nestas famílias os padrões de funcionamento estão mais cristalizados. As famílias podem apresentar-se como dominantes e controladoras e as relações de casais geralmente são baseadas no padrão dominação – submissão, com um cônjuge sempre detendo o poder. Os filhos mostram-se inseguros em suas relações afetivas, pois não trazem boas experiências de intimidade. Geralmente é uma família que lida mal com perdas e conflitos, por apresentar uma estrutura muito rígida de funcionamento. As crianças freqüentemente são rebeldes, com problemas de limites e os adultos frágeis e/ou deprimidos.

e) Famílias caóticas ou severamente disfuncionais: são aquelas famílias extremamente caóticas, desorganizadas, desligadas ou, por outro lado, aglutinadas, fusionadas, nas quais os cônjuges não possuem qualquer individualidade preservada. São famílias muito isoladas do resto da comunidade ou excessivamente ligadas às famílias de origem. A comunicação é imprecisa, os afetos não são manifestados, é difícil saber o que cada um pensa, sente ou quer. O humor básico é a desesperança, o cinismo ou a depressão. Nestas famílias são comuns as doenças mentais severas, os casos de abuso, a negligência e a violência familiar.

Considerações finais: sobre o terapeuta familiar

Trabalhar com famílias é uma experiência que remete o terapeuta às suas próprias vivências familiares, sejam elas boas ou más, passadas ou presentes. Para dar conta de tantas histórias e sentimentos que emergem na confluência de um sistema familiar com a pessoa do terapeuta, os centros de formação em terapia familiar e de casal agregaram ao tripé da formação tradicional (teoria, terapia e prática supervisionada), um exercício que se convencionou chamar de "self do terapeuta". Trata-se de uma etapa da formação que se configura na interface entre a terapia e a supervisão, na qual o futuro terapeuta trabalha, à luz da sua experiência familiar, buscando identificar seus pontos fortes e seus pontos "cegos", aqueles para os quais provavelmente estaria menos atento. Com o auxílio de um terapeuta experiente e de um grupo de colegas, o terapeuta em formação vai tomando consciência de suas potencialidades e limitações com o intuito de qualificar-se para o exercício clínico. Essa costuma ser uma experiência intensa, de grande sensibilidade e aprendizado para quem pretende se aventurar na arte de trabalhar com pessoas em sofrimento psíquico.

Referências bibliográficas

ANDOLFI, M. e ANGELO, C. (1988). *Tempo e mito em terapia familiar.* Porto Alegre, Artes Médicas.

ANDOLFI, M. (1996, agosto 3). "A família hoje." [Entrevista]. *Zero Hora,* p. 30.

ARIÈS, P. (1978). *História social da criança e da família.* Rio de Janeiro, Zahar.

BATESON, G. (1972). *Steps to an ecology of mind.* New York, Ballantine.

_____. (1979). *Mind and nature.* New York, Dutton.

BELL, J. E. (1961). "Family Group Therapy". *Public Health Monograph,* 64, US Dept. of Health, Education and Welfare.

BERTALANFFLY, L. von. (1968). *General system theory.* New York, Braziller.

BOWEN, M. (1979/1991). *De la família al individuo.* Buenos Aires, Paidós.

BOWLY, J. (1949). The study and reduction on group tensions in the family. *Human Relations,* 2, pp. 123-128.

BYNG-HALL, J. (1991). The application of attachment theory to understanding and treatment in family therapy. In: PARKES, C. M.; STEVENSON-HINDE, J. e MARRIS, P. *Attachment across the life cycle.* London, Routledge.

CARTER, B. e McGOLDRICK, M. (1995). *As mudanças no ciclo de vida familiar: uma estrutura para a terapia familiar.* Porto Alegre, Artes Médicas.

CARVALHO, A. P. (1981). *Dicionário de Filosofia.* São Paulo, Editora Herder.

CASTOLDI, L. e SOBREIRA LOPES, R. (Submetido). "Usos do Genograma – da clínica familiar sistêmica à pesquisa em psicologia". *Psicologia: reflexão e crítica.* Porto Alegre, s/d.

CERVENY, C. M. O. (1994). *A família como modelo – desconstruindo a patologia.* São Paulo, Workshopsy.

CÓDIGO CIVIL BRASILEIRO (2003). Em: http://www.universodamulher.com. Acesso em 12 março 2005.

FALCETO, O. G. (1989). "Diagnóstico psiquiátrico da família: um esquema". *Revista de Psiquiatria do Rio Grande do Sul.* 11(2), PP. 131-136, maio/ago.

FALICOV, J. C. (1991). *"Transiciones de la familia: continuidad y cambio en el ciclo de vida.* Buenos Aires, Amorrurtu Editores.

FOLEY, V. D. (1990). *Introdução à terapia familiar.* Porto Alegre, Artes Médicas.

HALEY, J. (1977). "Towards a theory of pathological systems". In: WATZLACWICK, P. e WEAKLAND, J. *The international view.* Nova York, W. W. Norton.

LEWIS, J. (1981). *Psiquiatria na prática médica.* Rio de Janeiro, Guanabara Koogan.

McGOLDRICK, M. e GERSON, R. (1985). *Genograms in family assesment.* New York, W. W. Norton & Company.

MINUCHIN, P. (1985). "Families and individual development: provocations from the field of family therapy". *Child Development,* 56, pp. 289-302.

MINUCHIN, S. (1982). *Famílias – Funcionamento e tratamento.* Porto Alegre, Artes Médicas.

MINUCHIN, S. (1998). "Prefácio". In: NICHOLS, M. P. e SCHWARTZ, R. C. *Terapia familiar – Conceitos e métodos.* Porto Alegre, Artmed.

MINUCHIN, S. e FISHMAN, H. C. (1990). *Técnicas de terapia familiar.* Porto Alegre, Artes Médicas.

NICHOLS, M. P. e SCHWARTZ, R. C. (1998). *Terapia familiar – Conceitos e métodos.* Porto Alegre, Artmed.

OLSON, D.; SPRENKLE, D. e RUSSEL, C. (1979). "Circumplex model of marital and family systems cohesion and adaptability dimensions, family types and clinical applications". *Family Process.* 18, Mar.

PAPP, P. (1992). *O processo de mudança: uma abordagem prática à terapia sistêmica de família.* Porto Alegre, Artes Médicas.

PINTO, N. C. (2002). *O histórico da terapia familiar no Rio Grande do Sul.* Trabalho de Conclusão de Curso não publicado. UNISINOS, São Leopoldo, Rio Grande do Sul.

WHITAKER, C. e BUMBERRY, W. (1990). *Dançando com a família.* Porto Alegre, Artes Médicas.

CAPÍTULO 13

MEDIAÇÃO DE CONFLITOS

Edith Salete Prando Nepomuceno
Ingrid Elba Schmidt

*"O que nos constitui homens é a palavra.
Precisamos aprender a fala, para entender a
necessidade do outro, para que as fronteiras sejam
marcas de aproximação, e não de divisão".*
Donaldo Schüller

Breve histórico

A mediação existe na sociedade humana desde os tempos da Antiga China. Inspirados em Confúcio (551 a.C. – 479 a.C.), um terceiro era chamado para mediar conflitos entre sujeitos ou grupos. Outras antigas sociedades orientais desenvolvidas também se valiam desta prática resultante de uma ética conciliatória, naquele tempo muito presente, oriunda de princípios religiosos e culturais que regulavam a vida das comunidades.

Na Grécia, a mediação tem origens remotas, pois a palavra "mediação" foi oficializada, pela primeira vez, por Justiniano (482 – 565), para designar a função de conciliador, sendo que alguns atuavam nas províncias, e outros atuavam nos limites das aldeias e cidades (Cribari, 1985).

Pensa-se que a mediação chegou ao ocidente através dos primeiros imigrantes chineses aos Estados Unidos. Passou a ser difundida e cultuada no âmbito jurídico a partir da década de 1960 para resolver conflitos conjugais, familiares, trabalhistas e comerciais. Nos anos 1970, a mediação estendeu sua prática também fora do judiciário, e hoje é uma intervenção que se faz presente em escolas, hospitais, consultórios e outros espaços que buscam a solução do conflito sem a utilização do poder coercitivo do Estado (Breitman e Porto, 2001). Naquele país, a mediação encontra-se regulamentada pelo *Alternative Dispute Resolution Act*, de 1998, norma federal, havendo legislações estaduais regulamentando o assunto. Os cursos de formação de advogados fizeram incluir, em seus currículos, matéria sobre negociação e mediação de conflitos.

A experiência do Canadá também se revela importante, eis que a mediação inseriu-se na cultura dos cidadãos como um mecanismo de solução de litígios, e também vem influenciando a prática nos países do Mercosul, especialmente Argentina e Brasil.

Na França, Cappelletti e Garth (1988) mencionam a existência da figura do *conciliateur*, além de uma espécie de auxiliar do juiz denominado *médiateur*, para as funções de mediação, conforme projeto de lei de 1990. Além disso, o Centre National de la Médiation elaborou e promoveu uma Carta e um Código de Mediação, lastreados na obra de Jean-François Six, *Temps des Médiateurs, de 1990* (Six, 2001). O mesmo autor faz referência, por exemplo, de uma Casa de Mediação, associação independente, fundada em Paris em 1989, para atender a qualquer pessoa que pretender uma consulta familiar ou requerer uma mediação nesta área.

No Brasil, verificam-se aspectos interessantes quanto à mediação, pois embora o surgimento amplo de debates acerca deste instituto, em artigos, congressos e seminários acadêmicos, a expansão da prática ainda se revela tímida. Entretanto, existe uma forte tendência, sobretudo na área jurídica, de que esse meio de resolução de conflitos deve ser utilizado, de imediato, considerando a metodologia que reduz o tempo do tratamento do conflito, e face à verdadeira "via crucis" enfrentada pelos cidadãos quando acorrem ao judiciário, que denota, há mais de uma década, falta de estrutura para atender rapidamente as demandas. A denominada "crise da jurisdição"

(Morais, 1999), vista sob diversas perspectivas, afeta o acesso à justiça, como preconizado na obra de Cappelletti e Garth (1988), trazendo a lume o famoso brocardo de que " justiça tardia é injustiça".

A Convenção Européia para a Proteção dos Direitos Humanos e Liberdades Fundamentais reconhece, explicitamente, no artigo 6º, parágrafo 1º, que a justiça que não cumpre suas funções dentro de "um prazo razoável" é, para muitas pessoas, uma justiça inacessível.

Assim é que, em nosso país, embora ainda não exista uma legislação regulamentando o instituto (somente um projeto de lei em tramitação no Senado Federal), verifica-se a existência de várias instituições públicas ou particulares, que desenvolvem tanto a prática como cursos de mediação (por exemplo, o IMAB – Instituto de Mediação e Arbitragem do Brasil; o MEDIARE – Centro de Administração de Conflitos, e o CLIP – Clínica de Psicoterapia e Instituto de Mediação), estas, via de regra, ligadas ao CONIMA – Conselho Nacional das Instituições de Mediação e Arbitragem. Este Conselho editou um Código de Ética, e normas básicas para edição de cursos de formação, que são seguidos pelos afiliados. Existe, também, considerável volume de obras publicadas sobre mediação, e muitas delas incluindo os conteúdos sobre arbitragem (esta regulamentada pela Lei n. 9.307/96)

Deve ser esclarecido que algumas faculdades de Direito já incluíram em seus currículos a disciplina de Mediação e Arbitragem, como, por exemplo, em São Paulo e no Rio Grande do Sul.

Projeto de lei sobre mediação

Conforme acima referido, atualmente, tramita no Senado Federal um Projeto de Lei sobre Mediação de Conflitos (PL n. 4.827/98), que inicialmente foi um projeto da deputada Zulaiê Cobra Ribeiro, ao qual foram acrescidas sugestões do Instituto Brasileiro de Direito Processual e da Escola Nacional da Magistratura, denominado agora, depois da aprovação pela Câmara dos Deputados, de "Versão Consensuada".

Por esse projeto, poderá haver a mediação em toda a matéria que admita conciliação, transação ou acordo, podendo ser prévia, ou seja, antes de ingresso de ação judicial, ou incidental, como uma fase da ação ajuizada. Também insere qualidades e qualificações, bem como conduta dos mediadores, além de alterar dispositivos do Código de Processo Civil, que dá as formas de procedimentos judiciais, especialmente o artigo 331, possibilitando a inclusão de conciliadores e/ou mediadores, como auxiliares dos juízes para a tentativa de viabilizar-se o consenso.

Pensamos que a mediação, por suas características, prescinde de legislação específica para implementação, tanto extrajudicialmente como durante um processo judicial, e prova disso são os programas de mediação que já se desenvolvem pelo país, como já referido, em instituições públicas – universidades, ou privadas, com excelentes resultados. De outro lado, normas legais já existentes servem de sustentação para a prática deste verdadeiro instrumento de tratamento de conflitos, a iniciar pela Constituição Federal de 1988, a qual, em seu Preâmbulo, concita que seja priorizada a solução pacífica de controvérsias.

A mediação como forma de solucionar conflitos se coaduna e tem suporte em vários princípios constitucionais, como, por exemplo, da dignidade da pessoa humana (artigo 1º, inciso III da CF/88), uma vez que o mediador oportuniza aos envolvidos não somente o relato estrito da questão do litígio, mas que venha sobre a mesa todos os motivos e circunstâncias que envolvam o caso e as pessoas, portanto o resgate das relações; o princípio do acesso à justiça, não no sentido da jurisdição, mas no sentido do processo substancial, e portanto, justo (artigo 5º, inciso XXXV, da CF/88); o princípio da igualdade, eis que o processo de mediação oportuniza tratamento isonômico nas falas e questionamentos dos envolvidos (artigo 5º, inciso I, da CF).

Entretanto, em favor de ser implementada uma legislação sobre a mediação, existem fatores importantes, como, por exemplo, estamos acostumados com a existência de leis que regulamentem os conflitos através da jurisdição estatal, e ainda, sendo o país de dimensão continental, e cada estado da Federação com características culturais diversificadas, somente uma legislação federal poderia fazer uma unificação de condutas na resolução de litígios. Portanto, cremos que a regulamentação da mediação poderá fazer com que esta prática da mediação, especialmente extrajudicial, seja difundida e enraizada de forma definitiva pela população em geral.

Programa de Mediação de Conflitos – UNISINOS

Em nossa universidade, desenvolve-se um programa de mediação transdisciplinar, envolvendo as áreas de ciências jurídicas e psicologia, com o apoio do serviço de assistência social. Chama-se Programa de Mediação de Conflitos, idealizado no ano 2000, e com implementação efetiva a partir do ano de 2004, tendo por local a Antiga Sede da UNISINOS, junto ao NPJ – Núcleo de Prática Jurídica, e ao Núcleo de Atenção à Saúde, integrante do Programa de Ação Social da UNISINOS na Área da Saúde. Dentre os argumentos justificadores do projeto apresentado à universidade, ressalta-se a necessidade de uma adequação à visão contemporânea, que aponta para uma revisão de paradigmas, considerando a delonga do judiciário em demonstrar eficiência e presteza na função de dirimir conflitos, como também o desafio de desenvolver condições para a convivência com as diferentes formas de tratamento pacífico de conflitos.

O programa ainda encontra-se em consonância com os objetivos traçados, na época, pelo Planejamento Estratégico da instituição, especialmente por contemplar a necessidade de consolidar políticas e práticas de desenvolvimento integrado das atividades de ensino, pesquisa e extensão, ajustadas às exigências do avanço científico-tecnológico, aos benefícios proporcionados pela prática da transdisciplinaridade, como também com o atual projeto para inserções da mediação em ações sociais.

Sob outro aspecto, o programa de mediação dentro da instituição, realizado por alunos e supervisionado pelos professores das áreas de ciências jurídicas e psicologia, contribui para a formação de profissionais capazes de reconhecer e atender adequadamente às demandas de sua comunidade, e especialmente aos alunos da área de direito, desenvolver a capacidade de uma prática profissional voltada à prevenção e solução pacífica de controvérsias.

Nesse passo, importante ainda ressaltar que, atendendo o programa a pessoas da comunidade, está sendo difundida essa forma de tratamento e resolução de litígios, colaborando para uma nova atitude de pacificação social dentro da comunidade.

A sobrevivência e aprimoramento desta prática nos dias atuais dizem de seu significado para a sociedade.

Conciliação, arbitragem e mediação: breves considerações

Para fins de diferenciação entre práticas aparentemente semelhantes na abordagem de conflitos cabe realizar distinção entre arbitragem, conciliação e mediação.

Por conciliação, entende-se harmonizar litígios, e, falando em termos jurídicos, a conciliação se entende pelo encontro das partes em confronto, com um terceiro sugerindo opções para resolução do litígio.

A arbitragem se caracteriza por ser um procedimento adversarial, com reclamação, oportunidade de apresentar defesa e produzir provas periciais e de testemunhas, sendo que ao final deste procedimento haverá um parecer que se denomina Laudo Arbitral, sem possibilidade de recurso a outra instância ou outro órgão. Na verdade, trata-se de um processo por instituição particular, o Tribunal Arbitral.

A mediação, por sua vez, difere da conciliação e também da arbitragem: a mediação é um procedimento não adversarial, no qual o modelo de intervenção pelo mediador é no sentido de intermediar as pessoas envolvidas no conflito, para que retomem um diálogo franco, aberto, no qual todas as circunstâncias dos fatos e dos sentimentos, as expectativas, devem ser colocadas em mesa, de forma pacífica e ordenada; o mediador deve ouvir muito e pouco intervir, ou seja, o estritamente necessário para que os mediandos façam um entendimento mútuo, em que a solução deve emergir das próprias idéias e falas dos envolvidos. Entende-se, assim, que o mediador, embora possa fazer esclarecimentos de alguns pontos práticos da discussão, não pode sugerir opções de atitudes ou acordo entre os mediandos.

O instituto de mediação, embora possa ser um instrumento de busca de consenso em qualquer área de conhecimento onde exista conflito, é ideal nos casos como família, vizinhança, e outros onde as relações são continuadas e multiplexas.

Cabe mencionar também que, sendo nossos clientes da mediação advindos, quase que exclusivamente, dentre aqueles que procuram a assistência judiciária gratuita, grande parte dos casos são sobre litígios familiares, e, assim sendo, a Mediação Familiar será o foco a seguir.

Mediação familiar e sua co-relação com o direito

Antes de abordar a metodologia ou o "como fazer", é necessário que o interessado em desenvolver esta intervenção tenha conhecimentos sobre as temáticas a seguir elencadas por sua implicação na dinâmica dos casos atendidos, conforme vivenciamos no Programa de Mediação de Conflitos – UNISINOS.

No programa desenvolvido em nossa universidade, há possibilidade de ser atendido qualquer caso em que seja possível a conciliação e a transação, com possibilidade de homologação judicial posterior, se for o caso, conforme já referido acima. Assim, são atendidos quaisquer conflitos, desde que não haja violência, ou perigo constatado de violência, entre os envolvidos: família, sucessões, separação, divórcio, alimentos, guarda e visitação, partilha de bens, investigação de paternidade, abandono, dificuldades de convivência e relacionamento entre parentes, questões de vizinhança, possessórias, direitos do consumidor, negócios e contratos entre particulares.

Nas questões familiares é recomendável aos profissionais que pretendem trabalhar com a mediação, mesmo não sendo advogados, a leitura de doutrina básica e conhecimento dos institutos legais, que são: no Código Civil, Capítulo referente à família e sucessões; Lei do Divórcio; Lei dos Alimentos; Estatuto da Criança e do Adolescente; legislação sobre união estável.

Aos profissionais do direito que trabalham com a mediação familiar, sugerimos estudos sobre organização e vínculos familiares, gênero, relações de poder, o papel do dinheiro nas relações, linguagem e comunicação, como será abordado posteriormente.

Conflito familiar – busca dos "direitos"

Conforme referido supra, verifica-se comumente que, quando um conflito familiar sério se instala, seja de que ordem for, algum dos envolvidos toma a iniciativa de fazer uma consulta jurídica junto a um profissional independente ou através de instituições, como defensorias públicas ou advogados que trabalham em assistências judiciárias.

Assim, as questões familiares desembocam no judiciário, em regra, nos momentos de crise. Em primeiro plano vem o questionamento acerca da existência de legislação que ampare a pretensão trazida, desconhecida de grande parte da população, até porque os códigos e legislações contêm uma linguagem acessível somente aos profissionais do direito.

Por outro lado, não basta ter uma lei que ampare o direito pretendido, porque esse direito tem de ser buscado através de um mecanismo chamado "processo", que é complexo, burocratizado, com formalidades a serem cumpridas pelos advogados contratados pelas partes litigantes. Resta salientar que diante do volume de trabalho dos cartórios, mesmo os das Varas de Família, os direitos e expectativas das partes, muitas vezes crianças, deixam de ser atendidos.

Em grande parte dos casos, embora o esforço de juízes vocacionados à área de família, conforme o dito popular, "resolva o processo", não soluciona o problema real posto a julgamento. Há, sem dúvida, necessidade de reformulação dos juizados de família, ou seja, a "humanização" desta jurisdição. A inserção do instrumento de mediação, sem dúvida, seria uma forma de transposição do formalismo ao humanismo das relações familiares no processo.

Devemos reconhecer na família contemporânea várias estruturas co-existindo – família extensa, nuclear, monoparental, recomposta –, e com isto um entrelaçamento de vínculos, muitos deles levando a conseqüências jurídicas diversas. A exemplo, podemos ter numa família recomposta a existência de filhos de mais de um relacionamento de um dos pais, e um meio-irmão do relacionamento de outro progenitor. Desta forma, o direito das sucessões vai atingir diversamente os membros de uma mesma família, de acordo com o grau de parentesco do *de cujus*.

Dentro do núcleo familiar, até mesmo a escolha da forma da união, se casamento, qual regime de bens, união estável, que no primeiro momento da formação da família, mais emocional, não tem relevância, depois, no momento da ruptura, tem conseqüências que divergem da idéia inicial dos cônjuges.

Por sua vez, a legislação familiar vem apresentando mudanças significativas, e muitas vezes a resposta dos Tribunais – jurisprudência – é que defere a interpretação caso a caso, e assim o cuidado dos profissionais do direito em aconselhamentos pertinentes e atualizados, para não gerar expectativas que se frustram posteriormente, é vital.

A mediação familiar e o direito devem andar juntos, pois o casamento é um contrato, e para haver o distrato ou dissolução legal, há que passar pela homologação judicial, com as formalidades inerentes ao procedimento.

Com a mediação familiar, a legislação tem papel importante mas não significativo, pois que os envolvidos "recriam os direitos" e "constroem um distrato". Mesmo não permanecendo o vínculo amoroso, poderá permanecer a amizade, o afeto, e a gratificação de uma dissolução bem sucedida.

Organização e vínculos familiares: a dimensão psicológica

Na mediação atendemos famílias e casais em crise e aqui destacamos alguns conceitos e autores considerados instrumentos principais para o mediador estudar, explorar e outros acrescentar.

Entendendo a família como uma instituição social, no sentido dado pela análise institucional (Baremblitt, 2002), longe de ser "natural", ela é uma organização criada pelos próprios sujeitos para estar a serviço das necessidades de seus membros: cuidado, proteção, desenvolvimento afetivo, social, cognitivo etc.

O modelo familiar nuclear atual data do século XIX, quando as exigências da industrialização criaram fronteiras entre o mundo doméstico e o mundo do trabalho, instituindo discursos e práticas sobre a maternidade, paternidade, educação dos filhos. Esses discursos e práticas, com o tempo, formaram mitos que até hoje estão presentes nas relações familiares, embora as condições de vida hoje possam ser bem diversas daquelas que geraram os mitos. Por exemplo, um pai amoroso pode deixar de lutar pela guarda de seu filho pelo mito da maternidade: a mãe é mais capaz de cuidar do filho. Ou uma mãe apaixonada por seu projeto profissional pode não levá-lo adiante por exigências do cuidado diário ao filho pequeno. Esse pai e essa mãe poderiam ser um casal que estaria se separando, e, se norteados por estes mitos, poderiam perpetuar vínculos insatisfatórios.

As organizações familiares, portanto, mudam a sua configuração de tempos em tempos, até que estruturas inicialmente vistas como marginais passam a ser instituídas, ou seja, legalizadas, reconhecidas universalmente.

Na atualidade estamos num destes períodos especiais em que antigas verdades são discutidas, dando passagem ao reconhecimento de realidades familiares até há pouco tempo questionadas, ainda que com os conflitos ideológicos, religiosos e científicos, presentes nas transições do imaginário social. Ouvem-se colocações de que a família está desaparecendo, quando na verdade estão sendo reconhecidas as fragilidades do modelo mais tradicional e dos discursos que o sustentam, conforme analisa Roudinesco (2003).

Com as mudanças ocorridas nas configurações familiares nos últimos anos e as pesquisas que acompanham o desenvolvimento de seus membros, o conceito de saúde ou normalidade da família deslocou-se da observação da estrutura para o *conteúdo ou processo familiar*. Assim, hoje, entende-se por família "normal" ou saudável aquele grupo ou díade que congrega seus membros e consegue assisti-los diretamente em suas necessidades biológicas e afetivas ou indiretamente, acessando os serviços públicos ou privados específicos. No grupo familiar se relacionam sujeitos diferentes, com idades diferentes, sexos diferentes, subjetividades que convivem a partir de um certo grau de coesão mas também a partir de suas singularidades, o que torna freqüente a presença do conflito. Diríamos até que é saudável a presença de conflitos na família, quando resolvidos ou contornados, dando lugar a cenários mais ricos para viver.

Pode-se entender a complexidade do estudo da família através do modelo sistêmico (Vasconcellos, 2002) que hoje congrega várias áreas de conhecimento.

Fazendo um diagrama:

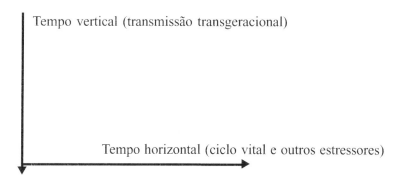

Esta representação esquemática mostra a família como um sistema relacional que se movimenta simultaneamente em dois tempos: o tempo vertical e o tempo horizontal (Carter e McGoldrick, 1995).

O tempo vertical é aquele da passagem das gerações, que, por sua história particular, constrói e faz a transmissão transgeracional de valores, crenças, mitos, mandatos, fantasmas etc. O tempo horizontal é dado pela passagem decorrente da trajetória de desenvolvimento e projetos dos membros do grupo familiar: casamentos, nascimentos, entrada do filho na escola, adolescência, divórcios, envelhecimento, morte etc. Este tempo horizontal, também chamado ciclo vital da família (Carter e McGoldrick, 1995), tem suas variações conforme a realidade socioeconômica, e sempre representa uma crise no sentido de provocar no grupo familiar a necessidade de uma nova reorganização para seguir sua trajetória. Nesse sentido, se diz que a família é "auto-regulável", ou seja, o grupo familiar "se re-inventa" de forma a vencer a crise. Neste processo de re-invenção, há uma re-acomodação, e, para tanto, atuam os modelos sociais circundantes e a transmissão transgeracional. É o tempo vertical trazendo sua bagagem de conhecimentos (conselhos, modelos etc.) para orientar na crise atual.

Outros eventos também podem obrigar a família a se reinventar: desemprego, violência social, acidentes, enfermidades crônicas etc.

Os conflitos surgidos na família são de início internamente processados. Quando ultrapassam as condições de entendimento intrafamiliar os sujeitos podem recorrer aos serviços públicos ou privados disponíveis (escola, justiça, igreja, unidade básica de saúde, clínicas etc.).

Muitas vezes o reinventar familiar produz sintomas individuais ou grupais: quando os modelos sociais circundantes não conseguem atender as necessidades do grupo ou a história familiar traz fantasmas que passam a assombrar a família fechando-a num mundo à parte, muito particular, cuja linguagem passa a ser um comportamento individual ou grupal incompreensível ao senso comum (violência, negligência, rigidez extrema, caos, pânico, depressão, abuso de drogas etc.). Esse modo de viver se mantém como equilibrante no grupo familiar, canalizando ansiedades. A mediação não irá tratar esses conflitos ou comportamentos; no entanto, o mediador poderá indicar o tratamento individual ou familiar ou de casal que poderá ocorrer paralelamente à mediação.

Agregando conceitos, na linguagem psicanalítica, a família é um "espaço psíquico intersubjetivo" que será matriz básica do processo de subjetivação (Correa, 2002). Esse espaço psíquico é entendido como construção de um território que delimita fronteiras e também tem a função de continência, assegurando a proteção nos estados de desamparo. Esse conceito é muito importante para compreender a resistência frente a separação em casais que de fato já não têm vida amorosa em comum e a conjugalidade passa a ser fonte de sofrimento. A separação para alguns sujeitos representa a perda dos referenciais identitários, e um acordo que garanta concretamente o vínculo parental ou até vínculos de amizade (que já existem) no lugar do vínculo conjugal pode evitar o desmoronamento psicológico que uma separação representa.

Caruso (1989) realiza longa análise dos efeitos que a separação conjugal traz para a vida psíquica dos sujeitos e poderíamos estender para todos os vínculos significativos (pais – filhos, irmãos etc.). Acompanhar o tempo e o ritmo necessário a cada sujeito para a análise dos significados das separações é um dos pontos vitais para um acordo bem sucedido.

Gênero, família e mediação

Muito se tem teorizado sobre gênero e o atual estágio das pesquisas leva a concluir que fatores genético-hormonais e sociais contribuem para o papel de gênero (Muraro e Boff, 2002).

No trabalho diário junto a casais e famílias em conflito observa-se nitidamente o sofrimento psíquico de homens e mulheres e como a produção desse sofrimento se dá em função de papéis estereotipados de gênero assumidos na formação do casal ou na construção da família.

Fernandez (1993) explica muito bem a dimensão psicológica desse fenômeno ao fazer uma reflexão sobre o laço conjugal comumente visto como um pacto amoroso e discute as diferentes formas contratuais da relação entre o homem e a mulher. Coloca que o laço conjugal está baseado em mitos sociais e se estabelece através de um contrato que tem duas faces: uma explícita, *visível* e uma implícita, *invisível.*

Na face visível ou explícita está um acordo entre duas pessoas que se escolhem por amor e/ou paixão, para desenvolver um projeto de vida em comum. Baseia-se numa existência harmônica calcada na complementariedade de funções: ao homem compete o sustento econômico da família e à mulher compete o cuidado dos filhos e a organização doméstica.

A denominação "face invisível" sinaliza que no cumprimento desse acordo se estabelece uma relação desigual no acesso ao mundo público e privado. O mundo público é o mundo do trabalho remunerado, do discurso, da palavra com efeito político, do dinheiro, ou seja, do poder. O mundo privado é o espaço dos sentimentos, das relações afetivas, do erotismo controlado, da intimidade, também visto como subalterno ou de retaguarda "... privado das características de produtividade, poder (...) e potencialidade cognitiva" (Fernandez, 1993: 187). Essas circunstâncias de vida constroem diferentes subjetividades: o homem como "ser de si próprio", e a mulher como "ser de outro" (Muraro e Boff, 2002).

Repensar esses lugares na mediação pode ser de grande auxílio para os sujeitos em conflito no sentido de rever os contratos "naturalmente" estabelecidos mas não suficientemente discutidos.

Estando a mulher subordinada e controlada no seu tempo e no seu corpo, constrói de si mesma uma imagem de inferioridade, submissão, dependência econômica e psicológica, obrigando-se a ser segundo a necessidade do outro. Estando o homem responsabilizado pelo sustento econômico e sobrevivência social do grupo familiar, exige de si desempenho e competência, centralizando decisões desde o lugar de "chefe da família", reforçado por não contar com a parceira, que do seu lugar estereotipado não decide nada.

Estudos de gênero e depressão mostraram que entre os homens as dificuldades no desempenho profissional ou sexual levam mais ao sofrimento psíquico, diferentemente do que ocorre com as mulheres que apresentam maior incidência de sofrimento motivado pela perda de vínculos afetivos (Papp, 2002). Tais resultados falam de diferentes subjetividades e fazem pensar nos processos que as constituíram.

Estas formas de viver são fontes de conflito que passam a constituir a *tensão básica do casal* Fernandez (1993). ainda coloca que para dar conta dessas tensões, a sociedade desenvolve formas de suporte e compensação. A domesticação e idealização do feminino (a "rainha do lar" por tantas décadas cultuada) que produziu e ainda produz a frigidez, depressão etc. e a dupla moral masculina para fazer frente à miséria vincular e sexual, dissociando sexo e afeto.

Cada casal administra esse contrato e suas tensões conforme seu grau de maturidade, consciência política, ética, condições de diálogo, flexibilidade nos papéis assumidos no contrato conjugal.

Embora essa descrição possa hoje parecer caricata, no atendimento aos casais e famílias observamos o poder da mulher-mãe: proprietária dos bens simbólicos da família, ou seja, os sentimentos e relações afetivas dos seus membros. Quando discutimos a guarda de filhos, ainda vemos homens espantados ao serem informados que na atual legislação direitos e deveres do pai e da mãe são iguais. No cenário atual se discute o que antes era indiscutível, evidenciando o desequilíbrio da autonomia material e subjetiva entre os parceiros conjugais.

Na união conjugal em que um se relaciona com o mundo e consigo próprio desde a perspectiva de "ser de si mesmo" e o outro estrutura suas relações desde a posição de "ser de outro", se instaura a apropriação desigual dos territórios de poder e se dá a *violência invisível,* dando lugar à *contra-violência* e às *estratégias de resistência* ("não sei quanto ganha meu marido", "hoje estou com dor de cabeça", "pago as contas, não preciso dar satisfação dos meus atos"). A conjugalidade passa a ser "o cenário particular das estratégias de poder entre os gêneros", (Fernandez, 1993: 185) dando lugar ao dito popular "a guerra dos sexos", que é uma guerra da insatisfação decorrente de contratos socialmente instituídos que famílias com valores mais tradicionais cultuam.

Hoje observa-se que essas desigualdades estão em crise também nos contextos mais tradicionais, contribuindo para isso a longa trajetória do movimento feminista, a pílula e a entrada da mulher no mercado de trabalho. Construindo novos espaços sociais além do de esposa e mãe, hoje a mulher tem novos trânsitos, instaurando a autonomia econômica e erótica, trazendo novas tensões e configurações às relações familiares. Essa crise atinge não só o campo subjetivo mas os ordenamentos que produzem essas subjetividades: a instituição família e a instituição casamento. São crises que aparecem no campo afetivo interpessoal mas que envolvem interesses materiais, relações de poder, ou seja, crise dos contratos modificando drasticamente as atribuições de gênero e o mundo doméstico. O cuidado da família e sua privacidade hoje encontra-se mais permeada pelos agentes cuidadores: escola, creches, "kids parking" etc. Por outro lado, a autonomia financeira e erótica da mulher, a globalização e o desemprego abrem aos homens mais espaço no cuidado dos filhos, maior autonomia nas lidas domésticas desempenhadas com competência, descobrindo satisfações neste novo lugar e contribuindo com a "cultura masculina" para a desmistificação das mazelas do mundo doméstico, dessacralizando esse espaço.

Em pesquisa realizada na Defensoria Pública do Estado do Rio Grande do Sul, observou-se que entre os supostos pais chamados para investigação de paternidade, a maioria daqueles que compareceram e, quando em dúvida, solicitaram o exame de DNA, situou-se na faixa dos homens jovens até 35 anos. Ao receberem o resultado positivo do exame de paternidade mostraram grande implicação reagindo de forma positiva (sorrisos, lágrimas, abraços, peito estufado). Observou-se também que se encontram entre homens mais maduros na idade os que rejeitam a possibilidade do exame ou se mostram indiferentes com os resultados positivos. Sem dúvida, se considerarmos a família como o primeiro laboratório das relações sociais e de cidadania, as novas gerações estão vivenciando relações de cuidado materno-paterno mais equilibradas.

Considerando que gênero é processado pela cultura conforme suas conveniências e necessidades, que lhes dão os matizes e as cores, estamos hoje numa época de grande plasticidade, que traz a experimentação mas também a insegurança como sintoma social: os lugares não são mais fixos, e o desemprego e a violência convocam para mudanças de posturas, favorecendo o solidarismo como saída possível. A mediação pode trazer grande contribuição nessas tentativas, sendo um dispositivo para ordenamentos mais de acordo com as necessidades da família contemporânea. A mediação de conflitos pode ser uma oportunidade de instaurar processos subjetivantes em que, através do diálogo, grande fundador da civilização, são construídas saídas novas para velhos problemas.

Relações de poder

Na mediação lidamos com relações de poder entendidas como "modos de ação sobre a ação do outro" (Foucault, 1988: 18) geralmente vistas de forma "natural" ou "impossíveis de mudar". Produzem e reproduzem formas de ver a si e o outro, tal como acontece no social, ou seja, posicionamentos que são sustentados pelo imaginário social, não sendo exclusivos de um ou outro sujeito ou restritos às relações familiares.

A mediação pode vir a identificar e clarear esses lugares e processos, colocando os sujeitos em condições de escolher relações mais gratificantes. O "poder pastoral" de que fala Foucault, (1988) referindo-se aos profissionais da saúde, direito, educação e outros que hoje são os "ordenadores sociais", entre eles o mediador de conflitos, poderá ser redimensionado se o mediador entender o protagonismo dos mediandos como resultado a ser alcançado.

No âmbito familiar se dão os jogos, estratégias e contra-estratégias de poder que se estabelecem no campo social maior, na sociedade. E nesses alguns são legitimados e nem por isso isentos de conflito e sofrimento. Disputas entre cônjuges, pais e filhos, irmãos, trazem ainda o atravessamento do autoritarismo, transmitido entre as gerações, principalmente nos grupos sociais mais submergidos aos moldes da repressão política, como em nosso meio, quando os problemas eram tratados com o silêncio ou com a violência. A prática democrática onde se valoriza o diálogo e o poder da responsabilidade em lugar do submetimento é um dos objetivos da mediação.

O processo de mediação pode ser obstruído quando circula, entre os mediandos, relações de poder em que as estratégias são vistas como "naturais".

Foucault (1988: 17-18) destaca 5 analisadores das relações de poder:

1. "Sistema de diferenciações que permite atuar sobre a ação dos outros": sujeitos podem submeter ou se sentir submetidos por diferenças jurídicas, econômicas, culturais que estabelecem privilégios reais ou imaginados.
2. "Objetivos perseguidos por aqueles que atuam sobre a ação dos outros": a dificuldade em negociar certas questões como partilha de bens, guarda de filhos pode ter como competidor a manutenção de privilégios, status, poder econômico, patrimônio, lugar de autoridade etc.
3. "Modalidades instrumentais": o poder pode ser exercido através de armas (de fogo, arma branca ou outra), sedução, jogos econômicos, modalidades de vigilância e controle, segundo regras socialmente instituídas, ou criadas pelo grupo familiar através das gerações.
4. "Formas de institucionalização": relações de poder podem permanecer assimétricas se apoiadas em estatutos instituídos, ou em regras internas, pactos familiares.
5. "Graus de racionalização": o exercício do poder não é algo estático, permanente, que acontece por decreto ou outros mecanismos formais. As relações de poder estão em constante elaboração e a complexidade das formas e instrumentos de legitimidade, assim como os resultados, é que firmam a sua possibilidade.

Não é objetivo do mediador erradicar relações de poder, mesmo porque elas são contingência entre sujeitos livres, mas sim buscar, através da identificação de suas estratégias e necessidades, relações de poder mais equilibradas.

O papel do dinheiro

Assim como em nosso cotidiano o dinheiro atua na constituição das redes, sociedades, na família é também um personagem presente e atuante nos vínculos, conflitos e interesses, cabendo estudar sua função.

Não é comum em nosso meio uma discussão aberta sobre esse tema porque impregnado de significados negativos: "vil metal" etc. Como não discutir é a regra, quando discutido o dinheiro é aquele personagem sujo e oculto que mal se deixa nomear, produzindo estratégias e jogos violentos que permanecem invisíveis, perpetuando relações destrutivas. Por exemplo, um pai pode pedir uma negativa de paternidade em relação ao filho de 7 anos com o qual já mantém um vínculo socioafetivo, alegando incerteza quanto à paternidade, quando o que o move é isentar-se da pensão alimentar. Se esta questão fosse tratada por caminhos mais diretos e francos, possivelmente essa criança não seria submetida aos trâmites jurídicos necessários, com os prejuízos de ordem emocional decorrentes.

O dinheiro é um bem com forte significado psicológico, não só pelo poder que proporciona mas pelo valor que confere ao sujeito frente a si mesmo. Freqüentemente ouvimos de sujeitos que não vislumbram acordos de separação: "Tenho que entregar o que ganhei com o suor do meu corpo todos esses anos ?" , "Veja os calos das minhas mãos". A marca corporal do trabalho produtivo torna o dinheiro um bem subjetivo, e, inscrevendo-o no campo subjetivo, não pode ser ignorado.

Em nossa sociedade, o dinheiro é considerado *objeto transicional* no sentido dado por Winnicott (1975), e estudar o controle e a circulação do dinheiro nas relações familiares é também compreender o acesso e a autonomia subjetiva dos seus membros nos caminhos do desejo. Esta temática é ainda pouco estudada, e em Coria (1991; 1998) e Madanes e Madanes (1997) podemos buscar saber sobre a implicação do dinheiro na dinâmica familiar e dos casais.

Metodologia da mediação

Existem muitos modelos de mediação (Suares, 1997) e podemos dizer que no atual estágio de nossa atividade no Programa de Solução Alternativa de Conflitos utilizamos um modelo híbrido baseado em Haynes e Marodin (1999) e em Schnitman (1999), conforme descrevemos a seguir.

Cultivando a diversidade metodológica e de perspectivas, trazemos Schnitman:

> (...) o que necessitamos reconhecer é precisamente o interjogo, a polifonia, e não o monitoramento hegemônico de um sobre o outro. Os enfoques propostos apóiam-se em modelos comunicativos e discursivos nos quais é possível entender a evolução de um conflito enfocando não só as emoções, as intenções e as crenças dos participantes, mas também os domínios simbólicos, as construções narrativas, as tramas dialógicas que constroem e transformam significados e práticas, projetos e resultados (Schnitman, 1999: 21).

Por que mediação ?

"A Mediação é um processo no qual uma terceira pessoa – o mediador – auxilia os participantes na solução de uma disputa. O acordo final resolve o problema com uma solução mutuamente aceitável e será estruturado de modo a manter a continuidade das relações das pessoas envolvidas no conflito" (Haynes e Marodin, 1999: 11).

A mediação nos auxilia como intervenção quando os sujeitos em conflito não conseguem chegar a um acordo satisfatório e a permanência do conflito coloca em risco os vínculos entre os envolvidos. No caso da mediação familiar, falamos de vínculos parentais, maternos, paternos, fraternos, que quando prejudicados afetam a geração atual e quase certamente as futuras gerações pela transmissão transgeracional da vivência do litígio. A mediação é escolhida por suas características: não é adversarial, é privativa, é mais econômica e rápida.

A rigor, a mediação não soluciona conflitos, mas sim os problemas concretos resultantes dos conflitos, uma vez que conflito é constitutivo do humano. "... a mediação não busca negar o conflito, mas aproximar-se dele sem medo, pois este é o lugar privilegiado para que possa ocorrer a transformação" (Breitman e Porto, 2001: 99).

Examinando as características da mediação:
- Não é adversarial: os sujeitos em disputa não são vistos como adversários. Saímos da lógica positivista que coloca *uma* verdade, *uma* lógica e portanto numa disputa um sujeito estará certo e o outro errado, e no final um será o ganhador e o outro o perdedor. Tal desfecho certamente aprofundará as desavenças e os abismos entre os oponentes, e tratando-se de uma disputa intrafamiliar, todo o grupo poderá ser afetado nos seus vínculos, que, sabemos, são constitutivos da vida psíquica e do próprio corpo familiar.

> (...) A mediação não se preocupa com o litígio, ou seja, com a verdade formal contida nos autos. Tampouco tem como única finalidade a obtenção de um acordo. Mas, visa, principalmente, ajudar as partes a redimensionar o conflito, aqui entendido como conjunto de condições psicológicas, culturais e sociais que determinaram um choque de atitudes e interesses no relacionamento das pessoas envolvidas. O mediador exerce a função de ajudar as partes a reconstruírem simbolicamente a relação conflituosa (Warat, 2001: 80)

- É privativa: a mediação resguarda os sujeitos dos registros e agentes comumente presentes nas audiências judiciárias, protegendo-os da exposição da privacidade muitas vezes constrangedora nos casos de litígio. Pais e filhos, marido e mulher não se sentem publicamente julgados.
- Mais econômica e rápida: a mediação pode compreender um encontro ou mais, e quando realizado o acordo são dispensados os trâmites judiciários que envolvem um processo litigioso. Soluções num curto espaço de tempo diminuem gastos. Entre a primeira entrevista e o acordo não há número estipulado de encontros; no entanto as mediações familiares têm levado de 1 até 6 encontros semanais, quinzenais ou mensais. Essa rapidez pode ser muito benéfica para um grupo familiar com crianças e adolescentes, quando se pensa o que poderá significar, por exem-

plo, um ano de disputa familiar na vida de uma criança que está em pleno processo de desenvolvimento e internalização de modelos.

Quem é o mediador ?

O mediador é escolhido de acordo com a sua implicação nas temáticas presentes no conflito: relação pais e filhos, processos de aprendizagem, relações de trabalho, de territórios, de amizade, fraternas, professor e aluno, de vizinhança etc.

No Programa de Mediação de Conflitos, a mediação é realizada pelos alunos estagiários dos cursos de Direito e de Psicologia da universidade, que trabalham em dupla numa perspectiva interdisciplinar, com a supervisão de professores dos referidos cursos, com encaminhamentos, quando necessário, aos alunos estagiários do Serviço Social, que fazem o trabalho de apoio ao programa.

A entrevista de mediação

O processo de mediação por nós realizado compreende 7 momentos que podem se concentrar em um encontro ou transcorrer em mais encontros, não havendo um número limite de encontros pré-determinado. O número de encontros depende geralmente da complexidade dos temas e tramas tratados e do ritmo imprimido pelas relações que se desenvolvem durante o processo.

A sala de entrevistas deve respeitar todos os requisitos do conforto e sigilo, conforme determina o código de ética profissional. Trabalhamos com sala de Gesell onde fica a equipe de mediação para acompanhamento e participação no encerramento do encontro e filmamos os encontros para posterior supervisão com o consentimento dos mediandos.

Quando comparecem crianças e/ou adolescentes ao encontro é interessante colocar à disposição material específico (lápis de cor, canetas coloridas, papel, caixa de brinquedos, casa e família pedagógica) bem como, se necessário, sentar no chão, brincar, para compartilhar e conversar sobre a linguagem gráfica, lúdica, comum dos mais jovens.

– 1º momento: contrato

Após ouvir o que trazem os sujeitos para a entrevista, passamos a apresentação dos mediadores e do Programa de Mediação de Conflitos. Nesse momento, os mediandos são consultados sobre seu interesse e disponibilidade e são apresentados à sala de Gesell e à equipe de mediação, enquanto recursos de trabalho bem como a gravação ou filmadora.

Esta etapa é finalizada com a assinatura do Termo de Consentimento.

– 2º momento: mapa do conflito

Passamos com os mediandos a coletar e buscar a articulação de dados sobre a disputa e os sujeitos. Por que o problema é um problema para cada mediando?

É importante investigar como cada sujeito vê o problema e a condução da entrevista se dá em termos da análise de fatos, motivos, identificação de ansiedades e necessidades, com o objetivo que cada um possa ouvir os motivos do outro e conhecer seu posicionamento.

Durante a entrevista é interessante "limpar" expectativas ou temores que possam travar o processo. Por exemplo, não é possível fazer mediação quando um tem mais poder (medo ou temor) que o outro, real ou imaginado. Buscamos o equilíbrio de poder para que surjam mais alternativas, melhorando a capacidade de tomar decisões.

O desenvolvimento da entrevista pode se valer das técnicas sistêmicas tais como: genograma relacional, redefinição, questionamento circular, metáfora etc. (Andolfi et al., 1989), e das sistêmicas pós-modernas, tal como a técnica das narrativas (White e Epston, 1993).

– 3º momento: qual é o problema?

O foco passa a ser o problema e o que o torna um problema.

Quando há acusações, afirmações colocadas como verdades únicas, é interessante criar dúvidas, provocar o exame das necessidades, motivos, sobre o que leva aos comportamentos ou atitudes trazidos como problemáticos ou impedidores de um acordo.

Denomina-se *mutualizar* quando, durante as narrativas, se busca e pontua interesses em comum que não estão sendo nomeados entre os mediandos. Por exemplo, um pai e uma mãe podem estar brigando pela visita domiciliar da filha e ambos se acusam de negligência, pois não concordam com os métodos educacionais adotados por um e outro. São pessoas bem diferentes nos seus estilos materno e paterno; no entanto ambos tem *em comum* a preocupação com o bem estar da filha. Mutualizar seria enfatizar o que eles têm em comum: a preocupação com a filha, e passar a trabalhar nessa preocupação. Pai e mãe, em vez de discutirem e tentarem convencer o mediador, e o outro, de que seu modo de educar é o melhor, passarão a discutir o bem estar da filha e a mesma poderá participar trazendo seus anseios. No decorrer dessa intercomunicação, posicionamentos podem ser revistos e alterados.

Longe de ignorar as discordâncias entre os mediandos, trabalhamos com a comunicação como construtora de realidades (Gergen e McNamee, 1998; Watzlavick, 1994), mais do que transmissão linear de mensagens entre transmissor e receptor. Por isso, é vital não apressar acordos; há que se dar tempo para que se elaborem os *insights* e conhecimentos que se processam.

– 4º momento: ações alternativas

Nesse momento, o mediador faz um resumo baseado nas concordâncias entre os mediandos, interesses e necessidades comuns, e solicita que formulem ações alternativas para o problema. Por exemplo, os pais podem estar conduzindo a ação rumo à guarda compartilhada.

Se ainda há incertezas por parte dos mediandos, pode-se estabelecer um "acordo provisório" (sem assinaturas) de forma que os sujeitos experimentem por um período de tempo (15 dias, um mês, período de férias) as ações pensadas.

Se não há incertezas, passamos ao 5º momento.

– **5º momento: exame das ações alternativas**
Os mediandos retornam e narram como transcorreu o acordo provisório, bem como os sentimentos, posicionamentos e avaliações sobre o que ocorreu.
O mediador interfere propondo a palavra a um e a outro, buscando os ajustes necessários, tendo como foco as necessidades.

– **6º momento: condições para o acordo**
Os mediandos colocam os termos finais do acordo e as condições para que se estabeleça.

– **7º momento: redação do acordo, ou Termo de Entendimento**
O mediador procede a redação do acordo que, após as assinaturas dos mediandos e mediadores, será encaminhado ao Núcleo de Prática Jurídica para os trâmites que lhe são próprios, quando necessária a homologação pelo Judiciário. Caso não se vislumbre tal necessidade, o Termo de Acordo poderá ser assinado pelos mediandos e mediadores, ou ainda, se for viável, por duas testemunhas (o acordo assinado pelas partes e duas testemunhas é considerado pela lei processual como um título executivo extrajudicial – art. 585, inciso II, do CPC).
O conteúdo do acordo redigido versa sobre os tópicos: identificação dos mediandos, dados da história do conflito, definição do problema, opções escolhidas, seus motivos e objetivos.

Considerações finais

Conforme Breitman e Porto (2001: 108) a mediação "... é um modo de devolver a cada membro da comunidade a responsabilidade pelo manejo de seus conflitos, através da ajuda do mediador". Não é uma atividade terapêutica ou jurídica, embora possa ter efeitos terapêuticos e jurídicos, e é uma intervenção breve da clínica psicológica na medida em que faz a escuta do sofrimento abrindo caminhos para outros "devires".

Longe de ser pessimista, a definição de Marlow (apud Breitman e Porto, 2001: 47) expressa a constante construção e a busca do protagonismo: "Mediação Familiar é um procedimento imperfeito, que emprega uma terceira pessoa imperfeita para ajudar a duas pessoas imperfeitas a concluir um acordo imperfeito em um mundo imperfeito".

Com esta visão do ser humano em sua dimensão integral, o resultado é que a mediação leva a um resgate da autonomia e responsabilidade nas decisões, ou seja, um novo paradigma.

Referências bibliográficas

ANDOLFI, M. et al. (1989). *Por trás da máscara familiar.* Porto Alegre, Artes Médicas.

BAREMBLITT, G. (2002). *Compêndio de análise institucional e outras correntes: teoria e prática.* Minas Gerais, Instituto Felix Guattari.

BREITMAN, S. e PORTO, A. C. (2001). *Mediação familiar: uma intervenção em busca da paz.* Porto Alegre, Criação Humana.

CAPPELLETTI, M. e GARTH, B. (1988). *Acesso à justiça.* Porto Alegre, Sergio Antonio Fabris.

CARTER, B. e McGOLDRICK, M. (1995). *As mudanças no ciclo de vida familiar.* Porto Alegre, Artes Médicas.

CARUSO, I. (1989). *A separação dos amantes: uma fenomenologia da morte.* São Paulo, Diadorim/Cortez.

CORIA, C. (1991). *El dinero en la pareja: algunas desnudeces sobre el poder.* Buenos Aires, Paidós.

_____. (1998). "El dinero sexuado: uma presencia invisible". In: GILBERTI, E. e FERNANDEZ, A. M. *La mujer y la violencia invisible.* Buenos Aires, Sudamericana.

CORREA, O. B. R. (2002). "A instituição família na tecelagem vincular". In: _____. *Vínculos e instituições: uma escuta psicanalítica.* São Paulo, Escuta.

CRIBARI, G. (1985). "Um ângulo das relações contratuais da mediação e corretagem". *RJTE,* São Paulo, v. 9, n. 30, pp. 27-58, jan./fev.

FERNANDEZ, A. M. (1993). *La mujer de la ilusión.* Buenos Aires, Paidós.

FOUCAULT, M. (1988). "El sujeto y el poder". *Revista Mexicana de Sociología*. n. 3, pp. 3-20.

HAYNES, J.M. e MARODIN, M. (1999). *Fundamentos da mediação familiar.* Porto Alegre, Artes Médicas.

MADANES, C. e MADANES, C. (1997). *O significado secreto do dinheiro.* Campinas, Editorial Psy.

McNAMEE, S. e GERGEN, K. J. (1999). *A terapia como construção social.* Porto Alegre, Artes Médicas.

MORAIS, J. L. B. (1999). *Mediação e arbitragem, alternativas à jurisdição.* Porto Alegre, Livraria do Advogado.

MURARO, R. M. e BOFF, L. (2002). *Feminino e masculino: uma nova consciência para o encontro das diferenças.* Rio de Janeiro, Sextante.

PAPP, P. (2002). "As diferenças de gênero e a depressão: a depressão dele e a depressão dela". In: PAPP, P. (org.). *Casais em perigo: novas diretrizes para terapeutas.* Porto Alegre, Artmed.

ROUDINESCO, E. (2003). *A família em desordem.* Rio de Janeiro, Jorge Zahar.

SCHNITMAN, D. F. (1999). "Novos paradigmas na resolução de conflitos". In: SCHNITMAN, D. F. e LITTLEJOHN, S. (org.). *Novos paradigmas em mediação.* Porto Alegre, Artmed.

SIX, J. F. (2001). *Dinâmica da mediação.* Belo Horizonte, Del Rey.

SUARES, M. (1997). *Mediación: conducción de disputas, comunicación y técnicas.* Buenos Aires, Paidós.

VASCONCELLOS, M. J. E. (2002). *Pensamento sistêmico: o novo paradigma da ciência.* Campinas, Papirus.

WARAT, L. A. (2001). *O ofício do mediador.* Florianópolis, Habitus.

WATZLAWICK, P. (1994). *A realidade inventada.* Campinas, Editorial Psy II.

WHITE, M. e EPSTON, D. (1993). *Medios narrativos para fines terapéuticos.* Barcelona /Buenos Aires/México, Paidós.

WINNICOTT, D. (1975). *O brincar e a realidade.* Rio de Janeiro, Imago.

Capítulo 14

Elaboração de Laudos e Outros Documentos

Vera Regina Röhnelt Ramires

A porta da verdade estava aberta,
mas só deixava passar meia verdade de cada vez.
Assim não era possível atingir toda a verdade,
Porque a meia pessoa que entrava só trazia o perfil de
meia verdade.
E sua segunda metade voltava igualmente com meio perfil
E os meios perfis não se coincidiam...
Arrebentaram a porta. Derrubaram a porta,
chegaram ao lugar luminoso.
Onde a verdade esplendia seus fogos.
Era dividida em metades, diferentes uma da outra.
Chegou-se a discutir qual a metade mais bela.
Nem uma das duas era totalmente bela. E carecia optar.
Cada um optou conforme seu capricho, sua ilusão, sua miopia.
Carlos Drummond de Andrade

O objetivo deste capítulo é discutir a elaboração de laudos psicológicos e outros documentos, prática que decorre da realização de avaliações psicológicas, psicodiagnósticos ou de perícias psicológicas, cuja demanda é crescente e significativa na experiência de nossa clínica-escola. A elaboração de laudos ou de outros documentos nos remete a um campo necessariamente interdisciplinar, uma vez que, via de regra, tais instrumentos são dirigidos a, ou solicitados por profissionais da área da educação, das ciências médicas e das ciências jurídicas. Enfatizaremos em nossa discussão a interface com o campo do Direito por considerarmos que a mesma traz questões bastante complexas, delicadas e que estão a nos desafiar no dia a dia da nossa prática clínica.

A abordagem desse tópico nos remete também ao campo da Psicologia Jurídica, campo relativamente novo e pouco explorado tanto no âmbito da prática quanto no da produção de conhecimentos, se comparado a outras áreas de atuação da psicologia. Assim, para atingir o objetivo do capítulo, iniciaremos contextualizando o processo de elaboração de laudos e de outros documentos, tecendo algumas considerações a respeito da psicologia jurídica. Discutiremos alguns pressupostos da produção de laudos psicológicos e outros documentos, considerando tanto a psicologia como a interface entre a psicologia e o direito. Analisaremos o processo de avaliação, de uma perspectiva psicanalítica, tendo em vista a ética que norteia o trabalho do profissional, finalizando com algumas considerações sobre o laudo psicológico propriamente dito.

A psicologia jurídica e os pressupostos da elaboração de laudos e documentos

O Conselho Federal de Psicologia, sintetizando as atribuições profissionais do psicólogo no Brasil, sinaliza que, dentro das suas especificidades, o psicólogo atua em diversos âmbitos: educação, saúde, lazer, trabalho, segurança, justiça, comunidades e comunicação. No âmbito da Justiça, o psicólogo pode atuar em instituições governamentais e não-governamentais, colaborando no planejamento e execução de políticas de cidadania, direitos humanos e prevenção da violência. Para isso, sua atuação estará centrada "na orientação do dado psicológico repassado não só para os juristas como também aos sujeitos que carecem de tal intervenção" (CFP, www.pol.org.br, Atribuições Profissionais do Psicólogo no Brasil, acesso em 17/07/2005).

As atribuições do Psicólogo Jurídico incluem, entre outras: a) avaliar as condições intelectuais e emocionais de crianças, adolescentes e adultos em conexão a processos jurídicos, por razões diversas (situações de violência doméstica, adoção, posse e guarda de crianças, determinação de responsabilidade legal por atos criminosos, medidas de proteção, medidas sócio-educativas, processos de separação litigiosa etc.); b) atuar como perito judicial em varas da família, da criança e do adolescente, cíveis, criminais, da justiça do trabalho, elaborando laudos, pareceres que são anexados aos processos, fornecendo subsídios aos mesmos; c) eventualmente participar de audiências para esclarecer aspectos técnicos em Psicologia; d) elaborar laudos, relatórios, pareceres, colaborando desta forma com a ordem jurídica e com o indivíduo envolvido, quando solicitado por uma autoridade competente, fornecendo subsídios ao processo judicial; e) prestar atendimento a crianças e adolescentes envolvidos em situações que chegam às instituições do Direito, visando à preservação da sua saúde mental; f) colaborar na elaboração e execução de programas socioeducativos voltados para crianças em situação de rua, abandonadas ou infratoras; g) assessorar as autoridades judiciais no encaminhamento à psicoterapia.

Por certo, tais atribuições não são exercidas de maneira desvinculada de determinados pressupostos que estarão norteando as concepções do psicólogo em questão. Serão esses pressupostos que definirão, em grande medida, de que forma estarão sendo utilizados os conhecimentos e as técnicas psicológicas desse profissional. Desta forma, assim como poderemos ter uma Psicologia Jurídica que venha ao encontro, efetivamente, do interesse, demandas e necessidades do indivíduo, ela também poderá ser exercida com um cunho meramente investigatório, funcionando como instrumento de produção de "verdades", vinculando seu saber a um exercício de poder que extrapola os limites e a finalidade da atividade profissional do psicólogo. Essa alternativa decorre de uma visão reducionista da Psicologia, que a limita a uma função de vigilância, produtora de provas e/ou fornecedora de definições ou decisões que competem aos envolvidos ou aos juízes tomar. Ao contrário, pensamos que a psicologia pode e deve contribuir para a busca de modelos explicativos mais abrangentes, interdisciplinares e transdisciplinares, ciente da inexistência de verdades universais únicas e tampouco de métodos ou técnicas generalizáveis ou aplicáveis em qualquer contexto ou situação.

Barros (1998) mostra que as ciências "psi" (psicologia, psicanálise, psiquiatria) têm como objeto de estudo o comportamento humano em estreita articulação com os fenômenos psíquicos, enquanto o Direito, as instituições judiciárias, lidam com os efeitos desse comportamento. Isso legitima, segundo a autora, que exista um campo de interdisciplinaridade entre o direito e a psicologia. O mecanismo social demanda uma instituição que regule as relações sociais, os atos humanos. Nesse sentido, pode-se dizer que as instituições judiciárias trabalham para objetivar o subjetivo, normatizando-o através das regras do direito. Entretanto, conforme destaca Pereira (1997), o direito já não pode mais, como ciência, desconsiderar a subjetividade que permeia a sua objetividade, o que também fundamenta a interface existente entre as duas áreas.

Entretanto, psicologia e direito têm concepções de sujeito que diferem ou até mesmo, dependendo da perspectiva, se contradizem. O sujeito do direito, assinala Barros (1998), é suposto como aquele que tem o livre arbítrio, é consciente de seus atos, tem o controle das suas vontades, é dotado de razão. É o sujeito cartesiano. Por outro lado, de uma perspectiva psicanalítica, o sujeito da psicologia é também o sujeito do inconsciente, sujeito cujo comportamento é sobredeterminado por razões e situações que muitas vezes ele desconhece, por determinações inconscientes, por conflitos, contradições, ambigüidades. As ciências "psi" entram no campo jurídico para dar provas, muitas vezes, das "verdades" dos atos psíquicos. No entanto, tais atos, que se materializam nos fatos que são objeto da análise do Judiciário, nunca são objetivos e muitas vezes não se sabe, como mostra a autora, se são atos ou ficções que chegam aos tribunais. A psicanálise já mostrou que a verdade não é única, nem absoluta, e é impossível de ser apreendida em sua essência. Cada um constrói a sua narrativa sobre a sua história, a sua ficção, em torno de uma verdade que é absolutamente particular. Nesse sentido, toda história, toda tese, toda versão suporta em seu bojo algo da verdade do sujeito, e não podemos nos ensurdecer a isso.

Os psicólogos são convocados muitas vezes para oferecer subsídios sobre a "verdadeira" personalidade de criminosos, de pessoas em litígio decorrentes de conflitos familiares, violência doméstica, de adolescentes em conflito com a lei etc. Esse auxílio técnico poderá ser formador da convicção do Juízo e é problemático para o psicólogo, possuindo diversas implicações, éticas inclusive, bastante importantes.

Já vimos que a lei geral não escuta as leis particulares da constituição subjetiva de cada um. Para que essas leis particulares sejam escutadas, o Judiciário pode contar com a colaboração da psicologia e de áreas afins. No entanto, essa colaboração é controvertida, podendo-se encontrar posições divergentes na própria categoria profissional. Por um lado, encontramos aqueles que usam e abusam dos métodos e técnicas psicológicas para medir, diagnosticar, predizer, indicar respostas, decisões aos juízes. Por outro lado, posicionam-se aqueles que visualizam nessas atividades exclusivamente uma função disciplinadora, herdada da medicina, dos higienistas, e equiparam a posição de saber, decorrente do domínio de determinado conhecimento, a uma posição de poder sempre (poder sobre o outro). Ao se colocarem contra esse tipo de intervenção tais profissionais se isentam ou então se omitem em relação a essas questões e demandas.

Consideramos problemáticas ambas as posições. Uma avaliação psicológica destinada exclusivamente a medir, predizer, a indicar definições ou decisões que competem aos envolvidos tomar, ou, na sua impossibilidade, aos juízes, é um procedimento que pode contribuir para a alienação do indivíduo avaliado, na medida em que restringe ou limita o seu protagonismo, a sua capacidade para deliberar sobre a sua vida, os seus conflitos. Neste caso, o psicólogo corre o risco de assumir uma responsabilidade que não é a sua. Tal postura é revestida de onipotência e onisciência, extrapolando os limites das possibilidades de intervenção do psicólogo, a quem não compete fazer previsões nem tampouco tomar decisões ou indicar possíveis sentenças judiciais. Mas, ao mesmo tempo, posicionar-se no extremo oposto, isentando-se de qualquer responsabilidade ou participação também não parece a melhor solução, na medida em que existe uma demanda dirigida à Psicologia nesse campo de trabalho interdisciplinar. E onde há demanda, há uma possibilidade de intervenção. Como intervir é a questão.

Barros (1998) questiona se o psicólogo deve assumir a função de revelar, através do laudo, aquilo que para o sujeito ainda está velado, porque teve acesso através dos testes psicológicos, através das entrelinhas do discurso, e interroga qual o efeito dessa revelação para o sujeito e para suas relações sociais. Muitas vezes esse sujeito terá que lidar, sem nenhum suporte, com os efeitos dessa "revelação selvagem". Quais os limites da intervenção do psicólogo, e para que serve esse uso do conhecimento técnico psicológico?

As soluções definidas pelo Judiciário, sejam elas em maior ou menor medida, resultantes da intervenção do psicólogo, também podem manter o indivíduo alienado, afastado da elaboração daquela sentença, o que faz com que ele não se comprometa e não sustente a decisão judicial. Essa constatação pode ser confirmada pelo retorno interminável dos processos, que trazem de volta para o âmbito do Judiciário aqueles personagens cujos conflitos e soluções têm sido delegados continuamente a terceiros.

Entretanto, existem as situações em que o Judiciário e/ou o psicólogo terão que atuar efetivamente, e cada um dentro das suas especificidades, como terceiros numa situação familiar caótica, por exemplo, seja decorrente de conflito conjugal, familiar, de violência doméstica, negligência, abuso sexual, psicológico etc. São casos muito graves, limítrofes, que implicam em risco à constituição psíquica de crianças, risco de vida, algumas vezes, nos quais a intervenção judicial e/ou a intervenção do psicólogo poderão ter como efeito a instauração da lei, a instauração de certos limites cuja aquisição até então não foi possível para aquele sistema familiar ou para os personagens envolvidos no processo.

Pensamos que atuar dentro da sua especificidade, para o psicólogo, significa promover um espaço de escuta, de análise e compreensão dos conflitos e das suas implicações psicológicas, legais, assim como a busca e a construção de soluções para os impasses que se apresentaram com as quais os envolvidos tenham condições de, efetivamente, assumir e se comprometer. Trata-se, muitas vezes, de uma intervenção mediadora de conflitos, na qual o papel do mediador, muito mais do que avaliar os envolvidos ou indicar a solução do conflito, consiste em propiciar as condições para que as partes em conflito exercitem a escuta do outro, re-vejam suas posições, re-pensem os seus desejos e as suas necessidades e construam, na medida do possível, um acordo que terá a sua autoria ao invés de ser delegado ao juiz.

Essa alternativa não descarta a possibilidade da realização da avaliação psicológica propriamente dita. Mas trata-se aqui de uma avaliação em que o avaliado terá uma participação central, sendo muito mais do que "objeto de análise". Tal avaliação não se restringe à obtenção de dados que são desconhecidos do próprio indivíduo avaliado, mas implica num processo de autoconhecimento, de reflexão e de questionamento que deve levar ao desenvolvimento da sua capacidade de autonomia, independência, discriminação e discernimento da sua participação e responsabilidade nos conflitos em questão. E se esta avaliação tiver que resultar num laudo ou documento encaminhado ao Juízo, seu conteúdo jamais será estranho ou alheio ao indivíduo avaliado, uma vez que foi co-construído, trabalhado, discutido e devolvido a ele ou ela, maiores interessados na questão em foco.

É importante salientar, ainda, que o campo interdisciplinar que se constitui entre a psicologia e o direito não deve se restringir à realização de perícias psicológicas, à solicitação e ao envio de avaliações, laudos, ao encaminhamento para psicoterapias. As possibilidades são muito mais amplas e podem ser profícuas. A interlocução e o diálogo entre essas duas áreas de conhecimento podem possibilitar que cada uma reveja suas concepções e os seus fundamentos; podem aprofundar a análise e a compreensão dos conflitos que são objeto de intervenção, e das suas implicações psicológicas, legais, qualificando a busca de soluções com as quais os envolvidos irão efetivamente se comprometer e sustentar; podem contribuir para a compreensão dos processos interacionais envolvidos nas relações humanas e na comunicação entre os indivíduos, refinando a capacidade de escuta e possibilitando uma visão mais ampla e profunda do sujeito do direito; a psicologia pode contribuir para a formação e o exercício profissional dos operadores do Judiciário, frente às problemáticas da Infância e da Juventude, os conflitos familiares, os atos infracionais; no campo dos direitos da criança e do adolescente, a interlocução entre as duas áreas de conhecimento pode contribuir para a problematização do próprio conceito de infância e de adolescência e para a compreensão dos dispositivos de construção social, política, legal e psicológica da infância e da adolescência; a mediação de conflitos, a construção de programas sócio-educativos também são exemplos de possibilidades de trabalho conjunto e integrado.

O processo de avaliação psicológica

A avaliação psicológica, como vimos, é *uma* das possibilidades de atuação do psicólogo no campo da Psicologia Jurídica. Não é a única, nem talvez a mais importante. A emissão de um laudo psicológico pode ser apenas um ponto de partida para um processo de intervenção que poderá ter objetivos e alcances muito mais amplos. Do mesmo modo, a intervenção do psicólogo poderia ou deveria iniciar antes da necessidade de realização de uma avaliação ou perícia psicológica.

A palavra *perícia,* de acordo com Brito (1993), origina-se no latim *peritia* e significa destreza ou habilidade. As perícias judiciais, segundo a autora, "têm como objetivo fornecer ao julgador dados para que possa melhor decidir as questões jurídicas. As legislações prevêem as perícias como provas judiciais, utilizando-se o conhecimento de profissionais das diversas especialidades no assessoramento à justiça" (p. 39). A definição apresentada por Perissini da Silva (2003) segue esta mesma linha de raciocínio. A autora acrescenta que o psicólogo que atua como perito é um profissional de confiança do juiz, segundo critérios de capacitação técnica e idoneidade.

Essas definições se aplicam a várias espécies de perícias, e não especificamente à perícia psicológica, que tem, a nosso ver, especificidades que necessitam ser levadas em conta. Em primeiro lugar, a perícia psicológica focaliza um indivíduo, suas relações, seus conflitos, atos por ele praticados, sendo que a sua realização depende da colaboração desse mesmo indivíduo que está sendo avaliado. Ora, o papel do psicólogo, independente da perspectiva teórica que o sustente, não é o de um investigador, nem tampouco o de um juiz. O papel do psicólogo é o de colocar-se a serviço do sujeito, da sua demanda, das suas dificuldades, seus conflitos e suas "verdades". O compromisso maior desse profissional é regido por uma Ética do cuidado e da atenção, como nos mostram Selli e Junges (capítulo 3 desta obra), uma Ética comprometida sobretudo com o indivíduo avaliado, mesmo quando esse indivíduo tenha sido encaminhado por um juiz ou promotor, a partir de um processo judicial de qualquer natureza.

A perícia psicológica não deixa de se constituir como um processo de avaliação psicológica, na medida em que, valendo-se de métodos e técnicas oferecidos pela psicologia, avaliará o indivíduo no que diz respeito aos aspectos da sua personalidade (emocionais, intelectuais etc.). A avaliação psicológica, enquanto procedimento adotado pelo psicólogo, tem sido utilizada com diferentes finalidades: avaliação inicial para a realização de psicoterapia, psicodiagnóstico, seleção de pessoal, perícia psicológica.

Independente de estar vinculada a uma perícia, pensamos que no processo de avaliação psicológica o compromisso maior do profissional é com as pessoas avaliadas, tratando-se de um procedimento que deve ser colocado a serviço, primordialmente, dessas pessoas. Além disso, a avaliação psicológica já se constitui como um processo de intervenção, sendo muito mais do que um mero levantamento de dados sobre o sujeito. A própria realização das entrevistas e/ou da aplicação de determinados testes ou técnicas psicológicas, num *setting* particular e único pelas suas especificidades, implicam numa intervenção cujo potencial não é nem um pouco desprezível. A avaliação psicológica é um processo de intervenção capaz de promover autoconhecimento, capaz de ampliar a compreensão do indivíduo sobre seu modo de estar no mundo, de se relacionar, de refletir sobre as suas motivações, os seus conflitos, suas relações, seu comportamento, suas dificuldades e limitações. A compreensão e o conhecimento que resulta dessa avaliação não é desvinculado do indivíduo avaliado, sendo ele um ator ativo no processo de construção desse conhecimento, dessa compreensão. Como resultado de toda avaliação psicológica deve-se obter um incremento na autonomia, no autoconhecimento e na capacidade de autocrítica do indivíduo.

As reflexões de Ancona-Lopez (2002), acerca do psicodiagnóstico, apóiam nossa visão da avaliação psicológica como processo de intervenção: "Toda atuação psicológica é uma ação de intervenção cujo significado será dado pelo campo relacional que se estabelece entre as partes e que é exclusivo e peculiar àquele momento e àquela relação" (pp. 28-29). Essa autora considera que quando uma pessoa se encontra com um psicólogo espera ser atendida em suas necessidades, pouco importando para ela sob que nome esse atendimento seja efetuado. Muitas vezes, ao nomear sua prática, ao enquadrá-la de alguma forma (teórica ou tecnicamente) o psicólogo corre o risco de limitar ou empobrecer um encontro rico de possibilidades.

Ainda que as pessoas avaliadas, no caso da perícia psicológica, o sejam pela determinação de um juiz, seu encontro com o psicólogo possui um potencial para que sejam geradas algumas transformações. A psicanálise nos ensina que para haver uma intervenção deve existir alguma demanda endereçada ao profissional, e alguma aposta nesse encontro, alguma expectativa de que algo possa ser obtido através dele. Alguma transferência, em síntese. Ora, quando as pessoas estão envolvidas em algum tipo de ação judicial, seja como a parte autora, seja com a parte demandada, há algo em suas vidas, algum conflito, algum impasse, alguma divergência que não pôde, até aquele momento, ser comunicado ou elaborado de outra forma. Às vezes será também porque existe a suspeita de alguma ação ou atuação que fere ou desrespeita os direitos e a integridade de outras pessoas. Podemos entender que nessa impossibilidade de resolverem por si tais questões existe uma demanda, uma solicitação de ajuda, de apoio, de limites, endereçada a um outro suposto como capaz de, de alguma forma, auxiliar.

Temos aí uma brecha, uma abertura através da qual pode ser desencadeado um movimento no sentido da mudança. Esse movimento somente será possível se o psicólogo estiver aberto para a co-participação do avaliado, disposto a compartilhar os conhecimentos que se forem configurando durante o processo. Tal enfoque leva o avaliado a "participar do processo e a abandonar a postura passiva de 'sujeito' a ser conhecido" (Ancona-Lopez, 2002, p. 33). Neste *setting*, o psicólogo divide com o avaliado a responsabilidade pelo processo da avaliação, e compartilha com ele seus conhecimentos, suas observações e descobertas. Faz devoluções durante a realização da avaliação, o que permite confirmar, refutar e/ou retificar suas hipóteses, e produzir re-significações ou mesmo novos sentidos para comportamentos usuais, para modos relacionais instaurados, e a ruptura da compreensão costumeira acerca das coisas. Esse é um processo dinâmico, contínuo, não se constituindo como dois momentos ou duas etapas estanques: primeiro a da avaliação e depois a da devolução.

Nesse contexto, os métodos e as técnicas que serão utilizados pelo psicólogo no processo de avaliação têm uma importância secundária; eles são um instrumento nas mãos do psicólogo, e não o contrário. Em primeiro plano está a postura do psicólogo, a Ética que rege a conduta desse profissional e a serviço do que e de quem ele se coloca. Seus pressupostos, suas concepções e a forma como dialoga com as instituições judiciárias. A priorização da relação, do campo relacional que se estabelece com as pessoas avaliadas e daquilo que pode ser produzido e construído nesse campo, em benefício dessas pessoas. Isso é radicalmente diferente do contexto no qual o avaliado é tomado como um objeto passivo, a ser examinado, medido, diagnosticado, violado na sua intimidade por alguém que possui recursos para tanto e que fornecerá posteriormente seus achados, muitas vezes completamente estranhos para o indivíduo avaliado, para as instâncias judiciais solicitantes.

Há casos, todavia, em que nos deparamos com situações extremamente caóticas, desorganizadas, graves, limítrofes. São situações em que, naquele momento pelo menos, o resgate da autonomia, da capacidade de autocrítica, de decisão e de consenso dos indivíduos envolvidos encontra-se muito limitada ou ausente. Elas podem implicar na necessidade de tomada de decisões e de sentenças pelos juízes, que buscarão se subsidiar dos meios disponíveis e contarão com a colaboração do psicólogo, no sentido do conhecimento que ele conseguiu produzir acerca das pessoas e da situação em que se encontram. Nesses casos, os laudos e documentos produzidos pelo psicólogo assumem uma importância que pode ser decisiva e necessária naquele momento.

Os laudos e os documentos produzidos pelo psicólogo

O Conselho Federal de Psicologia, através da Resolução n. 007/2003, e com o objetivo de oferecer referências que possam subsidiar o psicólogo na produção qualificada de documentos escritos decorrentes de avaliação psicológica, instituiu o "Manual de Elaboração de Documentos Escritos produzidos pelo psicólogo, decorrentes de avaliação psicológica". O Manual busca orientar o profissional no que diz respeito aos princípios norteadores da elaboração de documentos, suas modalidades, o conceito, finalidade e estrutura do documento, bem como aspectos de guarda dos documentos e a validade dos mesmos.

É preconizado, na elaboração do documento, a observância dos princípios e dispositivos do Código de Ética Profissional do Psicólogo, enfatizando-se os cuidados do psicólogo em sua relação com as pessoas atendidas, com o sigilo profissional, com as relações com a justiça e com os riscos e compromissos relacionados ao alcance das informações. O uso dos instrumentos, técnicas psicológicas e experiência profissional da psicologia não poderá servir a modelos institucionais e ideológicos que provoquem sofrimento psíquico, à violação dos direitos humanos e à manutenção de estruturas de poder. Nestes casos, será necessária uma intervenção sobre a própria demanda e o desenvolvimento de um trabalho que possibilite a modificação desses condicionantes.

Outra diretriz constante no manual sinaliza que o conteúdo do documento deve considerar a "natureza dinâmica, não definitiva e não cristalizada do objeto de estudo". Além disso, a produção do documento deve estar baseada exclusivamente nos instrumentais técnicos (entrevistas, testes, observações, dinâmicas de grupo), os quais deverão respeitar as condições requeridas de qualidade de uso. A linguagem deve ser clara, inteligível, concisa, restringindo-se pontualmente às informações necessárias e não extrapolando a finalidade do documento. Todas as laudas devem estar rubricadas, e a última assinada. Os documentos devem ser apresentados em papel timbrado ou apresentar na subscrição o carimbo em que conste o nome, sobrenome e o número de inscrição profissional do psicólogo.

O Conselho Federal de Psicologia estipula quatro modalidades de documentos: o "Relatório" ou "Laudo Psicológico" e o "Atestado Psicológico", os quais decorrem de avaliação psicológica, e a "Declaração" e o "Parecer Psicológico", que não decorrem de avaliação psicológica. Esses documentos têm os seguintes objetivos e sua elaboração deve obedecer à seguinte estrutura, conforme a Resolução CFP n. 007/2003:

Declaração

Objetivo: informar a ocorrência de fatos ou situações objetivas relacionadas ao atendimento psicológico (comparecimentos, realização de acompanhamento psicológico, informações sobre as condições do atendimento – tempo de duração, dias, horários);

Estrutura: deve conter a) o nome e o sobrenome do solicitante; b) a finalidade do documento; c) as informações solicitadas em relação ao atendimento; d) o local e a data da expedição da declaração;

e) o nome completo, a inscrição no CRP e a assinatura do psicólogo ou do psicólogo supervisor responsável.

Atestado Psicológico

Objetivo: certificar sobre as condições psicológicas do solicitante com finalidade de justificar faltas e/ou impedimentos, solicitar afastamento e/ou dispensa (de acordo com o disposto na Resolução CFP n. 015/96), e atestar aptidão ou não para atividades específicas, após processo de avaliação psicológica;

Estrutura: deve conter a) nome e sobrenome do cliente; b) a finalidade do documento; c) registro da informação do sintoma, situação ou condição psicológica que justifica o atendimento, afastamento ou falta (pode ser sob o código da Classificação Internacional de Doenças em vigor); d) local e data de expedição do atestado; e) o nome completo, a inscrição no CRP e a assinatura do psicólogo ou do psicólogo supervisor responsável.

O Conselho Federal de Psicologia recomenda que tais registros sejam apresentados sem parágrafos, separados apenas pela pontuação, para evitar riscos de adulterações. Recomenda também que o Relatório decorrente do processo de avaliação psicológica realizada seja guardado nos arquivos profissionais do psicólogo.

Relatório ou Laudo Psicológico

A Resolução do CFP n. 007/2003, no item 3.1, indica que "*o relatório ou laudo psicológico é uma apresentação descritiva acerca de situações e/ou condições psicológicas e suas determinações históricas, sociais, políticas e culturais, pesquisadas no processo de avaliação psicológica. Como todo DOCUMENTO, deve ser subsidiado em dados colhidos e analisados, à luz de um instrumental técnico (entrevistas, dinâmicas, testes psicológicos, observação, exame psíquico, intervenção verbal), consubstanciado em referencial técnico-filosófico e científico adotado pelo psicólogo*". Acreditamos que a apresentação das determinações históricas, sociais, políticas e culturais de situações e/ou condições psicológicas dadas, embora se constitua como uma discussão altamente interessante e pertinente, extrapola, em certa medida, os objetivos e os limites de um Laudo Psicológico e dos instrumentos que lhe dão sustentação. Devemos lembrar que a própria Resolução recomenda que os documentos se restrinjam pontualmente às informações necessárias, recusando considerações que não tenham relação com sua finalidade.

Por certo a consciência e uma reflexão acerca de tais determinantes deve nortear e fundamentar todo processo de avaliação e mesmo de intervenção psicológica, porém pensamos que a elaboração do Relatório ou Laudo deva se limitar a fornecer exclusivamente as informações necessárias relacionadas à demanda, conforme a mesma Resolução recomenda.

Objetivo: apresentar os procedimentos e conclusões do processo de avaliação psicológica, *"relatando sobre o encaminhamento, as intervenções, o diagnóstico, o prognóstico e evolução do caso, orientação e sugestão de projeto terapêutico, bem como, caso necessário, solicitação de acompanhamento psicológico..."*.

Estrutura: trata-se de uma peça de natureza e valor científico, conforme a Resolução do CFP, que deve trazer narrativa detalhada e didática, clara, precisa e harmônica, acessível e compreensível ao destinatário. Deve conter os seguintes itens: "Identificação", "Descrição da demanda", "Procedimento", "Análise" e "Conclusão".

a) Identificação – do(s) *psicólogo(s)* autor(es) do documento, do *interessado*, que a Resolução considera que é o solicitante -- pode ser a Justiça, uma empresa, uma entidade, o próprio cliente – e do *assunto,* que seria a indicação da razão ou finalidade da solicitação.

Embora não explicitado pela Resolução n. 007/2003, pensamos ser pertinente e indispensável identificar nesse item o(s) avaliado(s) e seus responsáveis, no caso de se tratar de criança ou adolescente menor de idade.

b) Descrição da demanda – apresentação das informações relacionadas à problemática apresentada e os motivos da solicitação. A Resolução recomenda que o psicólogo apresente aqui a análise que faz da demanda, justificando assim os procedimentos adotados;

c) Procedimentos – apresentação dos recursos e instrumentos técnicos utilizados para a coleta de informações (número de entrevistas, pessoas entrevistadas etc.). Tais procedimentos devem estar embasados em referencial teórico-filosófico, e ser coerentes e pertinentes à demanda em questão.

d) Análise – exposição descritiva dos dados colhidos e situações vividas, relacionadas à demanda. Essa exposição deve ser metódica, objetiva e fiel aos dados, fundamentada teoricamente. Deve respeitar os princípios éticos e as questões relativas ao sigilo das informações.

e) Conclusão – apresenta as considerações geradas pelo processo de avaliação psicológica, analisando a demanda em sua complexidade. Nesta parte são indicados sugestões e projetos de trabalho que contemplem as variáveis envolvidas no processo.

Parecer Psicológico

Objetivo: responder a uma consulta, de forma esclarecedora, no campo do conhecimento psicológico, através de uma avaliação especializada de uma questão-problema, dirimindo dúvidas.

Estrutura: trata-se de documento fundamentado e resumido sobre uma questão focal, que inclui uma análise do problema apresentado, destaca os aspectos relevantes e opina a respeito, considerando os quesitos apontados. Deve ser fundamentado em referencial teórico-científico, composto pelos seguintes itens: "Identificação", "Exposição de Motivos", "Análise" e "Conclusão".

a) Identificação – inclui o nome do parecerista e sua titulação, e o nome do solicitante e sua titulação;

b) Exposição de Motivos – apresenta a questão em tese, o objetivo da consulta ou os quesitos formulados;

c) Análise – nesta parte do Parecer Psicológico é apresentada uma análise minuciosa da questão em foco, com base nos fundamentos éticos, técnicos ou conceituais da ciência psicológica. Deve-se seguir as normas de referências de trabalhos científicos para citações e informações.

d) Conclusão – apresenta o posicionamento do psicólogo, respondendo à questão levantada.

Em síntese, os documentos produzidos pelo psicólogo não são uma transcrição mera e simples daquilo que seus entrevistados verbalizam nas entrevistas ou do material que é obtido através das técnicas utilizadas. Eles envolvem um complexo processo de análise, compreensão, interpretação e elaboração, que resultará no documento final. Essa construção deverá estar pautada pelos princípios éticos, teóricos e técnicos que norteiam o exercício profissional do psicólogo.

Referências bibliográficas

ANCONA-LOPEZ, Marília (org.). (2002). *Psicodiagnóstico: Processo de Intervenção*. 3 ed. São Paulo, Cortez.

"Atribuições Profissionais do Psicólogo no Brasil". *Conselho Federal de Psicologia*. Disponível em www.pol.org.br , acesso em 17/07/2005.

BARROS, Fernanda Otoni. (1998). *Laudos periciais: da escrita à escritura, um percurso ético*. Mimeo.

BRITO, Leila Maria Torraca. (1993). *Se . pa . ran . do. Um estudo sobre a atuação do psicólogo nas Varas de Família*. Rio de Janeiro, Relume-Dumará.

PEREIRA, Rodrigo da Cunha. (1997). *Direito de Família. Uma abordagem psicanalítica*. Belo Horizonte, Del Rey.

PERISSINI da SILVA, Denise Maria. (2003). *Psicologia Jurídica no Processo Civil Brasileiro*. São Paulo, Casa do Psicólogo.

RESOLUÇÃO n. 007/2003 do *Conselho Federal de Psicologia*. Disponível em www.pol.org.br

SELLI, Lucilda e JUNGES, José Roque. (2005). "Ética e práticas em saúde". In: CAMINHA, Renato e RAMIRES, Vera Regina (orgs.). *Práticas em saúde no âmbito da clínica-escola*. Cidade, Editora.